TAROTS

Collection « La sagesse des arts divinatoires »
dirigée par Marc de Smedt

GÉOMANCIE
Philippe Dubois

RUNES
Michael Howard

TAROTS
Marcel Picard/Max Lamande

YI KING
Sam Reifler

MARCEL PICARD

TAROTS

Pratiques et interprétations

avec la collaboration de
Max Lamande

Avant-propos d'Eva Ruchpaul

ALBIN MICHEL

ISBN 2-226-02800-5

SOMMAIRE

Deuxième partie
TAROT DIVINATOIRE

Nos remerciements à Annie Millière, au docteur Alexandra Pariente, à Florence Dalloz, Françoise et Gérard Bogrand, Jean Le Couédic pour leurs compétences généreusement mises à disposition. Merci également à tous ceux avec qui le travail du Tarot a été une fête.

A la conscience suprême
A celle qui a revêtu le manteau de l'ombre
pour mieux poursuivre son œuvre de lumière
A l'Impératrice
Aux forces invisibles.

AVANT-PROPOS

Vingt-deux morceaux de carton rectangulaires, frappés de figures bizarres, se partageant grosso modo la surface glacée avec des détails inattendus. Assemblages sans ensemble. Bric-à-brac de teintes épaisses : gros bleu, gros rouge, gros jaune..., encore alourdies de cernes noirs.

Le premier coup d'œil sur les vingt-deux arcanes majeurs du Tarot de Marseille peut laisser à l'innocent la notion vaguement pénible d'un objet vilain. Vilain au vieux sens du terme : manant, sans style, mal dégrossi. Authentique sans doute, mais d'abord fruste et comme obstiné dans sa gaucherie. Et il s'agirait de prêter esprit à cet appareil ? A la limite, c'est tout bonnement impensable.

Vingt-deux bouts de carton... Le second regard que l'on adresse aux Tarots de Marseille peut se charger de suspicion. Par quel glissement scandaleux, le bon sens occidental, conforté d'évidences rationnelles, pourrait-il coexister avec un louche désir d'obscurantisme ? Devrions-nous être curieux de quelques tatouages mal coloriés, sous prétexte de symboles venus d'autres cultures, de messages d'autres traditions, de signes d'autres atavismes ?

Foi de cordonnier, ou crédulité un brin débile, le consensus populaire voudrait faire de la lecture du Tarot un instrument de pénétration du temps, une machine à rendre transparent l'organigramme de la destination. Et la science dans tout ça ? Et notre libre arbitre ? Vingt-deux morceaux de carton pour les battre en brèche ! S'impliquer dans pareille aventure, pas question un instant : c'est non. Alors, haussons les épaules et jetons-les. Mais, voilà... certains d'entre nous ne vont pas se laisser repousser aussi vite, et vont regarder encore. Certains... plus fantaisistes ou plus curieux que d'autres, ou simplement imperméables aux chicanes éthiques vont oser un troisième regard.

Vingt-deux cartes « à jouer » suspectes, soit, mais pourquoi si prégnantes ? Provocatrices ou sollicitantes, mais par quels moyens ? En laissant jouer ce troisième regard déjà modifié, l'observateur va insidieusement élire ou repousser certaines figures. Dans la construction générale, toujours aussi anachronique, un sens personnalisé, comme une relation, semble s'essayer. Ces icônes ratées pourraient avoir un langage... Les unes nous agréent, nous plaisent vraiment, d'autres nous rebutent d'instinct.

L'exploration est commencée : suivant son dessin, nous prêtons à l'arcane un dessein. C'en est fait de notre mépris de civilisé, une autre manière de dialectique nous invite : l'empathie. Avec les lames antipathiques, le petit malaise sournois qui nous agace ressemble à une interrogation dérangeante, c'est une impertinence mal acceptée. Au contraire, les figures avenantes induisent un sentiment apaisant, comme complice d'un échange ludique.

Assez rapidement le candide explorateur se verra offrir une autre époque dans sa relation aux vingt-deux arcanes : les informations d'agréable-désagréable bougent, fondent et se déplacent. Telle figure, auparavant hautement sympathique, commence à devenir suspecte. Telle autre, franchement rebutante, dérive vers notre indifférence. Nouvel inconfort pour l'innocent : les lames sont-elles multifaces ? Jusqu'à quand peut-on leur découvrir d'autres aspects ? L'inventaire est-il quelque part fini ? Ou bien, dans ces mouvements de refus, ou d'acceptation de certaines lames, doit-on voir des manifestations infra-conscientes, fluctuantes certes, mais agissantes sur le mode mineur, comme les rémanences de certains rêves ?

Il est fréquent qu'à ce carrefour notre innocent prenne la sortie la plus proche. Il va cerner sa relation aux Tarots dans les limites de l'acceptable, selon ses critères primaires personnels. Il va donner aux lames des grades et des fonctions fixes, dans un classement établi, il les fera entrer dans un système de pertinence personnelle où il retrouve son confort. Il compulse les modes d'emploi, ignore volontairement les contradictions, et collecte les informations qui abondent dans le sens préchoisi. La documentation le satisfait, et surtout lui tient lieu d'étude.

Il aime son petit savoir, en est assez fier et l'exhibe volontiers : « Un-deux-trois-quatre-cinq : un homme de plume. Un-deux-trois-quatre-cinq : le facteur. Un-deux-trois-quatre-cinq : un héritage... »

Avec le sourire complice de quelques petits hasards il va jouer le mage en herbe. Tout l'y invite, et sans le savoir, il aura choisi la pente obscurantiste, bien replié il va rester au stade de ses propres débuts. La multiplicité des sens possibles d'un arcane ne l'ébranle plus. Il garde les critères premiers de sa sympathie ou de sa répulsion pour désigner aux lames un rôle fixe. En fait, c'est lui qu'il fixe. Pour ennoblir son évitement il va s'adonner au déchiffrage du jeu des autres. Sans scrupules et tout de go, il va dire ce qu'il « sait ». Ainsi, légion de charmantes pythonisses vous voient en plein divorce quand elles ont de la peine avec le leur, et d'autres menacent (innocemment) toutes leurs victimes de leurs propres dysfonctionnement hépatique... Le préjudice porté n'en demeure, en fait, que peu important.

Cependant, en opposition à cet apprenti qui tourne court, il en est de tout autre souche. C'est celui qui se garde bien de se sentir arrivé, pour un petit brin de connaissance. Pour lui n'importe quelle matière à connaître comporte une vertu primordiale, celle de transformer le connaissant.

Fort heureusement, notre ère moderne, paradoxale sans doute plus que d'autres, voit se multiplier les curieux appartenant à une famille de pensée nouvelle : puisque dans tous les domaines de recherche, de la plus scientifique à la plus poétique, le phénomène précieux reste le facteur humain : création-communication-intuition, pourquoi ne pas considérer important l'« élevage » de cette fonction. Dans notre culture actuelle, quel temps, quel espace accorde-t-on à l'entraînement de l'aspect fort de toute intelligence : la pré-conscience, l'avant-savoir. Rien ne nous autorise encore à supposer que cette partie naturelle de l'esprit humain puisse se faire aider, ni par un bon vouloir modeste, ni par des techniques de renforcement. Nous devons nous contenter des exemples directs (ou des séminaires discoureurs) : tel industriel battant expose les modes de comportement, face au public, de la position des mains chez l'orateur ; tel autre fonceur, au parcours réussi, vend sa biographie au public fasciné, qui mélangera, par une confusion encourageante, les vertus de son modèle : en mettant sur le même plan les circonstances historiques, les idées créatrices, la persévérance et... le charisme.

Le charisme... Les gens qui sont « en prise directe », les patrons hypnotisants, les artistes qui ont de la présence... Et si chacun, dans son coin de monsieur tout le monde, pouvait essayer son instrument charismatique dans un exercice solo de jardinage intime ? Par quel bout le prendre, cet instrument ? En tournant le dos aux recettes toutes faites. En commençant par le commencement : le recueillement. Terme ancien et bien tombé en désuétude. Rassembler (par quelques instants, fortuits au début) les sensations de soi, vagues et éparses, les relier entre elles, les raccorder aux informations, faire cas des aperceptions floues, des rémanences informelles… Ne pas ordonnancer d'emblée suivant les directives psychanalytiques ou d'autres oukases de société. Arrêter de faire semblant. Apprendre à considérer, sans vouloir classer. Ne pas dire « je n'ai pas le temps ». Le repentir du « si-j'avais-su » prend au moins le tiers de notre vie. S'exercer l'intuition n'est jamais du temps perdu. La lecture intérieure est l'arme absolue des créatifs. Et savoir prendre le pouls des circonstances reste le don majeur des bâtisseurs.

Or, à notre âge mental actuel, monsieur-tout-le-monde craint l'information sans support. Il redoute la notion directe si elle n'est pas justifiable logiquement. Comme une missive sans porteur, le flash d'intuition le déstabilise. Le plus souvent il se hâte de le naufrager, comme un malaise honteux. Quitte à le brandir par la suite, quand il est trop tard, avec des « oh ! je m'en doutais bien », et des « quand je pense que je l'ai toujours su » ! Et il n'est pas rare que, lors d'un croisement aigu de sa destinée, monsieur-tout-le-monde déprime, ou aille consulter un voyant. Mais aussi, chacun sait que les grands de ce monde, les meneurs de jeu, sont des familiers des antres où l'on tâte l'avenir.

Alors, pourquoi repousser d'un bras et attirer de l'autre ? La fréquentation par soi-même, au moyen des lames du Tarot, de nos petites potentialités inertes devrait-elle nous conduire impérativement vers un amphigourisme magique ou un comportement d'illuminé ? L'auto-éducation de la fonction d'intuition, l'approche débonnaire du jeu de nos possibles ne devrait-elle pas plutôt prendre pied dans nos habitudes quotidiennes ? Et ouvrir un espace moins sauvage, enfin éclairable, dans la sphère encore tant mystifiée que nous cachons sous le terme de libre arbitre.

Voilà à quoi servent vingt-deux bouts de carton enluminés. A s'asseoir avec soi-même dans une intention d'auto-concertation. Pour que cet aparté reste un moment précieux, un nutriment de conscience, une phase bénie du quotidien, l'exercement est souhaitable.

Mais qui dit apprentissage dit habituation et routine. Seuls les grands pédagogues savent protéger et revaloriser l'instrument à percevoir, le filtre à connaissance. Et lorsqu'il s'agit de la fine tête chercheuse de notre petit monde d'humanitude.... comment ne pas hésiter et ne pas craindre le pire : si nous allions tout fausser ? En plus du déclic de courage, pour me mettre en commerce avec le Tarot, comme madame-tout-le-monde, fière (ou presque) de mes rudiments scientifico-livresques, il me fallait un guide, ou mieux un grand jardinier, qui me rendrait la main verdoyante, sinon verte, en m'apprenant le terrain et la variété infinie d'applications des instruments...

Mais encore. Devant les remous confus de mes aperceptions non classiques, devant la fonction involuée d'intuition, je me prenais à souhaiter un médiateur, quelqu'un qui me donnerait une vertu couveuse. Comme un comportement-récipient qui rassemblerait le temps maturant, et me permettrait l'éclosion au jour banal des informations infra-perçues. Sans artifice, ni chantage de maître à disciple, il me faisait besoin d'un honnête homme, qui soit aussi un grand oiseleur. C'est pourquoi j'ai rencontré Marcel Picard. J'aurais pu dire : « C'est alors que j'ai rencontré Marcel Picard. » Mais c'eût été donner au hasard une qualité d'arbitraire que je ne lui reconnais pas toujours.

De tous les pédagogues que j'ai croisés dans mon demi-siècle de scolarité, il est la figure de proue. Jardinier-oiseleur, étonné des richesses humaines, il attend de son apprenti tellement de progrès, que mon Dieu, devant sa candeur sans faille, on ne peut qu'y aller. C'est-à-dire accepter de devenir.

La première grande émotion qu'il vous apporte est une totale humilité : Devant Marcel Picard, le Tarot étalé entre nous, je ne comprends rien. Mais rien à rien. Et j'accepte. Et j'accepte de dire ce que je ne comprends pas. Et il me retourne en miroir mes incongruités, qui se mettent à faire sens. Il me prouve que mon raisonnement peut être autre, passer par des voies différentes, tout aussi valables.

La seconde grande émotion qu'il vous confie est le sentiment toujours renouvelé que la masse des connaissances n'est rien sans la limpidité du filtre. Dans le monde du Tarot, plus sans doute qu'en aucune matière de savoir, il est évident d'emblée que les sens des supports, l'interdépendance des Arcanes et leur combinaison ne peuvent participer du phénomène fini.

Dans cent ans, j'aurai encore tout à connaître. Loin de m'en plaindre, et nantie de l'enthousiasme inoculé par ce mage en pédagogie, il m'est indifférent de ne rien posséder jamais comme acquis défini. Je considère mon filtre à cultiver d'une part, et d'autre part toutes les valeurs-connaissances que j'aurai à lui faire essayer. Que de combinaisons ! Que de prétextes à jouer ! Car voilà le fin mot de la découverte : apprendre le commerce du Tarot est un jeu. Faire grandir son intuition, recevoir les informations dans un filtre moins déformant, c'est sans doute une grande, très grande affaire pour l'homme moderne que je suis. Mais il n'en reste pas moins que cela peut se faire dans une bénévolence ludique. La vieille

Inde nous a donné l'expression du Shiva dansant pour incarner la roue des devenirs, et notre actuelle mythosophie nous montre les bouillonnements biologiques des poussières d'étoiles...

Pourquoi ne pas jouer à faire bouger, au niveau de notre petit monde inclus, les certitudes et les critères, avec la science taquine de qui dérange pour mieux apercevoir.

Le jeu de Marcel Picard est tout dans cet ouvrage. Tout, comme l'est l'âme du sujet dans un bon portrait. Ce n'est pas le jeu, dans son ensemble, mais son profil, qui nous est dessiné à un moment précis. L'intelligence de notre pédagogue, vue du pont d'aujourd'hui. Ce livre ne se peut lire. Il fonctionne si je le questionne, et si je laisse les réponses s'oublier d'elles-mêmes. Il ne s'agit pas de matière à engranger, mais des traces de réflexions que je me serai faites en la compulsant.

L'innocent qui voudrait aller de la première page à la dernière mourrait d'étouffement. Et ça serait bien fait : on ne mastique pas le dictionnaire pour apprendre à parler une langue, pas plus que l'on ingurgite la carte du menu au restaurant.

Devant ce livre et pour s'exercer aux Tarots, on peut s'essayer en permanence. On apporte à chaque fois un instrument à percevoir qui appelle des soins et des égards. C'est lui qui doit être servi en premier. Cartes sur table.

Eva RUCHPAUL

INTRODUCTION
(Avertissement au lecteur)

« By the light we live and to the light we go [1]. » Cette révélation de Sri Aurobindo apporte une réponse ou plutôt une indication comme l'éclair dans l'orage, à l'éternelle question : « Qui sommes-nous, d'où venons-nous, où allons-nous ? »

D'où venons-nous ? De la lumière, dit Sri Aurobindo ; où allons-nous ? vers la lumière ; qui sommes-nous ? lumière, lumière... « mehr Licht [2] », disait Goethe avant de s'éteindre.

Nous pourrions prolonger à l'infini la liste des esprits universels qui traversèrent leur siècle en proclamant unanimement cette vérité essentielle. Ces grands êtres poursuivent leur voyage sur d'autres plans, le flambeau passe en de nouvelles mains et brille au firmament de la conscience humaine depuis si longtemps que chacun pense qu'il est éternel, que son éclat ne dépend pas de nous. Nous sommes bien loin de l'homme primitif qui se levait avant l'aube pour prier afin d'aider le Soleil à se lever. La science fait de tels progrès que bientôt peut-être nous pourrons nous passer de lui ! En effet, tout marche « comme sur des roulettes », les systèmes sont huilés à sou-

1. « Par la lumière nous vivons et vers la lumière nous allons. »
2. « (Encore) plus de lumière ».

hait, s'ils se détraquent, on les change, de nouveaux modèles apparaissent chaque jour et nous vivons sur cette Terre qui nous donne ce qu'il faut pour cela.

Et le Tarot me direz-vous ? Il connaît aujourd'hui un engouement inédit, mais ne fait pas exception à la règle. Il est partout, les livres de « recettes faciles » abondent qui flattent la paresse spirituelle et rendent sa vérité de plus en plus inaccessible... Alors à quoi bon écrire ou chercher, puisque tout est à portée de main et que le sens authentique semble à jamais perdu. Au seuil d'une telle démission morale, l'esprit du Tarot drapé dans le grand manteau de l'ignorance nous interroge :

« Que savez-vous de moi ? » Rien est la réponse le jour de sa rencontre. Rien est toujours la réponse après vingt ans de recherches quotidiennes.

« Connaissez-vous mon âge ? » Non, malgré les études des plus éminents historiens.

« Savez-vous où je vous conduis ? » Non, non et encore non.

Mais alors qu'y a-t-il de si fascinant dans ces morceaux de carton sans odeur, sans saveur, vides de sens ? Comment peut-on imaginer qu'ils soient habités par une énergie si puissante qu'elle puisse déranger, bousculer les habitudes d'être et de penser, nous mener là où nous ne connaissons pas, où tout est à découvrir ? Qui supposerait que ces cartes sont susceptibles d'illuminer notre vie, d'apporter le « pain quotidien » de l'esprit, cette manne tant réclamée dans notre traversée du désert ? Personne, en tout cas pas moi qui fus projeté comme par erreur dans l'univers étrange nommé « sciences occultes » [1].

Car, depuis ma première rencontre avec lui, le Tarot

1. Les circonstances de cette rencontre sont relatées dans *Le langage secret du Tarot*, écrit en collaboration avec S. Simon, Ed. Sand.

ne m'a plus quitté. Véritable maître intérieur, il m'a entouré de conseils, encouragé ; ses mises à l'épreuve m'ont affermi sans épargner le trac ou la peur du « trou noir » lorsqu'il a fallu parler ou écrire en son nom. Car l'esprit du Tarot existe bel et bien. Non seulement je l'ai rencontré, mais nos échanges ont été du plus haut intérêt, en ce qui me concerne tout du moins. Je puis affirmer sans trahir sa véritable nature que son intelligence est plus subtile qu'on ne le croit et il n'est pas si facile d'infléchir sa volonté ou de le faire obéir aux caprices de nos désirs. Car il est capable de déjouer en un tour de main tous nos systèmes de défense psychologique pour s'introduire chez nous comme un voleur.

Une fois dans la place, il impose sa loi qui se résume en trois mots : sincérité, joie, spontanéité. Si celle-ci n'est pas respectée, il nous quitte comme il est venu, subtilisant au passage l'essentiel de notre bon sens, la menue monnaie de l'enthousiasme et l'argenterie de l'intelligence.

Si nous l'adoptons, il se montre tyrannique, capricieux, instable, dérangeant, pointilleux sur le respect des conditions qu'il impose, mais aussi généreux et puissamment serviable à la manière du génie d'Aladin. Vient un jour où, comédien dans l'âme, l'esprit du Tarot se refuse à toute collaboration. On le croit moribond, agonisant, dévitalisé, subitement frappé de sénilité. Le sens des arcanes se dérobe à notre intuition, un détail du symbolisme est incompréhensible, réfractaire à l'analyse, brusquement muet.

Cette situation se présente souvent dans le travail avec le Tarot. Que faire ? L'abandonner ? Non. Attendre est toujours la voie de la sagesse. Un sens plus profond se prépare à fleurir comme la rose du Petit Prince. Tel a été le point de départ de cet ouvrage, et tel en est également le but : repérer, mettre en évidence les ouvertures possibles dans les impasses du labyrinthe symbolique du Tarot afin de faciliter et combler ces « passages à vide ».

A ce stade de la cohabitation avec l'esprit du Tarot, celui-ci semble nous jouer la scène du riche laboureur qui, « sentant sa mort prochaine », s'adresse à ses enfants en ces termes :

« Gardez-vous, leur dit-il, de vendre l'héritage
Que nous ont laissé nos parents :
Un trésor est caché dedans.
Je ne sais pas l'endroit ; mais un peu de courage
Vous le fera trouver : vous en viendrez à bout.
Remuez votre champ dès qu'on aura fait l'oût :
Creusez, fouillez, bêchez ; ne laissez nulle place
Où la main ne passe et repasse. »

Forts de ce conseil et alléchés par de telles promesses, nous avons donc entrepris le « labourage du champ ».

« Le père mort, les fils vous retournent le champ.
Deçà, delà, partout ; »

chaque détail du graphisme des arcanes a été visité, fouillé, épluché, analysé, comparé, et consigné dans ce livre. De même pour les tirages qui ont été mis à jour, retravaillés, restructurés, testés, sondés, élucidés.

Des correspondances jusqu'alors invisibles sont apparues en pleine lumière, découvrant les ramifications souterraines reliant les traditions égyptienne, juive, chrétienne, arabe, gréco-latine, celtique, remontant à travers l'alchimie jusqu'à la psychologie moderne ou débouchant sur les cultures extrême-orientales dans une parfaite cohérence symbolique. « Tout est dans tout », dit la science hermétique, et en effet chaque détail d'une carte résume, contient et suggère l'ensemble de la signification de l'arcane.

Quelle n'a pas été notre surprise devant l'étonnante profondeur symbolique de cet instrument magique. Chaque élément est rigoureusement à sa place et les couleurs auxquelles Paul Marteau tenait tant s'accordent sans fausse note à l'ensemble de la signification des arcanes. On peut d'ailleurs s'interroger sur l'origine de la disposition des couleurs dans *Le Tarot de Marseille* (B.P. Grimaud) : Paul Marteau les a-t-il reçues du lointain héritage de Grimaud et de Nicolas Convers, comme il le prétend [1], ou bien a-t-il été guidé intuitivement dans son choix ? Nous ne saurions trancher, mais force nous est de constater par la pratique leur parfaite exactitude.

« D'argent, point de caché », dit la fable, mais « le travail est un trésor », conclut justement La Fontaine. Nous gardons bon espoir que la moisson sera bonne, la fertilité du champ ainsi retourné par tous les laboureurs du Tarot est certaine. Chacun y sèmera ses graines favorites, la croissance rapide et vigoureuse est garantie ! Ceux qui pensent être incapables de deviner quoi que ce soit avec ces feuilles cartonnées seront étonnés de leurs prouesses. Si un doute persiste, les paris sont ouverts, vous êtes au défi. Rien ne va plus, faites vos jeux, les résultats seront seuls juges !

Le chaos laissé par les passages en tous sens de la charrue de l'analyse détaillée rend la lecture de cet ouvrage harassante et fastidieuse pour la simple raison qu'il n'a pas été conçu pour être lu comme un roman, mais plutôt utilisé comme un dictionnaire. Le terme de dictionnaire n'est d'ailleurs pas tout à fait adapté à l'esprit dans lequel ce livre a été préparé et encore moins à l'essence du Tarot. La désignation de « guide touristique » lui conviendrait mieux.

---

1. *Le Tarot de Marseille*, Les Arts et métiers graphiques, p. 1 (note).

La subtilité des symboles des arcanes n'autorise en aucun cas l'affirmation de telle ou telle interprétation comme l'unique et authentique vérité. Nous ne faisons que des propositions de recherches, des invitations au voyage. D'autre part, la manipulation du Tarot divinatoire est avant tout une question de convention. Le sens attribué à un arcane n'a de valeur et d'efficacité que pour celui qui le lui confère. Les suggestions présentées dans la deuxième partie de cet ouvrage ne seront indispensables que pour le débutant qui les abandonnera très vite pour voler sur les ailes de son intuition personnelle.

Qu'il soit interrogé pour prévoir le résultat d'un examen ou pour connaître le sens de notre vie sur Terre, le Tarot répond toujours avec la même limpidité à qui s'est donné la peine de se pencher sur cet humble serviteur. La tradition nomme le travail avec le Tarot, « emprunter le chemin de lumière », et il n'est pas rare qu'engagés sur ce sentier, nous croisions de grands esprits dont la rencontre aussi imprévisible qu'exaltante nous fortifie et nous rend meilleurs.

Puisse cette étude encourager les chercheurs de vérité que nous sommes tous à faire un pas de plus vers notre réalité essentielle.

Première partie

TAROT, LIVRE D'IMAGES

I
B P GRIMAUD PARIS 1981
LE · BATELEUR

LE BATELEUR

Le personnage
Le Bateleur est debout, sa tête touche le bord supérieur de la carte, ses pieds reposent sur le sol, près du bord inférieur. C'est la dimension de l'homme : « les pieds sur Terre, la tête dans le Ciel ». La position debout indique un principe masculin, un potentiel dynamique : le Bateleur est disponible.

Le déhanchement
Le Bateleur est légèrement déhanché : cette attitude se retrouve dans plusieurs arcanes du Tarot. Torsions et vrilles rappellent les spirales de l'iconographie religieuse universelle, ainsi que le mouvement des derviches tourneurs qui synthétisent le rapport à l'unité primordiale sur le chemin de l'évolution. Le Bateleur et l'ange de Tempérance sont sensiblement dans la même position, l'étude comparative de ces deux arcanes enrichira leur signification profonde.

Dans le corps humain, le centre du mouvement est placé dans le bassin, au niveau du sacrum. Le déhanchement révèle un déplacement d'énergie, entraînant la totalité du corps du personnage dans un mouvement compensatoire. Ce détail est à rapprocher de la talonnette sous le pied gauche du Bateleur. (voir § Les pieds, p. 29)

Le costume

Les couleurs bariolées du costume expriment l'unité de la diversité, les multiples facettes du « UN ». « *Even the Chaos is one*[1] », disent les Anglais en jouant sur les mots *even* (même), *to heave* (soulever) et *heaven* (ciel).

Le chapeau

Le chapeau protège des rayons du Soleil. L'ombre projetée est vivifiante (partie inférieure rouge), elle favorise la croissance et la vie (partie intérieure verte et hachurée). Le couvre-chef symbolise l'identification à une idée, à un principe, à une structure. Le centre rond et jaune rappelle le Soleil et souligne l'aspect centralisateur du Bateleur. Les bords du chapeau désignent le signe de l'infini algébrique (∞) ou plus exactement une forme hélicoïdale (les bords ne se rejoignant pas à l'arrière du chapeau), sorte de cordon ombilical rattachant le Bateleur au Soleil ou au centre de l'Univers : l'unité procède d'une unité plus grande.

« Le chapeau ailé à larges bords est un attribut essentiel d'Hermès » (M. Grand). Les ailes sont suggérées par la forme hélicoïdale des bords du chapeau.

Les couleurs du costume

Le passage du passif-bleu à l'actif-rouge, et inversement, rappelle le mouvement interne du Taï-ki, autre image de l'unité primordiale.

Les bras représentent l'activité et le pouvoir conduisant à la connaissance (les mains) : le jaune spirituel et solaire illumine l'action. La ceinture marque la séparation du haut et du bas du corps, mais aussi le lien qui

---

1. Même le Chaos est Un.

unit ces deux parties. Elle témoigne également de la valeur de l'être qui la porte, comme dans les arts martiaux par exemple.

Les quatre zones de couleur sur le buste du Bateleur
L'extrémité de chaque membre a la même couleur que la partie à laquelle il se rattache. Exemple : l'avant-bras gauche est bleu comme la poitrine gauche. Le Bateleur, malgré ses tours et ses facéties, est entier dans toutes ses actions. Il contient potentiellement la totalité dans son corps : il y a quatre zones de couleur sur l'habit du Bateleur et quatre est le nombre de la totalité manifestée, de la base du Monde, de la stabilité absolue (voir arcanes IIII et XXI).

Les pieds
Les pieds, et plus particulièrement les talons, sont le lieu de naissance et de mort des énergies (voir le mythe d'Achille). Ils sont le support du corps et conditionnent le comportement. Un pied est bleu, l'autre est rouge : actif-passif, rapide et lent, vif et indolent, le Bateleur a un pied dans la nuit (bleu) et un dans le jour (rouge), il se déplace en tout lieu comme Hermès aux pieds ailés : l'unité est partout.

La chaussure du pied gauche a une talonnette. Elle compense un déséquilibre organique : le Bateleur est boiteux, « la faute est originelle », disent les Écritures. Ce détail met en correspondance le Bateleur avec le Pendu : tous deux sont « tenus » par le même talon. La malformation originelle atteint un seuil critique dans l'arcane XII : le Pendu se sacrifie pour la libération de cette faiblesse.

Ces deux arcanes ouvrent les séries de onze cartes dans le Tarot et introduisent les notions fondamentales développées dans les arcanes suivants. Ils sont en correspondance avec la grande tradition biblique : selon la Genèse, l'humanité porte la faute originelle par la mort qui frappa Eve au talon, le salut vient du sacrifice christique instaurant l'amour du prochain et le don de soi. Rappelons que le Christ lava les pieds de ses disciples en leur demandant de l'imiter afin d'effacer le « péché originel ».

Les cheveux

Les cheveux représentent la force vitale, et leur longueur est supposée préserver la puissance de l'être. L'abondance de la chevelure a longtemps été synonyme de royauté et d'aristocratie. Les boucles dorées, image des rayons solaires, rappellent également les spirales, autres symboles solaires. Les cheveux du Bateleur représentent donc sa liberté et son indépendance d'esprit, mais aussi les qualités spirituelles (les boucles jaunes) rendent compréhensibles l'unité qui existe au-delà de la pensée, dans le domaine des pures abstractions (la racine des cheveux est blanche).

La tête est inclinée

Souplesse et disponibilité. Le Bateleur regarde vers sa droite, cette direction concerne l'avenir : il dirige son action vers le futur. Son attitude traduit ici une certaine mélancolie : l'unité éternellement jeune est présente et cependant « ailleurs », insaisissable. Elle inspire la profonde nostalgie de quelque chose que l'être intérieur a connu et dont il est momentanément séparé. Les sages placent très haut ce sentiment qu'ils nomment « le souvenir de Dieu ».

La baguette

Le bâton ou la baguette symbolisent le pouvoir magique, le feu de l'autorité, la virilité phallique, l'axe du Monde.

L'utilisation des baguettes se retrouve dans la consultation du Yi King, dans la palomancie ainsi que dans la radiesthésie.

Dans la mythologie grecque, Apollon, dieu solaire et maître des arts, enseigna à Hermès l'art divinatoire et lui donna son bâton (*Kérykéion*, caducée d'or), qui devint plus tard le caducée que nous lui connaissons. En effet, Hermès posa un jour ce bâton entre deux serpents vivants qui s'enroulèrent autour de lui. La mythologie grecque attribue également à Hermès l'invention du feu terrestre par le frottement d'une baguette de bois dur sur du bois tendre. Le feu céleste fut volé par Prométhée. Hermès à l'instar du Bateleur se situe donc au point de départ de la quête éternelle de la fusion des contraires, du retour conscient à l'unité.

Le bâton serait donc la matérialisation, « l'instantané » d'un rayon lumineux, une émanation de l'unité centrale originelle : le Soleil. Il est également la projection verticale du point et est en ce sens le symbole de la manifestation de l'unité et constitue ainsi la valeur « UN » indispensable à toute construction, « la baguette à mesurer » de Brahma, architecte du Monde, le mètre étalon, le roseau d'or de l'Apocalypse, la baguette magique des fées et magiciennes.

Le rond jaune dans la main droite

Il est jaune, tenu dans la main droite active, à hauteur du fondement de l'être, au centre de gravité du corps, près du « Hara » : il symbolise donc le Soleil, centre unificateur de toute vie. La présence de ce cercle à cet endroit du corps indique la façon de percevoir l'unité en soi. Celle-ci se manifeste dans un mouvement invisible et constant, elle constitue l'essence, la base de l'existence de l'homme.

Le rapport entre la baguette, le regard du Bateleur et

cette sphère jaune suggère un jeu de lumière et de reflet. Le Bateleur semble jouer avec les rayons solaires, captés par la baguette et le miroir de sa main droite, et renvoyés dans différentes directions. Le rayon de la baguette vient se poser dans la coupe jaune sur la table : le Bateleur possède le « feu sacré ». Il brille de « mille feux », il connaît la science de la lumière par la réflexion, il révèle les multiples facettes de l'unité vivante.

La table

La table est un principe unificateur. Espace différencié, surélevé, rectangulaire comme la carte du Tarot selon les proportions du nombre d'or, son symbolisme la rattache à l'autel des sacrifices et à la scène du théâtre. Elle est le lieu d'échange entre l'homme et l'Univers, là où s'accomplit le drame divin, la catharsis. C'est la fameuse Table d'Emeraude attribuée à Hermès Trismégiste sur laquelle est inscrit : « Ce qui est en bas est comme ce qui est en haut, ce qui est en haut comme ce qui est en bas ; par ces choses s'accomplissent les miracles d'une seule chose. »

La couleur chair souligne l'aspect matériel, « corporel » de la base de travail.

La table repose sur trois pieds. Le nombre trois signifie la prise de conscience : la représentation de l'unité est construite sur la prise de conscience, le fondement de toute action sur la matière est spirituel.

Le quatrième pied de la table est hors cadre : l'unité est établie selon trois dimensions fondamentales, la quatrième dimension fait couler beaucoup d'encre mais demeure invisible.

Le sac

Le sac permet aux objets différenciés d'entrer dans une

même unité synthétique. Le magicien fait apparaître ou disparaître toutes sortes d'éléments d'un chapeau comparable à ce sac. Le sac ouvert exprime la totalité des potentialités incluses dans l'unité.

Le couteau et son fourreau

Instrument de sacrifice, le couteau sépare et modifie la matière inerte. Sa couleur bleue, sa forme courbe l'assimilent aux forces lunaires et nocturnes. La lame est blanche, son action dans la main du Bateleur peut devenir très pure, ou disparaître totalement dans l'obscurité du fourreau bleu.

Le couteau est l'image de l'activité mentale et de l'intelligence qui décortique, sépare pour créer de nouveaux liens, établir une nouvelle compréhension. Il procède de la nuit car son action est destructrice et fécondante (phallique), purificatrice et prolifique. A la fois féminin et masculin (le fourreau précise ce détail), le couteau crée de nouvelles formes en divisant : de la discussion jaillit la lumière (voir arcane XIII). Le couteau se réfère à l'aspect ergoteur et inventif du dieu Mercure, il est en analogie avec la série d'épées des arcanes mineurs et la série des « piques » des cartes à jouer.

Les dés

Les dés sont l'image du hasard du jeu, de la chance, de la malchance, de la destinée. Image de la totalité, le cube représente l'éternité solide et stable.

Le chiffre UN sur le premier dé renvoie à la numérotation du Bateleur. Le CINQ sur l'autre dé renvoie à l'arcane V, le Pape. La somme des deux dés donne le chiffre six, chiffre de l'homme et étape importante sur le chemin du Tarot puisque c'est l'Amoureux, et la somme des six premiers nombres donne 21, nombre des arcanes numérotés du Tarot (1 + 2 + 3 + 4 + 5 + 6 = 21).

Selon la kabbale, UN est Kether dans l'arbre de vie. Son émanation directe sur le pilier de l'équilibre est Tiphéreth, sixième séphira, lieu de rencontre et de transmutation des forces supérieures et inférieures, point central de l'édifice kabbalistique en analogie avec le Soleil. Le chiffre 6 établit un rapport entre les dés et la série des cœurs des cartes à jouer ou la coupe des arcanes mineurs du Tarot. Le cube a également six faces, il est la représentation du grand œuvre achevé, la pierre angulaire de l'édification du soi : le Bateleur connaît et prédit l'achèvement de toute entreprise. Il définit d'ores et déjà la valeur de la pierre d'angle : elle est ce qui animera l'Amoureux de l'arcane VI, l'amour offert à la lumière du jour.

Les pièces et le gobelet rouges

Le symbolisme de ces éléments indique plusieurs voies : l'aspect commercial des pièces renvoie aux notions d'échange, d'intermédiaire à l'agent de base de tout processus d'évolution : « le Mercure ». La séparation des pièces pourrait être envisagée comme le discernement. La pièce est également le reflet du principe fondamental : le cercle solaire, et les monnaies étaient à l'origine frappées de symboles spirituels. La forme de ces gravures sur le métal faisait appel à la même science que celle utilisée pour les pentacles de protection magique. Les pièces rouges sont des réceptacles de forces subtiles et actives.

Le gobelet est une image inférieure de la coupe mystique, il sert au mélange des dés ou des pièces pour les tirages au sort. La couleur rouge insiste sur le principe actif contenu dans ces symboles. Les quatre pièces sont analogues à la série des « carreaux » des cartes à jouer et aux bâtons des arcanes mineurs du Tarot.

Le vase et trois pièces jaunes

Le vase catalyse les vérités spirituelles, il peut aussi les contenir. Il est « le lieu où les mutations merveilleuses s'opèrent », en ce sens, il est le complément du « sac » originel. Les trois pièces rappellent la réalisation (nombre 3) spirituelle (jaune), la trinité est un retour conscient à l'unité, elles sont analogues à la série des trèfles des cartes à jouer et aux derniers des arcanes mineurs du Tarot.

Rappelons ici l'analogie du Bateleur avec le mythe d'Hermès : celui-ci reçut d'Apollon le don de prédire l'avenir à l'aide de petits cailloux en échange de la lyre et de la flûte qu'il avait confectionnées. Tous les « outils » d'Hermès sont présents sur la table du Bateleur : le couteau qui permit de tailler la flûte et la lyre, le gobelet et les dés (les petits cailloux) pour prédire l'avenir, les pièces pour marchander, le sac pour emporter le fruit de ses rapines car, comme chacun sait, Hermès est le dieu des commerçants et des voleurs, « il possède plus d'un tour dans son sac » !

Cet arcane est souvent appelé « le Magicien » ou « l'Escamoteur ». Chaque objet du Bateleur peut disparaître dans un autre : le couteau dans son fourreau, les pièces et les dés dans les gobelets, le tout dans le sac. Tout procède de l'unité et y retourne.

Le sol

La terre du Bateleur est symbolique comme celle de beaucoup d'arcanes du Tarot. Le jaune couleur de Soleil exprime donc la qualité du lieu où l'archétype, le sens de l'arcane, se manifeste : le chemin du Tarot se place au niveau du mental supérieur dans la recherche du soi, de l'individualisation. Les jeunes pousses vertes sont l'image d'une énergie naissante et de la phase originelle de toute forme de vie : le Bateleur se révèle dans un univers de souplesse, de jeunesse et de fragilité. Il est l'image parfaite de la spontanéité, valeur première de toute existence, garante de la sincérité, de la vérité, de l'unité.

Ces tiges de verdure constituent incontestablement une clé essentielle du symbolisme profond de cet arcane accessible par la méditation, la visualisation ou l'identification.

II
B P GRIMAUD PARIS 1981
LA · PAPESSE

LA PAPESSE

Le personnage
Une femme assise : principe féminin, équilibre, puissance établie. La Papesse regarde vers sa droite, elle est tournée vers l'avenir. Sa fonction est créatrice sur les plans matériel et spirituel. Son attitude peut suggérer qu'elle pense (ou rêve) à une phrase qu'elle vient de lire dans son livre. Le corps et les vêtements de la Papesse occupent toute la surface de la carte : la Papesse représente une puissance considérable, les plans de conscience qu'elle embrasse dépassent notre cadre de référence (la tiare sort du cadre).

La tiare
La Papesse porte une tiare jaune à trois étages, ornée de fleurs rouges et vertes à quatre pétales encadrées de triangles surmontés de cercles. Les extrémités des premier et deuxième niveaux de la tiare sont bordées d'une excroissance pointue.

Tout ce qui est sur la tête des personnages du Tarot indique leurs idées, plans de conscience, conception, rôles sociaux. La tiare fait partie des attributs traditionnels du pape de la religion catholique, mais d'autres avant lui l'ont portée : Atis, Mithra, Cérès, Cybèle et les grands rois de Perse en étaient coiffés. Le symbolisme trinitaire de la tiare parle de lui-même : la Papesse est reine sur les trois plans, physique, mental, spirituel. Elle est la grande mère, la Shakti originelle dont les trois manières d'être sont la transcendance, l'universalité, l'individualité [1].

Cette coiffe est très semblable à celle du Pape du Tarot, avec cependant quelques différences : la fleur remplace les trèfles, les triangles du rang inférieur sont occupés par un petit triangle noir, le sommet de la tiare est exempt de motif.

Le triangle surmonté d'une sphère représente la prise de conscience de l'unité la quête de la totalité harmonieuse, l'orientation de l'esprit vers les valeurs essentielles (voir arcanes V et VII). Le petit triangle noir à l'intérieur rappelle le médaillon de l'Impératrice : les valeurs intérieures dominent la recherche de la Papesse qui œuvre « dans le noir », dans le secret.

La fleur rouge à quatre pétales : 4 est le nombre de la totalité manifestée, le rouge est la couleur du sang, du feu, du dynamisme vital. La fleur est l'image de l'âme, des centres spirituels et de la création (elle apparaît au printemps). L'ensemble du symbolisme de cette fleur rejoint la représentation hindoue de la grande mère cosmique (Mahâshakti) manifestée sous ses quatre aspects semblables aux pétales d'une fleur : Maheshwarî, Mahâkâli, Mahâlakshmi, Mahâsaraswatî. Selon Sri Aurobindo : « Toutes les scènes du jeu terrestre, telle une pièce de théâtre, ont été organisées, conçues et mises en scène par elle (la grande mère), avec les dieux cosmiques comme assistants et elle-même comme acteur voilé. » Non seulement la mère (Mahâshakti) gouverne tout d'en haut, mais elle descend dans ce triple univers inférieur [2].

---

1. Sri Aurobindo : *La Mère*, S.A.S., Pondichéry.
2. *Ibid.*

Le niveau central de la tiare est orné d'une fleur verte à quatre pétales. Le vert est la couleur des mondes intermédiaires (mélange du bleu de la nuit et du jaune solaire), de la régénération et de la mort, de la conciliation des extrêmes, de la végétation : la Papesse est mère des univers visibles et invisibles.

Les excroissances pointues laissent penser que les motifs de la tiare sont en relief. En effet, la forme recourbée des fleurs de lis apparaît conjointement à ces excroissances qui semblent faire partie de cette figure. La fleur de lis ou plus exactement le Lis [1] est « l'emblème de la souveraineté de la science, de la sublime connaissance [2] ».

L'habit

La Papesse est vêtue d'une grande robe rouge recouverte d'un manteau bleu doublé de jaune. Un voile blanc tombe sur ses épaules et dissimule sa chevelure. Le vêtement exprime la réalité essentielle et fondamentale de celui qui le porte, son comportement, ses qualités, son activité sociale. L'activité de la Papesse est cachée, elle brûle d'un feu intérieur rendu invisible par le manteau de la nuit (bleu sombre). « Dans son profond et grand amour pour ses enfants, Elle (la grande mère, la Papesse) a consenti à revêtir le manteau de l'obscurité... car il semblait qu'ainsi la création pût être élevée à la lumière, la joie et la vérité, à la vie éternelle [3]. » Le revers du col du manteau laisse penser que la doublure est jaune : le manteau a une mission spirituelle, il permet la maturation de l'esprit en le protégeant et en le mettant en contact avec l'énergie vitale

---

1. Voir arcanes III et VII.
2. Fulcanelli : *Les demeures philosophales*, J.-J. Pauvert. Le lis emblématique est en fait une fleur d'iris, la fleur du lis reste l'attribut de la Vierge Marie.
3. Sri Aurobindo, *La Mère*.

de la Papesse. (Le jaune est la couleur de l'esprit et de la conscience.)

Cette image du feu protégé par l'ombre et favorisant l'éclosion de l'esprit est semblable aux grottes mythologiques, à la matrice, au sein maternel. Tous les symboles d'union, d'ouverture ou de fermeture (les attaches du costume) sont jaunes : la Papesse règne sur les portes du monde spirituel. Les attaches internes du manteau peuvent être identifiées à une mince étole mais il est très probable qu'il s'agit de sangles croisées permettant à la cape de rester sur les épaules sans étrangler la personne. Cette forme de vêtement était très utilisée au Moyen Age, certains ordres religieux la portent encore aujourd'hui.

Un voile blanc enveloppe la tête de la Papesse et retombe sur ses épaules. C'est le voile des religieuses séparées du monde pour approcher l'intimité du divin. Il est blanc, symbole de pureté virginale : les vœux de chasteté accompagnent la prise du voile, la fréquentation des mystères requiert une grande pureté d'intention.

Le livre

La Papesse tient dans ses mains un livre ouvert posé sur sa cuisse droite. Le livre est en tout premier lieu le symbole de la connaissance et de la sagesse. Il était généralement enluminé à la feuille d'or pour que la qualité de sa réalisation soit en harmonie avec la valeur de son contenu. Cependant, le Tarot représente un livre ordinaire, couleur chair. Il s'agit donc du Livre de la nature, le *Liber mundi*, la représentation de la manifestation universelle (« le monde est un livre », disent les philosophes), symbole de la matière primordiale des alchimistes dont il est dit que « bien qu'il soit commun, que chacun le puisse aisément acquérir, ne peut cependant être ouvert, c'est-à-dire compris, sans révélation préalable[1] ».

Elle tient donc le livre ouvert : elle est celle qui donne la compréhension des hautes vérités de la science. Le livre est posé sur son giron, symbole analogique du sein maternel. La Papesse donne naissance à la manifestation universelle, elle est la grande mère universelle gardienne des secrets, initiatrice aux mystères les plus insondables.

Le voile

Un voile ou un rideau couleur chair est suspendu par deux attaches invisibles derrière la Papesse. La plupart des commentateurs du Tarot s'accordent pour rappeler le fameux voile d'Isis à Saïs dont l'inscription sur le fronton du temple disait : « Je suis tout ce qui a été, tout ce qui est et tout ce qui sera, et mon voile, jamais aucun mortel ne l'a encore soulevé. »

Le voile que nous retrouvons ici sous ses divers aspects par la cape, la coiffe et même d'une certaine façon le livre, symbolise les mystères. Le voile sépare, cache, dévoile au regard en même temps qu'il attire, séduit, invite à connaître. C'est Maya, le voile de l'illusion dissimulant la réalité ultime, lui donnant un corps et la rendant de ce fait accessible. C'est la dualité originelle comparable à la « tunique de peau » revêtue par Adam et Eve chassés du paradis de l'unité (le voile est couleur chair). La peau est en hébreu le « pas encore lumière », elle est l'expérience qui prépare, précède la lumière[2] et justifie la grande quête de la Toison d'or. A ce propos il est intéressant de

1. « Les sages ont appelé leur matière *liber*, le livre, parce que sa texture cristalline et lamelleuse est formée de feuillets superposés comme les pages d'un livre » ; Fulcanelli, *Les demeures philosophales*.

2. Annick de Souzenelle : *Le symbolisme du corps humain*, Dangles.

remarquer que la grande quête de la lumière secrète est ponctuée par quatre arcanes du Tarot. En effet le nombre secret de 2 est 3 (1 + 2), celui de 3 est 6 (1 + 2 + 3), celui de 6 est 21 (1 + 2 + 3 + 4 + 5 + 6) et 21 est composé des nombres secrets du 2 : la Papesse détient la clé des mystères du monde et de son reflet, le Tarot, le Secret des Secrets derrière son voile, au fond de la matière, dans nos corps enveloppés de peau.

Rappelons que dans le temple de Jérusalem, un voile séparait le Saint du « Saint des Saints » et qu'un autre était tendu dans le vestibule, près des fameuses colonnes. Ces voiles étaient censés garder les mystères de l'arche d'Alliance trop puissants pour être approchés par les imprudents.

Les colonnes

La présence de traits verticaux à hauteur du coude droit de la Papesse laisse imaginer les cannelures d'une colonne blanche. La forme du tissu suggère également la présence d'une autre colonne, invisible, soutenant le voile. Ces colonnes font référence aux piliers fondus par Hirain dans le temple de Jérusalem. Ils symbolisent la puissance et la stabilité, la dualité fondamentale de l'Univers, la porte du sacré. Cependant rien ne permet d'affirmer leur présence dans cet arcane : le doute fait partie du mystère.

Le trône

La Papesse est assise sur un muret blanc, seul indice de son siège. Sa puissance est établie à partir des formes pures, de l'ineffable vérité (le blanc). L'essence du pouvoir de la Papesse est d'ordre spirituel.

LE NOMBRE 2

Le nombre est un pur symbole en raison à la fois de sa nature arithmétique et de son contenu.

C.G. JUNG.

Tous les nombres du Tarot mériteraient une exploration rigoureuse tant ils recèlent de trésors symboliques. Nous ne pouvons que recommander leur étude étayée par les nombreux ouvrages traitant de ce domaine, en précisant toutefois que le choix des chiffres romains n'est pas le fait du hasard[1]. Ceux-ci sont constitués par le seul « bâton d'Hermès » répété à l'infini sans jamais se soustraire à lui-même. De par leur forme, ces chiffres placent spontanément l'observateur sur le plan de la verticalité, de la mystique, du sacré. Leur présence détermine l'emplacement des arcanes dans la structure du Tarot et synthétise le sens de leur symbolisme propre. Les nombres parlent à l'intellect alors que l'image s'adresse au cœur et exprime avec la plus grande simplicité ce que l'intelligence ne peut comprendre.

Le corps du Tarot (les arcanes) est composé de trois parties distinctes : l'image est en quelque sorte sa chair, le nombre son squelette, le nom son enveloppe, sa peau. L'interpénétration de ces différents éléments est telle qu'une étude attentive d'un de ces aspects, la peau, la

---

1. Selon l'étude de Georges Ifrah dans son *Histoire universelle des chiffres*, Seghers, les chiffres romains ou étrusques seraient les plus anciens procédés de numérotation, les vestiges des origines des nombres qui se rapprochent de l'universelle tradition de l'entaille commune à tous les milieux ruraux. (Les troupeaux, les récoltes, etc. étaient comptabilisés par des entailles effectuées dans du bois, des os ou des pierres.) Si ce détail ne prouve pas la très grande ancienneté du Tarot, il n'en révèle pas moins la forme archaïque de sa structure et invite l'esprit à un retour vers la simplicité originelle.

musculature ou le squelette des arcanes ouvre naturellement la compréhension des deux autres.

Le chiffre 2 mène à la porte des mystères, puisse cette courte analyse inviter le chercheur à de plus amples investigations. 2 peut être considéré comme un nombre premier (indivisible) ; c'est le seul qui soit pair et dont l'addition et la multiplication donnent le même résultat : $2 + 2 = 4$; $2 \times 2 = 4$. Son rôle est prépondérant dans les mathématiques, il ouvre la classe de tous les nombres qui peuvent être multipliés ou divisés par eux-mêmes. L'archétype du 2 se trouve derrière toute distinction, symétrie, opération de répétition et de division. Cependant, la plupart des systèmes symboliques de nombres débutent avec le 3.

Pour les Chinois, 2 n'était pas un nombre. Pythagore disait qu'il n'en était pas « tout à fait » un. Il exprime par conséquent un état intermédiaire, le passage de l'unité à la multiplicité. Il marque la différence, manifeste la confrontation, révèle (ou cache) ce qui est supérieur. Dans de nombreuses langues, « l'autre » et le « second » sont exprimés par le même mot. Pour la psychologie, « un contenu inconscient apparaît d'abord comme bi-unité lorsqu'il s'approche de la conscience » et il en est de même pour la connaissance symbolisée par le livre que nous devons ouvrir, séparer en deux, pour découvrir son contenu. La dualité est l'expression de l'analogie et de la synchronicité.

Son caractère parfaitement ambivalent amène le doute, l'oscillation, marque le début d'un conflit, amène la confusion, « signe une parenté secrète entre la Dualité, le Diable et la Femme » (Paracelse). 2 est un nombre féminin passif. Dans le Yi King [1], le deuxième hexagramme est le « réceptif », associé à la terre, la mère, le ventre, l'étoffe,

1. *Le Livre des transformations*, Médicis.

le tronc, le noir, l'économie et la fécondité. Les Chinois, très pragmatiques, se sont toujours montrés particulièrement attentifs aux applications et associations concrètes des symboles. Les emblèmes numériques avaient pour fonction de figurer l'Univers et constituaient le seul moyen de le résumer, donc d'en prendre possession. La totalité du symbolisme extrême-oriental prend sa source dans la dualité Yin-Yang. Rappelons que les ordinateurs modernes fonctionnent également sur la base du langage binaire.

En astrologie, le Taureau est le deuxième signe du Zodiaque apparenté à la deuxième maison, concernant les possessions, l'avoir, qui n'est pas loin du savoir, Vénus y trouve son domicile et la Lune son exaltation.

- Correspondances géométriques du nombre 2 :
  deux points : • •
  deux lignes parallèles : 
  un angle : 
- Racine essentielle ou valeur secrète[1] :
  1 + 2 = 3

Le Tarot se compose de 22 arcanes (11 × 2), trois paires ou couples se distinguent :

II et V III et IIII XVIII et XVIIII

Trois couples formés par ces arcanes dont la somme des nombres est 2 + 5 + 3 + 4 + 18 + 19 = 51 qui se réduit théosophiquement au chiffre 6 (51 : 5 + 1 = 6) :

1. Comme son nom l'indique, la racine essentielle d'un nombre représente sa signification profonde, originelle, sa filiation. Ce nombre secret est la somme de tous les chiffres qui le composent réduite à 9, 10 ou 22 suivant le système adopté. Ex., racine essentielle de 6 : 1 + 2 + 3 + 4 + 5 + 6 = 21.

l'ensemble des dualités du monde réalise la beauté par la synthèse des contraires. C'est le sceau de Salomon, le bouclier de David, l'amoureux qui attend sa bien-aimée (Cantique des Cantiques), la splendeur de Tiphéreth (voir arcane VI) :

Nous retrouvons ici le 2 dans sa valeur secrète redoublée, c'est le secret des secrets que garde toujours la Papesse derrière le voile, dans le Saint des Saints.

LE NOM DE L'ARCANE

Le nom est un symbole à part entière. Différent du nombre et de l'image, il n'en est pas moins puissant par les vibrations qui peuvent s'en dégager, notamment à travers le son et le langage. Il recèle la présence réelle ; « Dieu et Son Nom sont identiques », disait Ramakrishna, et il suffit d'observer comment nous réagissons à l'appel de notre nom pour constater son pouvoir d'évocation et d'invocation.

Dans les traditions initiatiques de tous les temps, le néophyte reçoit, à chaque étape, un nom secret qui lui permet d'avancer dans les plans de conscience. Il est la clé indispensable communiquant spontanément, à qui sait le manipuler, la dimension essentielle et concrète des symboles. Sa présence ou son absence aura donc une importance capitale dans l'étude du Tarot.

La Papesse que nous connaissons a reçu d'autres noms au cours des siècles. Christian (l'homme rouge des Tuileries) l'appelait « la Porte du Sanctuaire » et il ajoutait : « Frappe et il te sera ouvert, puis étudie longtemps la voie où tu vas entrer. Tourne ta face vers le Soleil de la Justice et la Science du Vrai te sera donnée. Garde le silence sur tes desseins afin de ne point les livrer à la contradiction des hommes. »

En France au XVIIIe siècle, elle prend le nom de Junon dans le Tarot d'Epinal (Grimaud), le Tarot révolutionnaire de L. Carey (Strasbourg, 1791) et le Tarot de J. Jerger (Besançon, 1800). Junon, divinité romaine, épouse de Jupiter, fille de Saturne et de Rhéa, symbolise « le principe féminin dans sa jeune maturité en pleine vigueur, souverain, combatif et fécond ». Elle protégeait les femmes mariées et les naissances légitimes. La plupart des Tarots anglo-saxons lui donnent le nom de prêtresse, ou de grande prêtresse (priestess, great priestess, high priestess). Dans l'histoire des religions, la grande prêtresse était Athéna, assimilée et souvent confondue avec Isis, la grande mère cosmique. Plus près de nous, des textes qui demeurent contradictoires et sans grande valeur historique, rapportent l'existence d'une femme qui aurait occupé le siège de saint Pierre sous le nom de Jean VIII, entre les règnes de Léon IV et Benoît III, vers le milieu du IXe siècle. Enceinte, elle aurait accouché pendant une procession dans les rues de Rome. La foule et le clergé en fureur l'auraient occise avec son enfant et ensevelie sur place, entre l'église Saint-Clément et le palais de Latran.

III
B P GRIMAUD PARIS 1981
L'IMPÉRATRICE

L'IMPÉRATRICE

Le trône

L'Impératrice est assise sur un trône couleur chair. La position assise désigne un état, une stabilité, un équilibre. « On connaît un roi à son trône », dit le proverbe : le trône de l'Impératrice est couleur chair, elle règne sur la matière, son pouvoir est temporel.

Les vestiges de ses ailes ainsi que la présence de l'aigle sur le blason rappellent son origine céleste : l'Impératrice est exilée sur la terre, ses ailes sont prises dans la chair, elle est prisonnière du corps.

Des lignes de force convergentes à la base du trône rappellent le sommet d'une pyramide ou d'un triangle. L'Impératrice assise à son sommet est dans une position élevée et centrale : tout converge vers elle.

Une aile

Une petite aile couleur chair apparaît contre la cuisse gauche de l'Impératrice. Sa forme laisse imaginer le corps d'un oiseau en piqué. L'oiseau est le symbole de l'âme : l'âme descend dans la matière (couleur chair), c'est la conscience involuée. L'aile représente la légèreté, l'intelligence subtile, la compréhension spirituelle. Dans la tradition chrétienne, l'aile appartient à la colombe, qui est une représentation du Saint-Esprit ou de l'Esprit divin planant sur les eaux (voir la Genèse et le Déluge). Sa présence dans cet arcane manifeste la nature paisible, harmonieuse et lumineuse de l'Impératrice.

L'aile et l'aigle du blason sont sur le giron (dans le sein) de l'Impératrice : elle concilie en elle-même la douceur de la grâce divine et la rigueur absolue de la conscience, elle reçoit les intuitions célestes et porte la pensée à sa plus haute expression. L'Esprit-Saint s'incarne dans son giron, elle est la mère du Dieu vivant.

La présence de l'aigle et de la colombe dans le sein de l'Impératrice se réfère au passage des Évangiles concernant la conception de saint Jean-Baptiste et de Jésus. « L'enfant a tressailli d'allégresse en mon sein », dit Elisabeth, mère de saint Jean à Marie, mère de Jésus. Rappelons ici le profond mystère qui recouvre la vie de saint Jean le Baptiste en liaison avec saint Jean l'Évangéliste. Certaines écoles considèrent ces deux personnages comme une seule et même entité, représentée symboliquement par l'aigle.

Le costume

Le haut du vêtement est bleu, le bas est rouge. Les énergies inférieures sont actives et conflictuelles (rouge) mais la vertu apaisante de l'Impératrice (bleu) domine l'ensemble de son action. La traduction des couleurs en éléments montre l'eau bleue sur le feu rouge : c'est l'image de la cuisson alchimique du bouillonnement, de la production de vapeur, de la décantation.

Deux énergies entrent en collision et produisent un troisième terme, c'est la prise de conscience. Le bleu occupe la majeure partie du vêtement : l'Impératrice est passive, la compréhension attend l'esprit capable de la recevoir, l'âme attend un corps pour s'incarner.

La ceinture et le collier

La ceinture est liée au collier par un rectangle jaune sur lequel se trouvent deux triangles, pointe en haut. Le triangle représente le nombre 3, la conscience, la trinité chrétienne, la vibration fondamentale.

Les dents de scie sur le collier et le petit triangle noir au niveau du sternum sont la multitude des réalisations spirituelles gouvernées par l'Impératrice. Ce petit triangle est le point de jonction des lignes de force du trône : l'Impératrice porte en elle-même la quintessence de la pyramide. Le triangle noir situé près du cœur est inclus dans un autre triangle de même proportion : l'Impératrice connaît le secret de la grande pyramide, son cœur est enfermé dans la « chambre noire ».

Le collier, comme la ceinture, unifie et coordonne la diversité des réalisations psychiques. Ils sont joints par un pendentif : l'Impératrice concilie au plus profond d'elle-même la conscience spirituelle (le collier) et matérielle (la ceinture). Elle réalise l'union du haut et du bas, en analogie avec la Vierge de la tradition chrétienne.

Le blason

L'Impératrice tient un blason sous son bras droit, sa main touche le corps jaune de l'aigle. L'aigle est le roi des oiseaux, identifié au Soleil qu'il peut regarder en face, il est l'œil de la conscience. Symbole paternel, c'est l'élévation des pensées, les états supérieurs ou angéliques. Dans la symbolique alchimique, les oiseaux ou volatiles représentent souvent l'élévation ou la descente de l'esprit dans la matière, semblable à la production de vapeurs dans le processus de cuisson chimique ou alchimique.

« Le blason rassemble les éléments distinctifs et emblématiques d'une collectivité ou d'une famille noble » (*Petit Robert*), il est le symbole analogique de la coupe ou du livre.

L'action (main droite) de l'Impératrice consiste à protéger l'envol des pensées, mais aussi à permettre l'incarnation (couleur chair du blason) des idées supérieures. L'aigle sur le blason signifie donc la révélation de la transcendance, la connaissance sublime, la condensation de la lumière, la vision divine recueillies dans la coupe de la conscience.

Le sceptre

Le sceptre est un attribut royal. Surmonté d'une croix, il indique la puissance de l'Impératrice sur les plans mentaux et spirituels. Le sceptre est tenu dans la main gauche passive et repose sur son épaule : l'Impératrice n'use pas de son pouvoir. « La croix est le plus totalisant des symboles » (R. Guénon). Elle est un pur support de méditation, rattaché à l'orientation et à la Terre dont elle exprime toutes les nuances. Sa présence sur le sceptre impérial signale l'envergure de son pouvoir : toute existence est sous l'empire de l'Esprit (3) et de la Forme (4).

La pomme d'Adam

La pomme d'Adam est une particularité masculine. Sa présence ici marque l'ambivalence de la nature de l'Impératrice (arcane de l'âme). Elle protège les cordes vocales qui sont un muscle disposé en triangle. Véritable chambre secrète, créatrice du verbe, les cordes vocales sont, dans le corps humain, le lieu où le son fondamental et unique, OM, épouse et crée les mouvements infinis de la vie. Elles sont situées en arrière de la gorge. L'analogie bien connue entre la gorge et la matrice (ou le vagin) souligne le pouvoir créateur des sons : l'Impératrice crée la forme subtile des énergies invisibles, comme les cordes vocales vibrent au contact de l'air et produisent des sons, elle est la génitrice des pensées créatrices.

Les cheveux
Les cheveux sont blancs : pureté d'intention, clarté des idées, inaccessibilité et transparence de l'intelligence de l'Impératrice.

Le regard
L'Impératrice est assise de face, elle regarde vers sa gauche : elle agit dans l'instant présent, elle est une force établie, incontournable, absolue. Son regard est tourné vers l'Empereur ou vers son sceptre situés sur sa gauche : l'Impératrice est passive, dépendante, elle inspire et suggère plus qu'elle n'impose sa volonté, s'identifiant ainsi à la conscience. Nous voyons l'Empereur de profil, elle seule peut le regarder de face.

La couronne
La couronne, Kether dans la kabbale, est un « symbole du soi » (C.G. Jung). Son rôle est unificateur et centralisateur : elle synthétise en elle-même les opposés et représente la totalité d'une réalisation. Elle est souveraineté, élévation, action de la pensée spiritualisée, lieu de passage de l'âme (Chakra Sahasrâra). La couronne est rouge cerclée de jaune, des fleurs de lis apparaissent sur sa base. Le lis est la fleur de l'amour parfait, de l'abandon total à Dieu. Son parfum puissant exerce un attrait comparable aux liens d'amour. La couronne rouge et or représente la puissance de l'énergie spirituelle, le pouvoir de la réalisation mentale.

Sept « clous » sont fichés à la base de la couronne : chiffre d'Apollon, le 7 exprime la grandeur, la magnificence, la victoire, la perfection. 7 est le nombre des planètes traditionnelles et certains Tarots attribuent une couronne d'étoiles à l'Impératrice. La présence du chiffre 7 sur la couronne rappelle que l'Impératrice règne sur tout ce qui est supérieur, son pouvoir est de droit céleste et divin.

Ce dernier détail révèle un aspect fondamental et hautement spirituel de l'arcane III. En effet, les correspondances entre le couple impérial du Tarot et la vie ainsi que l'œuvre du roi Salomon de l'Ancien Testament sont très significatives. Salomon connaissait les sept degrés de la sagesse, il avait sept noms semblables aux sept couronnes célestes, son trône avait six degrés et il en constituait le septième, etc. L'Impératrice exprime donc son attachement à la grandeur du « roi de la paix », à l'Empereur du Tarot. Salomon se maria avec la fille du Pharaon (Salomon vient de *chalôm* : paix).

L'Impératrice porte une pyramide en pendentif, son trône est également établi au sommet d'une pyramide : elle est « la reine en exil », l'épouse divine de la tradition hébraïque. Salomon inspiré par l'Esprit-Saint écrivit *Le Cantique des cantiques*, Chîr Haschîrîm, expliqué ainsi par le Zohar : « Le mot Chîr désigne le nombre un, le mot Haschîrîm désigne le nombre deux, ce qui fait trois. C'est le mystère de la coupe des bénédictions qui doit être saisie par la main droite et passée ensuite à la main gauche. » L'Impératrice tient le blason (analogue à la coupe) dans sa main droite, l'aile de la colombe dans son giron rappelle l'Esprit-Saint. L'Impératrice est la fiancée, l'Empereur le fiancé. Le secret des secrets demeure dans leur mariage, scellé par le septième sceau ou clavicule de Salomon, dont la valeur est 7 (4 + 3).

Cette mystérieuse union du couple impérial donnant naissance à la « Merveille des merveilles » (le chiffre 7) est particulièrement bien illustrée par la science de la lumière. Nous savons aujourd'hui (mais les anciens d'Égypte, du Mexique ou d'ailleurs l'ignoraient-ils ?) qu'un rayon de lumière blanche projeté sur un prisme transparent fait apparaître par réfraction le spectre de la lumière où se succèdent les couleurs de l'arc-en-ciel.

Les traductions de ce phénomène en langage symbolique sont les suivantes : l'ombre (la Lune) unie à la lumière (le Soleil) donne naissance à la vie, l'âme-3 descendant dans la matière-4 engendre la conscience-7 (voir les arcanes VII et XVIIII), la fille de Pharaon épousant Salomon inspire à ce dernier *Le Cantique des cantiques* et le détourne du droit chemin[1], le triangle uni au carré forme la pyramide apportant l'initiation suprême à celui qui a percé l'énigme du Sphinx (voir arcanes X et XXI), qui a unifié son être, trouvé le Nom...

Dans le Tarot, l'aventure de la conscience prend sa source avec cet arcane et y trouve son aboutissement à travers l'arcane XXI (21 : 2 + 1 = 3).

La méditation de ces symboles à la lumière de la kabbale rendue accessible par les ouvrages des kabbalistes modernes apportera de nombreux enseignements sur le sens caché de ces arcanes et de leurs développements numériques dans le Tarot.

1. Salomon aima beaucoup de femmes étrangères et pour cela il fut condamné par le judaïsme traditionnel. De la même façon qu'Eve est « accusée » d'avoir précipité l'humanité dans le péché, la femme de Salomon est rendue responsable de la naissance du royaume maudit d'Edom-Rome (A.D. Grad, *Le Cantique des cantiques*, éd. du Rocher).

IIII
B P GRIMAUD PARIS 1981
L'EMPEREUR

L'EMPEREUR

Le personnage
L'Empereur est assis ; principe masculin statique, puissance établie, force équilibrée, stabilité, fermeté. Le corps est présenté de trois quarts, le visage de profil. Dans la succession des arcanes, l'Empereur et l'Impératrice forment le premier couple du Tarot. L'Empereur est tourné vers l'Impératrice, il regarde vers sa droite : il est actif, volontaire, constructif.

Le visage
L'Empereur présente son profil gauche. Le côté gauche d'un personnage est son aspect féminin, passif, imaginatif, lunaire : l'Empereur installé dans sa fonction est le reflet d'une force supérieure. La puissance établie inspire les contes et légendes, c'est le roi David, Salomon, Arthur, etc. Elle est la représentation archétypale du soi sur le chemin de l'individualisation.

Le nombre 4
4 est le nombre de la totalité, le grand architecte de l'Univers, créateur des formes visibles et invisibles, toute existence est en son pouvoir. Le nom divin du démiurge de l'Ancien Testament, Yahvé, est composé de quatre lettres : Iod-Hé-Vav-Hé. 4 constitue également la mesure

de base de la vie et de l'œuvre du roi Salomon, constructeur du temple de Jérusalem. L'Empereur ne montre qu'une partie de son pouvoir : c'est l'intemporel manifesté dans la matière. La réalité ne révèle qu'une parcelle de son essence, de son visage.

La mythologie grecque raconte les nombreux déguisements de Zeus qui dissimulaient son identité pour séduire et créer de nouvelles formes. Lorsque Sémélé, la Terre, voulut voir la face de son amant, elle fut aveuglée et son corps se consuma : la vision de la Totalité implique la désintégration de l'individualité, ou plus exactement, l'être vivant l'expérience de l'unité dans la diversité s'efface pour laisser apparaître une vérité plus grande encore (l'enfant dans le ventre de Sémélé fut sauvé par Zeus qui le prit dans son giron, c'était Dionysos) [1]. Rappelons que certains Tarots nomment cet arcane Jupiter ou Zeus.

Barbe, cheveux, chaussures

La barbe, les cheveux et les chaussures sont blancs. Les réalités ultimes de l'Empereur ne peuvent être comprises, sa puissance s'établit dans l'invisible, sa sagesse et ses intentions sont pures : « les rois David et Salomon suivirent les voies du Seigneur et observèrent Ses commandements » (Rois, II, 3). Le blanc est la « couleur » de l'Éternel : l'Empereur pose son pied dans l'intemporel, l'univers des formes repose sur le vide absolu.

Les jambes

Les jambes croisées et la position du corps forment une croix surmontée d'un triangle, symbole du Soufre alchimique 🜍 qui est un principe actif masculin identifié au feu des profondeurs. Toutes les formes de vie se cristalli-

1. Voir arcane Le Mat, p. 249 et suivantes.

sent en lui, il est la base de l'expression de la volonté céleste. Phénix renaissant de ses cendres, le Soufre est l'agent de fixité de tout processus vital. Sa présence discrète dans cet arcane découvre le double aspect de l'Empereur : puissance créatrice du divin ou force satanique, rigide, tyrannique de la matière.

La main gauche

La position de la main gauche de l'Empereur sur sa ceinture assure sa stabilité dans la paix et l'harmonie : la ceinture est jaune. Cette attitude symbolise la puissance et la détermination du personnage.

La main droite

La main droite tient un sceptre jaune surmonté d'un globe et d'une croix, symbole de la totalité du monde et de la « matière primordiale ». L'Empereur assume le pouvoir temporel inspiré par l'intelligence spirituelle.

Le sceptre

Le globe est identique à celui de l'Impératrice, il présente sa face cachée. La sphère est divisée en trois parties : les quarts supérieurs sont l'âme et l'esprit (la Lune et le Soleil), l'hémicycle inférieur est le corps qui permet le cycle des transmutations (c'est le Tartre des alchimistes).

L'Empereur et l'Impératrice sont les artisans d'une même œuvre : conduire l'âme universelle à sa destination finale, accomplir le royaume de Dieu sur Terre (3 + 4 + 3 + 4 + 3 + 4 = 21, arcane le Monde).

Le costume

Une veste rouge sur un pourpoint et des chausses bleues. L'Empereur est passif dans l'action, sa puissance repose sur l'inertie. Sa force est réelle, les bras et les épaules sont rouges, cependant il s'adapte à la conscience qui l'inspire (le corps est bleu). Les habits de l'Empereur et de l'Impératrice sont complémentaires : la forme dépend de l'esprit qu'elle manifeste.

Le collier et la pierre

Un médaillon vert pendu à un collier jaune. La pierre verte est l'émeraude. Mystérieuse ou néfaste, elle souligne l'aspect ambivalent du pouvoir. La puissance de l'émeraude est légendaire : sa couleur verte en analogie avec la végétation lui confère des pouvoirs régénérateurs. Le Graal est taillé dans une émeraude, dans l'Apocalypse, (IV,3), le trône divin rayonne de son éclat, elle favorise la clairvoyance, permet la découverte des mystères, constitue l'essence même de la fameuse Table d'Émeraude. Tombée du front de Lucifer pendant sa chute, l'émeraude est liée aux forces obscures. « Celui qui la possède, dit la légende détient tous les pouvoirs. »

Le collier symbolise une union, un ordonnancement, un honneur, un grade. Il est composé de trois fils entrelacés qui représentent la prise de conscience : l'Empereur porte autour de son cou le fruit de l'action de l'Impératrice (arcane III).

La couronne

La couronne rouge bordée de jaune est un attribut royal. Elle est selon Jung l'archétype du Soi, le symbole de la totalité consciente. Sa ressemblance avec celle de l'Impératrice rappelle l'unité d'action et de conception de ces deux personnages. Le bord inférieur descend sur la nuque. Le cou, lien fragile entre la tête et le corps, est le siège des perceptions sensibles, lieu de passage des énergies télépathiques ou médiumniques. Cette partie est protégée :

l'Empereur ne montre aucune faiblesse, sa volonté ne peut être infléchie, il agit dans l'équanimité.

Le trône

Le trône couleur chair indique que l'Empereur, comme l'Impératrice, règne sur la matière : « Le Tout-Puissant établit Sa Puissance sur les nations » (Psaumes).

Le blason

Le blason à la base du trône n'apparaît plus comme une représentation unificatrice (voir l'Impératrice), il est le fondement du pouvoir de l'Empereur.

L'aigle identifié au feu semble surgir des profondeurs, c'est la lave des volcans, le Soleil levant, la puissance majestueuse déployée, l'envol de l'esprit, l'autorité suprême. L'aigle représente la sublimation de la matière (voir arcane XXI).

La place et la forme du blason rappellent une roue : l'Empereur est assis sur un char, il tourne le dos au sens de la marche. C'est l'image traditionnelle du Soleil sur son char céleste. L'Empereur rejoint ici sa signification cosmique : il est le soufre universel, le grand ordonnateur, la stabilité éternelle, le Soleil de notre galaxie considéré comme le reflet du Soleil véritable et spirituel (voir arcane XVIIII).

Rappelons que l'auteur du Cantique des Cantiques, le roi Salomon, est nommé « celui qui est assis sur le char de la paix », c'est le roi de la paix (paix se dit chalôm, racine identique à chlômôh, Salomon), qui est mystiquement parlant le roi suprême d'en haut (A.D. Grad, *Le véritable Cantique des Cantiques*).

V
B P GRIMAUD PARIS 1981
LE · PAPE

LE PAPE

Le Pape

Le Pape assis apparaît comme un principe masculin statique : force équilibrée, puissance stable et permanente. Le corps et le visage sont présentés de trois quarts face, le Pape regarde vers sa gauche. Il est tourné vers le passé, l'obscurité, la négativité, la passivité, il regarde l'intérieur des choses : le Pape puise son enseignement aux sources du passé, il protège ses disciples sur le chemin intérieur.

L'habit du Pape

Le Pape porte un manteau rouge bordé de jaune sur une grande robe bleue à manches blanches. Le bord jaune se détache du manteau et tombe à la verticale, à hauteur de l'abdomen. Ce détail révèle la nature de cette partie du vêtement : c'est une étole, « insigne du pouvoir d'ordre du Pape, des évêques, des prêtres et des diacres dans l'exercice de leurs fonctions liturgiques » (*Petit Robert*). Le manteau rouge est la mosette du souverain pontife qui peut être également blanche selon les circonstances. Le Pape porte ces attributs pour les cérémonies et audiences de grande importance.

L'étole est jaune : le pouvoir du Pape est d'ordre spirituel. La mosette est rouge : le Pape apporte la vie, donne la parole vivifiante. Son rôle est actif et stimulant, il est le « commandeur de la foi ».

Une pierre noire enchâssée dans une bande dorée unifie les pans du manteau à hauteur du chakra vishuddha. Ce centre énergétique est lié à la parole, il est le lieu de passage du souffle de vie : le Pape connaît les secrets du Verbe, il enseigne les mystères (le noir est la couleur du secret).

La robe bleue est très ample. Le Pape est passif, réceptif, accueillant, protecteur, son activité intérieure s'appuie sur les réalités subtiles, il conduit les êtres de l'inconscience à la conscience.

Quant aux manches blanches, ce détail se retrouve dans la jeune femme blonde de l'Amoureux. Les bras symbolisent l'action consciente liée à la connaissance : le Pape agit dans la pureté, son action est purificatrice, il exprime, révèle, indique le divin dans l'être.

La tiare

La tiare à trois étages fait partie des attributs pontificaux des grandes cérémonies. Elle indique la royauté sur les plans célestes terrestre et invisible : le Pape est le père de l'Église, le recteur de la Terre, le vicaire du Christ.

Les petits triangles surmontés d'un cercle symbolisent la recherche de l'unité, la prise de conscience (le triangle) de la perfection divine (le cercle). Ces triangles couronnés rappellent également les trous de serrure : le Pape est le successeur de saint Pierre, il ouvre les portes du Paradis. Dans certains Tarots, le Pape tient une paire de clés. Il a le pouvoir d'entrer dans les espaces intérieurs, de conduire à l'expérience religieuse dans le corps.

Trois trèfles rouges et trois verts sur les deux premiers niveaux de la tiare. Le trèfle est le symbole de la trinité Père-Fils-Saint-Esprit et de la compréhension intime de la divinité suprême. La répartition de ce motif laisse penser qu'il existe au total quatre trèfles et quatre « triangles couronnés » sur le premier et le second niveau de la tiare. 4 est le nombre de la matérialisation : le Pape incarne la vision et la vérité divine. Il révèle la puissance active des plans spirituels (les trèfles rouges) et montre l'essence de leur nature (les trèfles verts). Six trèfles visibles sur la tiare : le Pape enseigne, annonce ou rappelle la venue de l'Amoureux (arcane VI), il évoque les étapes de la manifestation de la conscience. (Sur le chemin du Tarot, les multiples de 3 indiquent le processus d'évolution par la prise de conscience.)

Le dernier niveau de la tiare rappelle le collier de l'Impératrice par la ligne brisée qui le traverse : c'est la stylisation de l'univers ondulatoire, de l'espace «au-delà des mots », de l'inconnaissable énergie spirituelle. Le mouvement suggéré par les brisures de cette ligne se réfère également à la respiration spirituelle et verticale, en harmonie avec la phrase du Christ : « Demandez et il vous sera donné. »

Le Pape et la Papesse ont une tiare presque identique : ils incarnent une même conscience spirituelle.

La barbe

La barbe du Pape et les bandelettes de la tiare sont blanches : le Pape exprime la sagesse divine, il fait respecter la loi sacrée, ses conseils sont purs et désintéressés. La barbe blanche indique également le grand âge du personnage : le Pape est un patriarche, une image archétypale du père, le représentant du Père céleste sur Terre.

La main droite

Le Pape donne la « bénédiction latine » de la main droite. L'index est appelé doigt de Jupiter, le majeur doigt de

Saturne ; ces deux doigts sont unis dans le geste de bénédiction qui peut être compris comme « l'union au Père ».

En chinois, bénir signifie aider. L'Occident accorde une haute valeur purificatrice aux gestes de bénédiction qui permettent d'entrer dans l'intimité du divin, de se rapprocher du « saint des Saints ». Selon les enseignements traditionnels, la bénédiction d'un maître ou d'un saint homme donne spontanément l'expérience de la divinité suprême.

Les doigts sont placés à la hauteur du cœur : le Pape donne l'initiation à « la voie du cœur », invite à la communion, enseigne l'union dans l'amour, unit les êtres qui s'aiment. La main qui bénit est nue : le Pape agit « en vérité ».

La main gauche et la croix

La main gauche porte un gant jaune orné d'une croix de Malte. La fonction essentielle du gant est de séparer la main du monde extérieur. Le gant protège l'être qui le porte mais aussi l'objet qu'il manipule. Il est le symbole de la connaissance acquise, le signe d'une investiture de pouvoirs, d'une intelligence spiritualisée (le gant est jaune) : le Pape est investi de pouvoirs spirituels, les énergies subtiles qu'il manipule restent pures, il est dépersonnalisé afin d'incarner les principes supérieurs. La main gauche est passive : le Pape reçoit les forces spirituelles symbolisées par la croix et les transmet dans sa bénédiction. Cette attitude du Pape est semblable à celle du Bateleur : le Pape concilie en lui-même le haut et le bas, il est dans l'unité.

La croix à trois traverses et la tiare sont les attributs papaux. Chaque traverse de la croix représente un plan de conscience ou une étape dans la hiérarchie religieuse, ce sont les trois niveaux de compréhension des textes sacrés universels. La croix de Malte sur le gant indique « l'union des contraires » accompagnant la connaissance spirituelle. Le dépassement de la dualité associé à la notion de sacrifice de la croix trouve sa parfaite expression dans la prière, seul moyen d'accès aux plans supérieurs ou intérieurs. Rappelons que dans la tradition chrétienne, le signe de la croix précède l'oraison et lui succède.

La croix marque les quatre directions spatiales : l'enseignement spirituel du Pape se répand « aux quatre coins de l'Univers ». C'est la parole du Christ : « Allez par le monde entier, proclamez la bonne nouvelle à toute la création » (Marc, XVI, 15. Matthieu XXVIII, 19). La croix est le symbole du Christ sauveur, du verbe et de la parole incarnés.

La croix de Malte est spécifiquement représentative du Saint-Esprit. Une colombe occupe généralement son centre et les quatre Évangiles sont dans les intervalles entre les branches (croix des catacombes).

Elle s'inscrit dans un cercle qu'elle divise en huit parties égales formant huit triangles équilatéraux dont les côtés sont égaux au rayon. Le cercle est l'image du souffle divin sans commencement ni fin, les triangles sont la prise de conscience conduisant au centre du cercle, à l'unité, à la vérité divine dans l'équilibre parfait. (Le nombre 8 se réfère à la Justice du Tarot, arcane VIII. 8 est également le résultat de la somme théosophique des valeurs des lettres formant le nom divin Iod-Hé-Vav-Hé = 26 = 2 + 6 = 8.)

Le Pape est investi (le gant) de la Parole divine, des Évangiles (la croix de Malte) qu'il révèle sur les trois niveaux de compréhension (la croix à trois traverses).

Le trône et les colonnes

Le Pape est assis sur un trône surmonté de deux colonnes bleues. Le trône d'un personnage symbolise le domaine où il exerce sa puissance. Il est blanc : le Pape règne sur l'Univers invisible, abstrait, spirituel. Les lignes géométriques dessinant la structure de ce siège sont difficilement rattachables à une forme particulière. Cependant, la juxtaposition de cet arcane avec l'arcane II, la Papesse, montre la coïncidence des traits : le Pape et la Papesse règnent sur un même monde, l'espace intérieur.

Les colonnes constituent l'axe et la structure essentielle des édifices religieux. Par analogie, la colonne est considérée comme le support de la connaissance, elle contient l'alphabet (la connaissance) à l'image des piliers de l'arbre de Vie de la kabbale. Deux colonnes côte à côte représentent une limite, une porte, un passage, une entrée.

Dans le temple de Salomon, les colonnes situées devant le vestibule du sanctuaire (Jakin la stabilité et Boaz la force) furent fondues dans l'airain. La couleur sombre de cet alliage a des reflets bleutés, et les colonnes de l'arcane V sont bleues. D'autre part, les chapiteaux fondus par Hiram avaient le nombre 5 pour mesure de base (cinq coudées) et cinq points surmontent les chapiteaux des colonnes du Pape (pour plus de détails, voir Rois 7,41). Ces deux colonnes symbolisent donc les limites du monde intérieur et « l'alliance indissoluble entre le Ciel et la Terre ».

Elles sont bleues : le Pape s'appuie sur les valeurs de réceptivité, de non-violence, de paix intérieure, il ouvre la porte du sanctuaire, donne la vie de l'esprit.

Selon la tradition maçonnique, largement inspirée du symbolisme du temple de Salomon, les colonnes Jakin et Boaz encadrent la porte face au triangle d'or (le delta lumineux). Les apprentis s'alignent devant la colonne de droite (Jakin), les compagnons devant celle de gauche (Boaz) et les maîtres sont au centre. Ce symbolisme est en correspondance avec la place des personnages de cet arcane.

Les personnages aux pieds du Pape

Ces deux êtres sont-ils mariés, initiés, réconciliés, réprimandés ? Ils sont deux. La dualité est le signe de la manifestation. Ils représentent la multitude des êtres ainsi que les opposés fondamentaux. Les attitudes, la position des mains, la tonsure indiquent que ces deux personnages viennent près du Pape dans un même esprit, ils reçoivent la bénédiction en accord avec la parole de Jésus : « Si deux d'entre vous se réunissent en mon nom, je suis là au milieu d'eux » (Matthieu XVIII, 19-20). Ils font face au Pape et nous tournent le dos. Leur visage, l'essence de leur être se dérobent à nos yeux, ils sont dans l'expérience. Cette position du corps se retrouve dans le personnage central de l'arcane XX : l'être « s'absente » du monde et pénètre les univers intérieurs. La parole du Pape est reçue par chacun selon ses capacités, sa vérité n'est perceptible que par l'expérience initiatique. La place des mains des néophytes indique la respiration verticale ou spirituelle caractérisée par l'exaltation (main levée) et la soumission (main baissée).

La tonsure

La tonsure est la préfiguration de l'auréole, elle indique la concentration des énergies mentales sur le chakra sahasrâra (ou porte de l'âme), au sommet de la tête. La tonsure marque l'ouverture de l'âme aux courants spirituels du Pape et symbolise l'expérience religieuse, l'extase. Ces personnages appartiennent à un ordre religieux, ils incarnent le Verbe. La forme de cette coupe de cheveux ressemble à une bague ou une alliance : ils « épousent » la parole du Pape.

Le personnage situé dans l'angle inférieur droit de l'arcane

La pièce de tissu jaune prolongée d'une main peut laisser penser qu'il s'agit du bras d'un personnage extérieur au cadre introduisant auprès du Pape un nouveau néophyte. Ce détail a été retenu par certains créateurs de Tarot modernes dans lesquels le personnage de droite est présenté au Pape par celui de gauche.

Le personnage porte un châle jaune sur un manteau rouge. L'être a entrepris la spiritualisation de son action. Il reçoit l'aspect vivifiant, enthousiasmant de la parole du Pape (le rouge est dominant et la main est levée). Il correspond au clergé séculier de l'Église catholique, aux apprentis de l'ordre maçonnique.

Le personnage situé dans l'angle inférieur gauche de l'arcane

Ce personnage porte un manteau jaune surmonté d'un capuchon ou d'un châle rouge. Un chapeau bleu est accroché à son dos. Le chapeau et le capuchon sont des éléments protecteurs, dissimulateurs. Se couvrir la tête signifie mourir au monde des apparences. Le chapeau est bleu, la capuche ou le châle est rouge : le personnage agit dans le silence, c'est un méditant.

Son manteau est jaune : tout son être est tourné vers les valeurs spirituelles (ce détail est confirmé par la partie centrale jaune de la tonsure de ce personnage).

La main est baissée et l'avant-bras est blanc : son action est détachée, il est soumis, comblé, son mode de vie est basé sur la simplicité. Il représente l'aspect protecteur de la parole du Pape, c'est l'ordre monastique de la religion catholique, les compagnons de l'ordre maçonnique.

VI
B P GRIMAUD PARIS 1981
L'AMOVREVX

L'AMOUREUX

Le personnage central
Le personnage central, l'Amoureux, est debout, il porte une tunique rayée de jaune, bleu et rouge. La station debout implique une idée de mouvement potentiel ou réel. L'Amoureux hésite : va-t-il agir et suivre la femme dominatrice et énergique située à sa droite ou attendra-t-il dans les bras de cette autre femme vêtue de bleu, douce et passive ?

La tunique
La tunique considérée comme le vêtement de l'âme, est une image du corps spirituel semblable à l'aura. Les bandes de couleur, disposées dans le même ordre que les rayons du Soleil de l'arcane, indiquent l'origine lumineuse de cet « habit » : l'Amoureux brille d'un éclat semblable au Soleil, il est le fils de la Lumière. Les bords inférieurs et supérieurs de la tunique sont rouges, couleur du feu et de l'action. La tunique est brûlante ou destructrice pour celui qui n'est pas préparé à la porter (voir la Toison d'Or et la tunique de Nessus dans le mythe d'Héraclès). Les manches sont jaunes.

L'Amoureux est doux, compréhensif, simple, son action est purement spirituelle.

Il tient sa ceinture dans sa main droite. Cette attitude

est semblable à celle de l'Empereur, elle symbolise le pouvoir d'action, la détermination, la stabilité, la force : l'Amoureux prend sa force dans le lien d'amour (la ceinture jaune).

Les cheveux et le regard

Les cheveux blonds, couleur de l'or et du Soleil, symbolisent la conscience. La droite conduit dans le futur : l'Amoureux est tourné vers son avenir, il est conscient de sa mission solaire.

Les jambes

Le talon gauche ne repose pas sur le sol. Ce talon rappelle le Bateleur : début d'une action, disponibilité mais aussi hésitation. Ce petit détail est très important dans l'étude du sens profond du Tarot, en liaison avec les textes sacrés occidentaux. Comme le montre A. de Souzenelle[1], la faiblesse de l'humanité se cache dans le talon à l'image du mythe d'Achille. L'Amoureux soulève son talon : l'humanité n'est pas encore « sauvée ».

Le bas du corps de l'Amoureux est nu. La nudité est un état originel (voir la Genèse) : simplicité, innocence, dépouillement, faiblesse et pauvreté. Elle est aussi facteur de chute et représente la manifestation d'un principe essentiel.

Les jambes sont le support du corps sur la Terre, elles établissent les rapports humains et sont associées au lien social : l'amour dénude les liens sociaux. L'Amoureux a été dévêtu pour revêtir son corps glorieux, c'est l'état d'innocence, de simplicité, de spontanéité, de sincérité : « Quand on aime, on a toujours vingt ans », dit le proverbe. Ce détail établit une relation entre l'Amoureux et Tiphéreth dans l'arbre de la kabbale.

---

1. *Le symbolisme du corps humain.*

Tiphéreth est la sixième séphira, au centre de l'arbre, sur le pilier de l'équilibre et de la douceur, appelé « chemin de la flèche ». Elle est la sphère du Soleil, ses noms définissent son sens : l'enfant de Kether, le roi de Malkuth, le dieu qui se sacrifie. En d'autres termes : le fils de Dieu, roi des rois, le Christ rédempteur.

Rappelons que le sacrifice est représenté dans le Tarot par le Pendu, XIIe arcane majeur, et 12 = 6 + 6. Le résultat de l'addition d'un chiffre par lui-même représente la manifestation, la naissance du contenu de ce nombre : l'Amoureux s'identifie alors à « l'agneau de Dieu » qui se sacrifie par amour.

Le personnage à droite de l'Amoureux

Ce personnage à droite de l'Amoureux est la personnification de sa destinée. Les cheveux bleus sont les idées surnaturelles, « extra-terrestres ». Le bleu est également lié à la nuit et à l'inconscient : ce personnage représente la voie du mystère, de l'interrogation, ses intentions sont insondables.

Une coiffe jaune sans forme définie : est-ce une crête, une toque, une couronne ? La présence d'un élément sur la tête d'un personnage indique une structuration mentale, une puissance établie, une autorité reconnue. La coiffe est jaune : le personnage impose une volonté spirituelle et une voie à l'Amoureux qui ne pourra s'en écarter.

Le visage est présenté de profil. Le personnage ne montre qu'un aspect de lui-même, il domine : c'est la puissance, la sévérité (voir arcane IIII, l'Empereur).

La robe

La robe est rouge : activité, énergie, vie. Le rouge est la couleur de Mars, dieu de la guerre : à travers ce personnage, l'Amoureux rencontre les conflits de sa destinée.

Les manches bleues tombent jusqu'au sol et ressemblent à des ailes d'oiseau : la destinée de l'Amoureux est à l'œuvre (rouge) mais elle ne se manifestera que par la passivité (bleu). La destinée est subie, et ne peut être commandée, il livrera un combat sans recourir à la force. Les manches peuvent être également envisagées comme la doublure intérieure du manteau posée en revers sur le dos : le personnage semble agir mais demeure passif dans son action.

Les mains

La main gauche indique la partie bleue du costume de l'Amoureux, la main droite, la partie rouge.

Etre en harmonie avec ce personnage est la voie de l'Amoureux : passif (main gauche) dans le calme et l'inaction verticale ou spirituelle (la bande bleue de la tunique), actif et dynamique (main droite) dans le feu de l'action horizontale ou matérielle (le bord de la tunique rouge). Ce personnage délivre le message de l'Amoureux en accord avec les paroles du Christ : il vient « apporter Sa Paix et jeter un feu sur la Terre » (Luc, XII, 49).

Le sens de la destinée de l'Amoureux est inscrit sur l'étoffe de sa tunique, sur la « trame » de son rôle social et humanitaire. Le bleu vertical et le rouge horizontal forment une croix : la destinée de l'Amoureux le conduira au sacrifice.

La situation des trois personnages de l'arcane peut également indiquer que cette femme couronnée célèbre l'union du jeune couple aux cheveux blonds : elle marie le bleu et le rouge, le haut et le bas, l'homme et la femme.

Dans l'arbre des séphiroth, ce personnage représente le pilier de la rigueur dont le centre est Géburah, la sévérité, le bras droit dans le microcosme, la crainte (il est à droite de l'Amoureux). Ce personnage est également en analogie avec le cinquième sentier de la kabbale, appelé selon Dion Fortune « l'Intelligence radicale parce qu'il ressemble à l'unité. Or l'unité est un des titres de Kether. Géburah est donc semblable à Kether, la couronne ».

Rappelons que le personnage à droite de l'Amoureux porte une couronne ; ainsi en accord avec la kabbale, il représente la « voie royale », le « chemin qui mène au Père ».

Le personnage à gauche de l'Amoureux

Une jeune femme blonde, vêtue de bleu et de rouge, est debout à gauche de l'Amoureux.

La position des personnages de cet arcane laisse imaginer plusieurs scènes : l'Amoureux présente sa future femme à sa mère ; l'Amoureux est présenté à sa future belle-mère ; l'Amoureux hésite entre un amour passion et un amour plus sérieux ; deux femmes se disputent le même homme.

La jeune femme blonde contraste avec le personnage précédent par la douceur et le charme de sa présence. La couleur des cheveux, l'attitude du corps, l'orientation du regard révèlent un accord profond avec l'Amoureux, tout son être acquiesce. Elle est la représentation du pilier de la miséricorde dans l'arbre des séphiroth dont le centre est Chesed, l'amour, la majesté, le bras gauche dans le microcosme, en liaison avec le quatrième sentier appelé « l'intelligence cohésive ou réceptive, parce qu'elle contient tous les pouvoirs sacrés et que d'elle émanent toutes les vertus spirituelles, avec les essences les plus exaltées » (Dion Fortune).

La robe

La robe est bleue, recouverte d'un manteau bleu à bord rouge, elle est l'opposé complémentaire du vêtement du premier personnage. La dominance de bleu indique la passivité, le calme, la profondeur, la disponibilité ; le bord rouge découvre l'activité cachée : cette jeune femme brûle d'un feu intérieur, elle est « amoureuse ».

Les avant-bras

Les avant-bras symbolisent les moyens d'accès à la connaissance, les liens sensibles, les échanges sociaux. Ils sont blancs : les liens unissant cette jeune femme à l'Amoureux sont purs, leur union est de caractère divin.

Les mains

Le personnage semble avoir deux mains gauches, qui touchent la frontière entre le bleu et le rouge de son manteau et de la tunique de l'Amoureux. Ce détail est en analogie avec l'interprétation kabbalistique de l'arcane : le personnage représente la séphira Chesed et le quatrième sentier qui correspondent au bras gauche et à l'intelligence cohésive et réceptive.

Une main indique le cœur de l'Amoureux : la jeune femme montre son amour pour lui, elle révèle le chemin emprunté par l'Amoureux : la voie du cœur. La frontière entre le bleu et le rouge indique également la fusion des opposés sur le plan vertical, spirituel et éternel.

Le personnage couronné désigne l'union conduisant au sacrifice, cette jeune femme montre l'union dans la paix.

Les parties indiquées par les personnages entourant l'Amoureux sont toutes des bandes de tissu. La tradition enseigne que saisir le bord ou la frange d'un vêtement est un signe d'alliance, d'obéissance, de soumission et de reconnaissance du pouvoir de la personne qui le porte. Les bandes de tissu indiquent les nombreux pouvoirs de l'Amoureux. Ils symbolisent la « nouvelle alliance ». Toucher la tunique de l'Amoureux équivaut donc à être sauvé, comme l'atteste la guérison d'une femme ayant « seulement touché le manteau du Christ » (Matthieu, XIX, 20-21).

La situation de l'Amoureux rappelle symboliquement un carrefour : il est entre deux directions, entre deux personnes, dans un choix. Le carrefour recèle une profonde valeur symbolique et conduit à la réalité permanente de l'être face à l'inconnu, au choix et à la destinée.

Le choix est la situation archétypique essentielle de tout homme, elle synthétise en elle-même une chose et son contraire : choisir, c'est être libre, c'est dire simultanément oui et non, c'est rejoindre le divin qui est à la fois tout et rien, alpha et oméga, fini et infini, c'est accomplir un acte de Foi. Le choix naît du désir : j'ai envie de, je suis amoureux de. Il nous conduit à la décision : je choisis cela, je dis oui à cela, non au reste. En demeurant fidèle à notre engagement pour le meilleur et pour le pire, les preuves de notre bon choix nous inondent de lumière. Dès lors la question du libre arbitre ne se pose plus. En choisissant nous nous identifions à Dieu, nous en remettant à Lui, nous devenons nécessairement ce que nous sommes (son image, « son fils »), l'erreur et la vérité se fondent en un pas en avant et l'amour ne peut que briller au firmament. Ainsi se réalisent nos désirs, en leur temps, indépendamment de notre volonté et souvent à notre insu. « Gens de peu de foi, disait le Christ, si vous choisissiez au lieu d'hésiter, si vous aviez un peu de foi et cessiez de douter, les montagnes se placeraient sous vos ordres. »

Venir à un carrefour, c'est rencontrer son destin : Œdipe tue son père Laïos à un carrefour et réalise ainsi la prophétie qu'il tentait de fuir ; c'est aussi rencontrer le double aspect de la vie : Aphrodite, la déesse de l'amour, devenait impure et vulgaire à la croisée des chemins, et la terrible Hécate aux trois visages était déesse des carrefours. Ces divinités symbolisent l'éternelle angoisse de l'homme face à son destin, et leur personnification se trouve en filigrane dans les deux femmes entourant l'Amoureux.

Selon Jung, le carrefour est « le résumé de toute union », le lieu où la destinée se « donne » à chaque passant, où l'homme est livré sans défense à l'inconnu, aux pulsions, à sa vérité. Le carrefour est la préfiguration « horizontale » de la croix du sacrifice « vertical » qui, selon la tradition, « accomplit » la loi des prophètes et scelle la nouvelle alliance.

Cupidon dans le Soleil

L'ange de l'amour est le symbole du V.I.T.R.I.O.L.[1] alchimique, abréviations latines de : « Visite l'intérieur de la Terre, rectifiant, tu trouveras la Pierre de l'origine », en d'autres termes, « entre en toi-même pour retrouver l'unité. »

La flèche de l'ange dirigée vers le couple d'Amoureux indique le sens de cette phrase : l'entrée en soi est un acte social, l'unité se trouve dans l'union des opposés. Tout le message d'amour du Christ apparaît dans ce détail. L'idée et l'origine de l'amour prennent leur source dans le Soleil, sphère de Tiphéreth dans l'arbre des séphiroth.

L'ange enfant symbolise les plans supérieurs en évolution, la force d'attraction naïve et inconsciente (les ailes sont bleues) mais aussi le principe d'involution à l'œuvre dans l'acte d'amour dont il est le but : l'enfant qui pourra naître par ce chemin (l'ange est couleur chair). L'enfant souligne la notion de fils attribuée également à Tiphéreth. Il est situé dans le Soleil : c'est le fils de la Lumière, l'incarnation du principe supérieur nouveau et fondamental de l'Amour éternel, le Fils de Dieu et le fils du

---

1. *Visita Interiora Terrae Rectificando Invenes Oris Lapidem.*

couple d'Amoureux de l'arcane, il est blond comme ses parents.

L'arc et la flèche

L'arc et la flèche sont blancs. La pureté de l'acte d'amour est au-delà de toute expression, son origine est absolument invisible, impalpable, incontrôlable : l'arc n'a pas de corde. L'arc et la flèche sont en correspondance avec l'interprétation kabbalistique de l'arcane : le pilier central de l'arbre des séphiroth est appelé « le trajet de la flèche », emprunté également par l'énergie subtile, la Kundalini.

L'arc est dans la main de l'enfant qui va naître par l'acte d'amour : le Tarot semble indiquer que toute incarnation dépend du choix de l'esprit qui s'incarne. L'absence de corde rappelle également que l'instant de la conception d'un enfant est totalement caché.

Dans la mythologie, Apollon est l'archer divin, le dieu solaire de l'équilibre et de l'harmonie, le prophète et le fils de Zeus. Ses flèches sont les rayons du soleil et 7 est son chiffre (nombre de la perfection et de l'union dynamique des opposés[1]). La présence d'Apollon dans cet arcane préfigure le triomphe (de l'amour) visible dans le Chariot (arcane VII). L'ange est toujours annonciateur : il annonce la mission de l'Amoureux et celui-ci accomplit les prophéties. L'ange apollinien indique la qualité de l'esprit qui s'incarne dans l'Amoureux : c'est un prophète, un dieu, un rédempteur, le fils de Dieu, le Christ. La kabbale dit que « tous les dieux solaires sont des dieux sauveurs, tous les dieux sauveurs des dieux solaires et

1. Il est intéressant de remarquer à ce propos que la flèche de l'angelot s'identifie aux rayons du soleil et porte le nombre de ces rayons à 25, dont la somme théosophique est 2 + 5 = 7.

l'incarnation d'un principe divin implique toujours un sacrifice » (Dion Fortune). Au regard de ce symbolisme, le jeune Amoureux de l'arcane semble chargé d'une bien lourde tâche.

Une connaissance plus approfondie des « sentiers de lumière » de l'arbre des séphiroth révélera les nombreux trésors contenus dans cet arcane qui constitue une véritable méditation sur le sens de l'Amour.

VII
B P GRIMAUD PARIS 1981
S.M
LE CHARIOT

LE CHARIOT

Les chevaux

Un cheval rouge, un cheval bleu dans une attitude symétrique regardent dans la même direction que le conducteur du char, leur corps semble naître d'une même substance blanche. Ce dernier détail porte le symbolisme de ces chevaux à sa plus haute expression. La confrontation ou la juxtaposition de deux éléments (animaux, êtres, noms) exprime la supériorité absolue du symbole représenté. Nous retrouvons cet aspect dans la Bible à travers les titres de Roi des Rois, Cantique des Cantiques, Saint des Saints, etc. [1], et dans la nature à travers le phénomène de l'écho naissant de la grandeur de l'obstacle rencontré par le son. A ce propos, nous pouvons remarquer que la grandeur d'une destinée humaine ne s'exprime pas nécessairement dans le vacarme de la réussite mais bien plutôt par le contraste issu de la libre cohabitation dans l'être des défauts et des qualités. Le sens d'une vie et la certitude de la victoire sur les empêchements deviennent flagrants lorsque les situations rencontrées sont traduisibles en termes ambivalents. Le meilleur exemple est ici le rapport entre les étoiles et les petits incidents de nos trajectoires personnelles. Élever sa pensée, voir deux sens

1. Voir A. D. Grad, *Le véritable Cantique des Cantiques*, *op. cit.*

en un seul, et lire sa propre destinée comme on interprète un rêve est assurément la clé du bonheur. Ceci tendrait à prouver, et les autres détails de cet arcane convergent dans ce sens, qu'avancer victorieusement dans la vie, commander aux éléments ne se réalise que dans les contradictions, luttes et déchirements intérieurs et extérieurs. « A vaincre sans péril, on triomphe sans gloire. »

Les deux chevaux de l'arcane indiquent donc qu'ils « véhiculent » une valeur parfaite, une puissance supérieure. Leur croupe est identiquement invisible, elle paraît fondue dans la substance blanche à la base du Chariot. Le symbolisme des chevaux rejoint ici l'image de l'aigle bicéphale, dont l'une des têtes est assimilée au pouvoir temporel, l'autre au pouvoir spirituel. Ils symbolisent la présence absolue, unique par essence, polarisée dans sa manifestation. L'apparente dualité conflictuelle des chevaux (passif bleu-actif rouge) est une seule force, pure, lumineuse, dirigée vers l'avenir (ils regardent vers leur droite).

Le cheval rouge-actif va naturellement dans le sens de l'évolution, le bleu-passif épouse le sens, sans s'opposer vraiment (il tourne la tête dans la même direction). Le cheval donne accès à de nombreuses forces, il confère ses pouvoirs magiques à celui qui le monte (sorcière, chaman, mage). L'assimilation universelle du cheval aux forces inconscientes et souterraines lui attribue des dons particuliers : dans les contes, il fait jaillir des sources sous ses sabots, fertilisateur par ses aspects féminin et masculin, il apporte la vie, fortifie les êtres.

Les nombreuses touffes d'herbe sur le sol du Chariot témoignent de cette activité : chaque fois que son sabot se pose sur la Terre réceptive et symbolique (jaune), une plante naît. Chaque cheval a un sabot au sol et l'autre levé. Ce détail évoque un mouvement dynamique : les chevaux marchent, le char avance. Ces coursiers n'ayant pas d'arrière-train visible, deux sabots seulement sont en contact avec le sol et le char repose également sur deux roues. Le char avance donc sur la base du chiffre 4, chiffre de la fermeté, de la stabilité statique vécue ici sur un mode dynamique. En effet, la roue a la propriété de faire évoluer le point immobile (elle reste en contact avec le sol par un seul point, c'est la tangente du cercle) et le cheval pose son sabot à l'instant où son autre patte quitte le sol. Le conducteur du char trouve sa stabilité absolue dans le mouvement constant de la marche en avant.

Cette double image contradictoire (mouvement et immobilité) rejoint la représentation archétypale du Chariot cosmique : la Grande Ourse. Celle-ci est constituée de sept étoiles dont l'étoile Polaire faisait primitivement partie[1]. Elle est selon les traditions la demeure des sept Rishi (les Védas), des sept recteurs, du Tai yi, du Suprême Un[2], de la connaissance traditionnelle et sacrée, en analogie avec les sept ouvertures du corps. « Le timon du Grand Chariot fait tourner la manifestation tout entière autour de son axe[3] », il est la stabilité du monde réglant le temps, équilibrant les éléments, fixant les divers comptes, immobile et cependant en mouvement perpétuel. Il est le cœur macrocosmique analogue au cœur du microcosme humain.

Les traditions celtiques assimilent la Grande Ourse au chariot du roi Arthur (Arthur vient de Artoris, Arto's, signifiant ours). Le symbolisme du chariot rejoint ici le mythe de la « queste du Graal » (symbole du cœur de Jésus) et de l'épopée autour de l'arche d'Alliance ou de l'arche

1. L'étoile Polaire est maintenant dans la Petite Ourse.
2. *Le secret de la Fleur d'or*, Médicis.
3. *Ibid.* La partie blanche unifiant les deux chevaux peut également représenter le timon du chariot.

de Noé contenant la quintessence, le cœur de la création divine [1].

Le cheval est le symbole de la libido, de la puissance de la Tapasya [2], de la force évolutice et de la marche du temps. Il est associé à Mars, aux pulsions et désirs sexuels. Les langages populaire et poétique utilisent abondamment les connotations érotiques se rattachant à cet animal.

Le cheval rouge est lié aux énergies de vie, au feu, à la lumière, au soufre : il conduit le chariot dans sa course diurne. C'est Pégase, le cheval céleste, portant Bellérophon triomphant de la Chimère. Le cheval bleu est lié aux énergies de la nuit, de l'inconscient, des enfers : il conduit le char sur les chemins de l'invisible, dans sa course nocturne (psychopompe). Il est la clairvoyance, le guide, le Mercure donnant ses pouvoirs au conducteur du char. Celui-ci possède les deux coursiers du jour et de la nuit, il peut aller partout. Il a chaussé les « bottes de sept lieues ». Ces deux chevaux représentent donc les tendances positives et négatives gouvernant le Chariot. Ils sont le symbole de la continuité et du triomphe : rien ne peut arrêter le char qu'ils tirent.

Le char

L'allégorie du char, son conducteur et l'attelage prend une large place dans les contes et légendes. Le char représente le corps, le conducteur l'esprit, l'attelage la force de vie, l'énergie [3]. L'ensemble constitue l'image de l'être incarné aux prises avec les tendances contradictoires de

---

1. Yahvé dit à Noé : « De tous les animaux purs, tu prendras sept de chaque espèce de mâles et de femelles », Genèse, VII, 2.
2. Sri Aurobindo, *La synthèse des yogas*, Buchet-Chastel. Tapasya = discipline spirituelle.
3. Voir Papus, *Traité de magie pratique*.

son « véhicule », l'ego, tiraillé par ses pulsions antagonistes et condamné à avancer.

Les roues

Le char repose sur deux roues dont on ne distingue qu'une petite partie et qui semblent diverger radicalement. La représentation des roues divergentes est traditionnellement utilisée pour mettre en valeur le symbolisme « en soi » de la roue. La divergence indique également l'universalité : le char peut aller partout où son conducteur le dirige. La présence de ces roues implique naturellement l'idée de mouvement. Elles sont de couleur chair, comme le char, et indiquent ainsi son aspect matériel : le symbolisme du Chariot se manifeste dans la matière (la chair).

Douze clous apparaissent sur l'une des roues. Les significations du nombre 12 sont nombreuses et le sens de ce détail prendra la coloration de l'option choisie par le chercheur. Comme nous le verrons plus loin, l'image de cet arcane est en étroite correspondance avec la représentation du Rebis de l'alchimiste Basile Valentin (voir p. 103). Le rapprochement de ces deux grandes figures éclaire le sens de ces douze clous : ce sont les signes astrologiques de la roue du Zodiaque, domiciles, exaltations, chutes, exils des sept planètes traditionnelles. Ce détail rapproche également le symbolisme de l'arcane VII de celui du char des héros solaires, Hélios, Mithra, Apollon, Krishna...

Les initiales S.M.

De nombreux commentaires ont été faits sur les mystérieuses lettres « S.M. » apposées sur une sorte de médaillon ou de blason au centre du Chariot. L'interprétation alchimique du sens des arcanes désigne naturellement le Soufre et le Mercure dont l'image unifiée apparaît sous les traits du Rebis triomphateur, libéré de la matière originelle. Selon les philosophes, l'aptitude de la *materia prima* à se transformer était imputée à son âme (ou essence). Celle-ci était désignée du nom de « Mercurius » et on la concevait comme un être paradoxal nommé Rebis (voir représentation p. 106).

La confrontation de ces deux grandes figures (le Rebis et le Chariot du Tarot) révélera de nombreuses correspondances symboliques. Rappelons que la signification du blason est en analogie avec le sein maternel et donc avec l'œuf cosmique.

La sagesse du Tarot offrant une grande liberté d'interprétation du sens de ses mystères, ces initiales prendront la signification que chaque chercheur désirera leur attribuer. (Sa Majesté, Sun-Moon, saint Marc, etc., ou simplement les initiales des maîtres cartiers créateurs de ce Tarot.)

La corniche

Une corniche jaune surmontant la partie inférieure du char sépare la carte en deux parties égales. Elle est la transposition du sol (jaune également) à un niveau supérieur. Au-dessus de cette limite se trouve l'homme, au-dessous les forces instinctives, les chevaux : c'est l'image du centaure sagittarien. Cette corniche établit une répartition équilibrée entre les forces du haut et du bas, chaque élément est dans son domaine : l'homme domine et relie la Terre au Ciel, les animaux servent l'esprit et conduisent ce dernier sur les chemins accidentés (le sol est irrégulier).

Le rectangle encadrant l'arcane est divisé par cette corniche en deux carrés égaux. Le carré, assimilé au nombre 4, symbolise le monde stabilisé, la perfection divine. Le redoublement du carré indique la suprématie de cet arcane, qui est littéralement la perfection des perfections[1]. La pré-

1. Voir le paragraphe concernant les deux chevaux.

sence de la corniche révèle de nombreuses combinaisons numérologiques intéressantes : en joignant les bords de l'arcane, elle forme le chiffre 8, chiffre de l'équilibre et de la justice : . Elle détient le mystère du nombre 3 par la transposition à travers elle du chiffre 4 en 7. En effet, le rectangle, formé par les dimensions de l'arcane, a quatre côtés. Séparé en deux carrés, il devient une figure double à 7 côtés égaux : . Les deux carrés rappellent le chiffre 8 comme nous l'avons vu (4 + 4) mais aussi le chiffre 16 (4 × 4) dont le nombre secret est à nouveau le 7 (1 + 6 = 7).

Cette corniche symbolise donc une prise de conscience, un point de rencontre des énergies supérieure et inférieure, un espace sacré analogue à l'autel du sacrifice. La dimension spirituelle de la corniche est d'ailleurs signalée par la triple bande jaune qui la constitue. La couleur jaune établit ici une correspondance avec l'arche d'alliance garnie d'une moulure d'or sur son pourtour (Exode, XXV, 11)[1].

Les colonnes

Quatre colonnes étroites vues en perspective soutiennent un dais. A l'avant du char les colonnes sont rouges : l'action va dans le sens de la marche, à l'arrière elles sont bleues : la passivité et l'ombre suivent. Elles structurent et forment la cohésion du char au niveau supérieur, elles ouvrent le champ de vision du conducteur : c'est l'intelligence et l'action de l'esprit sur la matière.

Les colonnes symbolisent la relation Terre-Ciel. Elles marquent l'union de ces deux principes, la verticalité dans l'homme (analogue à la colonne vertébrale), l'affirmation

1. Une étude attentive de la description de l'arche d'Alliance révélera d'étonnantes corrélations avec cet arcane.

de soi, l'établissement des valeurs transcendantes. Chaque élément de cet arcane est redoublé, soulignant ainsi la supériorité de son symbolisme.

Un renflement apparaît à mi-hauteur de chaque colonne, laissant penser qu'il s'agit de deux colonnes superposées (l'une semblable à une stalactite, l'autre à une stalagmite). Ce détail est en analogie avec la représentation du Rebis : les quatre colonnes sont quatre des sept planètes traditionnelles associées aux métaux terrestres. Les colonnes rouges sont Jupiter et Mars (l'étain et le fer), les colonnes bleues Vénus et Saturne (le cuivre et le plomb). Les trois autres métaux-planètes sont représentés sur le corps du conducteur (Soleil-Or, Lune-Argent, Mercure-Mercure). Ces renflements à hauteur des épaules du conducteur peuvent également être compris comme les renforcements des colonnes. Ils symbolisent donc la puissance, la fermeté du pouvoir du conducteur du char, son alliance avec les forces du ciel et de la terre. Ce détail est en correspondance analogique avec les articulations dans le corps humain.

Le dais

Le dais est couleur chair. Le conducteur (l'esprit) est maître de son destin, il agit librement semble-t-il, mais la matière (le dais couleur chair) fixe les limites de son action. Le dais est un symbole de protection (à l'image de la voûte céleste), de royauté, de dignité. Il est la représentation de la tente ou du temple, lieu de la présence du Ciel sur la Terre, lieu sacré où Dieu se manifeste, mystère de la présence divine (Shekina). Selon certains exégètes, Shekina viendrait de Schakan qui signifie « demeurer sous la tente [1] ». Le conducteur « demeurant sous le dais » semble

1. Voir l'Exode dans la Bible.

être en contact avec la réalité suprême, ou bien est-ce celle-ci qui se manifeste sous les traits de ce jeune roi couronné.

Le conducteur

Le conducteur debout sur son char regarde vers sa droite : principe masculin, actif, tourné vers l'avenir. Le bas de son corps est invisible, il n'a pas de rênes et les chevaux semblent lui obéir : supériorité de l'esprit sur les instincts, mais aussi maîtrise, confiance, foi nécessaire pour suivre et guider ses pulsions animales.

La couronne

Les attributs des couples impérial et papal sont réunis sur la couronne du conducteur (7 = 5 + 2 = 4 + 3) : il est le fils du corps et de l'esprit, « fils du Soleil et de la Lune » (la Table d'Emeraude), fils de l'Empereur et de l'Impératrice Célestes. Tel est son héritage : les fleurs de lis impérial côtoient le trèfle papal et se fondent dans sa chevelure : spiritualité, intelligence, élévation des pensées et des aspirations, totalité incarnée. Le conducteur du char est fils de roi et initié.

La collerette

Une collerette blanche sépare le corps et la tête : l'esprit royal (couronné) est au-delà des conflits. Ce col peut être identifié à un collier, symbole de dignité, de grade (militaire), d'attachement, d'union : le conducteur du char est lié à l'inconnaissable essence (le blanc), il porte l'alliance avec le « très-haut », il est invincible.

La cuirasse

La cuirasse bleue est incrustée de motifs (deux rangées de six rivets : douze rivets au total) qui peuvent être considérés comme une représentation des douze paires de côtes du squelette humain convergeant vers le sternum. Les trois autres rivets sont indépendants. Ils semblent symboliser les côtes « flottantes », la souplesse de l'armure, les trois qualités du guerrier (force, courage, foi) et se réfèrent à l'arcane III : le conducteur est inspiré par l'Impératrice, il agit consciemment.

La cuirasse ou l'armure a pour fonction de protéger celui qui la porte. Leur fabrication était confiée à des maîtres forgerons (Héphaïstos) qui étaient aussi magiciens et alchimistes. Les signes gravés sur le métal pouvaient rendre invisible et invincible. La couleur bleue marque le pacte avec les forces de la nuit qui garantissent le succès. Le bleu de la cuirasse rappelle également que le conducteur du Chariot est passif au centre de lui-même, il a calmé ses émotions (celles-ci siègent dans la poitrine). La présence d'une armure sur le corps du conducteur identifie ce dernier aux héros guerriers peuplant les nombreuses allégories de la quête spirituelle (le Graal, le Mahâbhârata).

Le héros symbolise toujours un conflit transcendé, l'union des forces divines et infernales ou terrestres (le héros naît de l'amour d'une divinité pour un être humain). La guerre est la situation idéale permettant au héros de se révéler et de triompher du « mal » par sa force, son adresse, sa foi. Les plus grandes victoires sont celles remportées sur soi-même et le héros représente la suprématie de l'esprit, le désir d'évolution, la surhumanité dans l'homme.

Le Tarot est composé de vingt et un arcanes numérotés et 21 est le résultat de 3 × 7, comme pour rappeler que « le trésor difficile à atteindre » est caché dans les régions dangereuses et qu'il faut être un héros et toujours conserver la foi (rester sous le dais) pour entreprendre un tel voyage.

La présence du dais et de l'armure confirme l'invincibilité du personnage : il est le grand triomphateur, le triomphe lui-même (la septième Sephiroth est appelée Netzach, la Victoire).

La ceinture

Une ceinture jaune ornée de quatre « rivets ». Limite inférieure de la cuirasse, elle unifie, coordonne et stabilise la volonté du personnage qui est pris dans l'action (le bas du costume est rouge). Le nombre de rivets se réfère à l'arcane IIII : le conducteur du Chariot incarne le pouvoir de l'Empereur, il a hérité sa stabilité, il établit sa domination sur le monde en accord avec les quatre lettres du nom divin (voir le Mat, la ceinture dorée).

Les masques

Un masque rouge entouré de bandes jaunes sur chaque épaule du conducteur. Les épaules et les clavicules sont les « portes du ciel ». Elles symbolisent le pouvoir, la responsabilité (les grades militaires sont apposés à cet endroit). Dans le langage ésotérique, clavicule signifie littéralement « petite clé » donnant accès à la toute-puissance magique.

Les masques sont rouges et présentés de profil.

Un visage de profil marque toujours une force. Le rouge est la couleur du feu et de Mars, dieu de la guerre. Ces masques sont donc les expressions du pouvoir de la lumière sous ses deux aspects (ou profils) féminin et masculin. Ce détail est en correspondance avec la représentation du Rebis. Le profil sur l'épaule gauche du conducteur est féminin, c'est la Lune. Le profil de droite est masculin, c'est le Soleil. Cette attribution masculin-féminin est d'ailleurs interchangeable, le dessin du Tarot ne permettant pas une identification précise de ces visages, excepté une référence à l'Empereur (arcane IIII) par la forme du nez du masque sur l'épaule gauche. Dans cette représentation, l'androgyne mercuriel du Rebis apparaît sur le visage du conducteur dont la couronne associe les valeurs temporelles et intemporelles, passives et actives.

Les bras et les mains

Le bras gauche est jaune, la main est posée sur la hanche en signe d'intelligence, de disponibilité, de puissance établie (voir l'Empereur).

Le bras gauche passif est associé à l'aspect féminin, à la Terre. Il est plié et dessine ainsi une équerre. Ce détail est en correspondance avec le Rebis. L'équerre permet de tracer le carré (symbole de la Terre), elle est associée à l'espace et représente la rigueur, le respect des lois, la discipline. Le bras gauche est jaune, il s'agit donc d'une discipline spirituelle.

Le bras droit est rouge, la main posée sur le char tient un sceptre jaune surmonté de formes sphériques.

Le sceptre et la colonne ont un sens analogue. Ils sont des représentations de l'axe et du centre du monde. Celui qui tient le sceptre est toujours un chef, un roi, un initié. Le sceptre jaune, couleur de l'or, tenu dans la main de l'action et surmonté de sphères également jaunes convergeant vers un même point, prend ici le sens d'un symbole solaire : le conducteur du char est un chef semblable au soleil de l'Univers, il tient l'axe du monde, tout tourne autour de lui. Ce détail rejoint l'interprétation de l'arcane en liaison avec les symbolismes de la Grande Ourse et du Rebis. Le sceptre est donc identifié au compas, au Soleil et à l'étoile Polaire.

Rappelons que le nombre 7 est celui du sceau de Salomon dont le point central est le Soleil. Condensé de toute la science hermétique, cette figure résume et donne la clé des disciplines spirituelles visant l'obtention de la transmutation de l'imparfait périphérique en une perfection unique et centrale (voir ci-dessous). L'étude comparée du sceau de Salomon et de l'arcane VII apportera d'intéressantes lumières sur ces deux grands symboles.

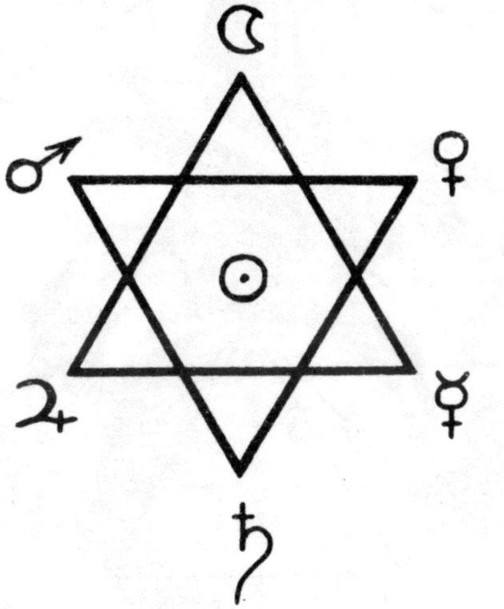

Sceau de Salomon

Le Rebis de Basile Valentin

VIII
B P GRIMAUD PARIS 1981
LA JUSTICE

LA JUSTICE

Le personnage
Une femme assise de face : principe féminin, stabilité, équilibre. La position de face amène la notion d'instant présent, de clarté, de rigueur, d'absolu, de transparence, d'évidence : la justice du Tarot est une puissance établie incontournable.

Le vêtement
Une robe rouge sous un ample manteau bleu : c'est l'activité cachée, le feu sous la cendre. Les plis de la robe sont harmonieux, le manteau tout en rondeur pend jusqu'au bord inférieur droit de la carte, tandis que l'autre côté du manteau touche le sol au niveau des pieds du personnage. Ce détail laisse penser qu'il s'agit d'une traîne. La traîne est portée par les reines et plus généralement par les épouses le jour de leur mariage. La Justice est donc en habit d'apparat pour célébrer ses noces.

L'idée du mariage est d'ailleurs soulignée par la présence de la balance, signe astrologique associé à la « maison sept » du thème astral, représentative de l'union, du conjoint, des associations. Rappelons que le mariage, institué pour la perpétuation équilibrée de la vie, est auréolé d'une haute exigence de pureté virginale et correspond sur un plan philosophique au mystère de l'origine divine de la vie. Le sacerdoce, la rigueur et l'harmonie engendrés par cette union se retrouvent chez les épouses des dieux (les religieuses, les vestales) dont l'archétype est Thémis (signifiant loi, justice). Deuxième femme de Zeus, Thémis donna naissance aux « trois Heures » et aux « trois Moires » ou destinées (semblables aux Parques romaines) dont les différents noms sont : Clotho (la fileuse), Lachésis (le sort), Atropos (« qu'on ne peut contourner ») ou bien Eirené (la paix), Eunomia (la discipline), Diké (le droit).

Mis à part l'épée effilée et droite, toutes les formes de cet arcane sont galbées ou arrondies. La rondeur est signe de générosité, d'indulgence : sous une apparente rigueur, la Justice fait preuve d'une grande mansuétude.

Le collier

Un collier jaune laisse apparaître un large cou. Le premier sens du collier est le lien. Il unit deux êtres, coordonne plusieurs éléments indépendants (exemple : le collier de perles). Son rôle est donc protecteur (l'union fait la force) mais aussi contraignant. Le collier de la Justice est jaune, ses torsades rappellent une corde : il est un lien spirituel.

Selon la mythologie celtique, le juge Morann avait un collier qu'il confiait à celui qui rendait la justice. Ce collier se resserrait autour du cou du juge inique et s'élargissait quand le jugement rendu était juste.

La largeur du cou de la Justice indique la fermeté de son établissement : sa tête est solidement posée sur ses épaules.

La couronne

La couronne est jaune, sphérique, surmontée d'un diadème ; au centre, deux ronds concentriques. La connaissance, l'intelligence, la responsabilité de la Justice sont d'origine solaire (jaune) ; regarder son visage équivaut à voir le Soleil en face : les ronds concentriques correspondent à la représentation du Soleil. Les cercles concentriques symbolisent également « les étapes du perfectionnement intérieur, l'harmonie progressive de l'esprit », et les formes sphériques expriment toujours l'équilibre parfait de la totalité de l'Univers. La couronne représente le pouvoir : la Justice fait régner l'équilibre sur toute la création.

La très haute valeur du nombre 8 (deux sphères superposées) ne pourrait être développée ici, notons simplement qu'il est la somme guématrique du nom divin (J.H.V.H. : 10 + 5 + 6 + 5 = 26 = 2 + 6 = 8) : le pouvoir de la Justice est d'ordre divin, elle est le garant de la stabilité du trône de l'Empereur (8 = 4 + 4).

La Justice présente son visage de face. Elle est impassible et la couleur chair semble ternir l'éclat de sa couronne. Elle montre son essence (visage) dans la matière (couleur chair), elle est la justice incarnée, droite, franche, honnête, tout entière vouée à sa mission. En montrant ainsi son visage, la Justice paraît encore plus inflexible, elle est comme un miroir car « regarder la face de quelqu'un c'est voir son essence divine, c'est se juger soi-même en rencontrant ses propres projections » (voir la paille dans l'œil du voisin).

Le trône

Le trône jaune est constitué de deux colonnes surmontées de deux boules et reliées par une forme incurvée. Cette forme concave rappelle une ceinture acoustique, une caisse de résonance. Le cou du personnage se trouve à la jonction des lignes extérieures de son costume et des lignes du trône : la Justice reçoit les influences supérieures pour rendre la justice sur les plans inférieurs. La place et la disposition des sphères sur le sommet des piliers du trône rappellent la couronne de la Justice. Les sphères sont des symboles de totalité, unité, synthèse, harmonie, équilibre, leur présence dans cet arcane est tout à fait justifiée. Le trône est jaune : la Justice règne dans la lumière spirituelle.

L'épée

Le personnage tient une épée dans sa main droite. L'épée et la balance sont les instruments traditionnels de la Justice. La première sépare le bien et le mal, sanctionne le coupable ; la seconde rétablit un équilibre, pèse les actes. Ces deux instruments sont jaunes : les jugements rendus par la Justice sont spirituels. L'épée est l'arme suprême de la raison, elle brille comme l'éclair dans les combats, tranche l'illusion et l'erreur, fait régner l'ordre, maintient la paix. Symbole guerrier (viril) dans la main d'une femme, elle établit une correspondance entre cet arcane et le mythe d'Athéna. Athéna était la déesse de l'équilibre intérieur, de la mesure de toute chose. Guerrière pourfendant les dissonances, armée d'une lance (l'épée) et d'un bouclier à tête de Gorgone (la balance), véritable miroir de vérité qui pétrifiait d'horreur ses ennemis voyant en lui leur propre image. Athéna, fille de Zeus et de Mêtis, était la déesse victorieuse défendant les hauteurs par sa sagesse et son esprit de vérité [1].

L'épée est très souvent assimilée au Verbe et à la langue comme en témoigne « l'épée du Saint, béni soit-il [2] », le glaive du Christ (Matthieu, X, 34), l'épée sortant de la bouche du Verbe dans l'Apocalypse, etc. Elle est l'ins-

---

1. L'étude de l'union de Zeus et de Mêtis, ainsi que de leur progéniture comparée aux arcanes III, IIII, VII, VIII, révélera de troublantes correspondances.

2. Zohar, III, 274b, voir la disposition des séries d'arcanes et le Mat.

trument privilégié de l'archange saint Michel attaché à la huitième séphira. Le personnage de l'arcane VIII tient l'épée dans la main de l'action, mais son bras est bleu : la Justice utilise son redoutable pouvoir dans la passivité ; si elle est amenée à frapper, il semble que ce soit contre son gré.

La balance

La Justice tient une balance dans sa main gauche. La balance symbolise naturellement l'équilibre, l'union harmonieuse, la justesse et les rapports sociaux. Elle est l'instrument de Thémis (voir plus haut) ainsi que de Zeus, et apparaît très souvent comme une représentation du destin (psychostasie). Selon les Chinois, elle pèse toutes les actions dans « la cité des Saules » (« l'invariable milieu » ou le plan spirituel), et Bouddha connut la voie juste, l'équilibre parfait, l'illumination, en empruntant le huitième sentier. La balance est le signe équinoxial marqué par l'équilibre de la durée des jours et des nuits, sous la domination de Vénus (présidant à l'union) et de Saturne (maître du Temps et de la Destinée). La balance équilibrant toute chose est tenue dans la main de la passivité dont l'avant-bras est jaune : la pesée est un acte spirituel, subtil, intime, féminin. Ce détail corrobore l'extrême importance accordée à cet instrument dans les récits mystiques et alchimiques.

VIIII
B P GRIMAUD PARIS 1981
L'HERMITE

L'HERMITE

L'Hermite est debout

L'Hermite occupe toute la surface de la carte, une partie de la robe du manteau disparaît hors du cadre : principe masculin en mouvement, plénitude, accomplissement, continuum.

La tête et le regard

L'Hermite regarde vers sa droite, vers son avenir. La tête, la barbe et les cheveux sont couleur chair : sa conscience et sa sagesse sont dans la matière.

Le front est marqué de trois barres horizontales superposées, la longueur de ces traits forme un triangle pointe en haut. Ces rides indiquent le grand âge du personnage. Elles peuvent être considérées comme le résultat de l'effort fourni pour distinguer son chemin dans l'obscurité (l'Hermite plisse le front) ou le signe d'un pouvoir de réflexion et d'une certaine sévérité. Elles sont au niveau du troisième œil. Le triangle est le symbole de la compréhension des mystères divins (la Trinité) : l'Hermite « voit » sur les trois plans de la conscience, sa science s'étend des plus hautes sphères aux profondeurs insondables.

Le manteau

Le manteau est bleu, la doublure jaune, une frange blanche est visible sur la manche droite. C'est un manteau de nuit, de passivité, de réceptivité, d'humilité, de dissimulation. Très grand et enveloppant largement le corps de l'Hermite, il ressemble à celui de la Papesse et en a les mêmes propriétés. « Couvrir quelqu'un d'un manteau, dit Jung, c'est le rendre invisible et le mettre à l'abri du malheur » (*Métamorphoses de l'âme*). La doublure jaune montre l'intelligence de la vie et de ses rythmes (le jaune est strié comme le sol), qui s'est développée à l'abri des regards. La frange blanche laisse présager l'éclat et la pureté des réalisations intérieures de l'Hermite.

La robe

La robe est rouge, très striée dans la partie basse, une capuche ornée d'un pompon jaune passe par-dessus le manteau. Les nombreuses stries s'estompent dans le voisinage de la lanterne ; le personnage marche dans la pénombre ou dans la nuit. Le rouge recouvert de bleu est l'activité cachée, le feu intérieur, la braise.

Le capuchon

Un capuchon rouge brodé de blanc avec un pompon jaune. Il permet de se protéger des intempéries, mais aussi et surtout il favorise le recueillement. Le pompon est en quelque sorte la couronne de la capuche, c'est le fruit spirituel ou mental de l'activité intérieure de l'Hermite. Une frange blanche très striée apparaît également sur le capuchon : l'Hermite dissimule ses incommensurables pouvoirs spirituels ; ses capacités de concentration et d'ascèse (le capuchon) atteignent les limites de l'Inconnaissable (la frange blanche). La frange indique le pouvoir : sa puissance est indestructible.

Ce capuchon pointu se réfère à celui identique porté par les nains et lutins de nos contes, dont les lointains ancêtres étaient les Cabires qui accompagnaient Rhéa, la femme de Cronos, et représentaient différents aspects des divinités chtoniennes (Hadès, Déméter, Perséphone, Hermès...). Ces dieux mystérieux, archaïques, « vénérés de tout temps », symbolisaient les pouvoirs inconnus de l'esprit, les réserves de forces incommensurables qu'il est toujours dangereux de solliciter par simple curiosité : ils sont les « formes sévères[1] » apparaissant sur le dos de la tortue, décrites dans le second *Faust* de Goethe[2] et interprétées ainsi par Jung : « Ces dieux nains, invisibles et créateurs, vêtus de manteau à capuchon, sont cachés dans la ciste obscure. Ils apparaissent également, petits personnages hauts d'un pied, au bord de la mer où, en tant que parents de l'inconscient, ils protègent la navigation, c'est-à-dire l'ouverture dans les ténèbres de l'inconscient. C'est pourquoi sous la forme des Dactyles, ils sont aussi les dieux de l'invention, petits, apparemment insignifiants comme les pulsions de l'inconscient, mais doués de la même puissance que celles-ci. » (Cabire vient de el-gabir, « le grand, le puissant ».)

Jung fait remarquer que ces dieux interviennent « dans l'hésitation avant le dernier pas vers la totalité », et dans le Tarot, l'arcane VIIII précède la Roue de Fortune, symbole de la Totalité manifestée. La référence à ces divinités montre que la dimension colossale de l'Hermite (il occupe la quasi-totalité de l'arcane) est perceptible dans les tout petits détails[3].

La connaissance la plus profonde est celle que nous dicte

---

1. La « forme sévère » indique ici une forme architecturale ou géométrique bien définie et sans fioritures, à l'image de l'Hermite dépouillé de tout superflu.
2. *Faust* de Goethe, Flammarion, p. 350.
3. Pour de plus amples informations sur les Cabires, voir C.G. Jung, *Métamorphoses de l'âme et ses symboles*, Georg, p. 226 et suivantes.

la patience des petites choses, et le vieillard trouve son bonheur dans les jeux d'enfants. Ainsi apparaissent sur les traits de l'Hermite le sens du temps et le fondement des événements.

La lanterne

Les lanternes sont généralement utilisées dans la tempête, la lumière est protégée dans une structure rigide et peut ainsi braver toutes les difficultés. La lanterne est l'image du guide (lanterne des morts, des esprits, le phare et les balises en mer...). Symbole de l'illumination, de la quête intérieure, elle est la lumière cachée qui éclaire faiblement les sentiers de l'âme. Fragile et incertaine, sa flamme doit être préservée soigneusement, elle commande la prudence. Elle est jaune avec une paroi rouge : lumière spirituelle, lumière du mental supérieur, c'est l'étincelle de vie. Portée très haut dans la main droite, elle dispense largement ses bienfaits : élévation des aspirations de l'Hermite.

La fonction et le symbolisme de la lanterne sont en correspondance avec le rôle joué par les Cabires (voir paragraphe précédent). Rappelons que ces dieux aspirent éternellement à passer des profondeurs vers les hauteurs et tendent vers le « trésor caché difficile à atteindre » dont ils sont par ailleurs la représentation. L'image du vieillard portant la lampe s'identifie à la célèbre représentation de Diogène tenant une lanterne allumée en plein jour et « cherchant un homme » dans les rues d'Athènes. Selon Eliphas Levi, la lampe de l'Hermite serait celle d'Hermès Trismégiste [1].

---

1. La présence incongrue du H dans le nom de l'arcane semble être un clin d'œil du maître cartier rappelant l'antique et légendaire attribution de la création du Tarot à Hermès Trismégiste. Dans l'Antiquité, Hermès symbolisait la somme de toutes les formes de connaissance.

Le bâton

Le bâton, ou la canne, est couleur chair. Sa forme est onduleuse comme le serpent qui lui est souvent associé. Il ne touche pas le sol : c'est le bâton du pèlerin, du sorcier, du médecin des courants telluriques ou vitaux, du chaman.

De nombreux Tarots représentent ce bâton entouré d'un serpent, en référence au caducée d'Hermès. Dans la Bible, le bâton est dans la main de Moïse guidant son peuple et accomplissant des miracles.

Selon la mythologie, il appartient à Asclépios (Esculape), dieu de la médecine et fils d'Apollon ; l'histoire raconte qu'Asclépios fut tué par Zeus pour avoir ressuscité des morts. Il se réincarna dans le serpent et habite le firmament dans la constellation du Serpentaire. A sa naissance, Asclépios fut nourri par un troupeau de chèvres et élevé par leur berger bien que celui-ci ait été terrifié par les éclairs (signes annonciateurs de ses pouvoirs) qui émanaient du corps de l'enfant. Il fut accompagné et aidé toute sa vie par un Cabire du nom de Télesphore, sorte de démon, génie ou daïmon semblable à celui de Socrate.

Signe d'autorité, le bâton a de nombreuses vertus : il protège la vie, garde les merveilles invisibles qu'il peut faire apparaître à volonté, permet de sonder les mystères et enseigne la prudence. Il est la représentation du maître intérieur sur lequel s'appuie le disciple qui désire avancer dans les réalités subtiles. Il met en contact avec le fondement des choses, avec la terre ferme. Tenu dans la main gauche-passive, il est le soutien, l'accompagnateur, il relie au principe de base : la vie matérielle, et permet de ne pas s'en écarter.

L'attente joue sur notre personnalité le même rôle que le bâton : elle libère l'enfant qui est en nous et qui trépigne et pleure souvent d'impatience pour qu'il nous rapelle, lorsque cela est nécessaire, que nous avons tout à apprendre. Nous sommes ici à l'école, le temps de se prendre au sérieux n'est pas encore venu.

L'Hermite s'éclaire d'une lanterne et s'aide d'un bâton, il prend toutes les précautions nécessaires à une situation périlleuse, mais avance-t-il ? est-il immobile ? Les indices de l'image laissent penser qu'il avance, mais avec une telle lenteur et si prudemment que ses pas sont imperceptibles. Ses jambes sont dissimulées sous la robe comme pour indiquer que son mouvement est intérieur : l'Hermite marche sur le fondement invisible des choses.

X
B·P·GRIMAUD·PARIS 1981
LA·ROUE·DE·FORTUNE

LA ROUE DE FORTUNE

La roue

Une roue couleur chair, avec six rayons blancs et bleus rattachés à un moyeu rouge. La roue tient une place essentielle dans la famille des symboles. Elle préside aux cycles, aux changements, à la Destinée (Zodiaque : cercle des animaux ou roue de la vie). Image du Monde dans sa totalité, elle est la roue cosmique, dont le nom ancien, Rota, est un anagramme de Tarot. Placée au-dessus des porches des cathédrales, elle est la grande rosace centrale que nous connaissons, représentation de l'unité dans la totalité semblable aux Mandalas orientaux. La roue de l'arcane X est couleur chair, c'est la roue de la vie matérielle.

Les rayons

Il y a six rayons (voir l'arcane VI, l'Amoureux) qui marquent les six directions de l'espace : Nord-Sud-Est-Ouest-Zénith-Nadir. 6 est le nombre de la création (le septième jour, Dieu se reposa), le cercle contient six triangles équilatéraux dont les côtés sont égaux au rayon (voir arcane V). 6 est aussi le rapport de la circonférence au rayon ($\simeq 2\pi$). C'est le nombre du choix et de l'épreuve : la roue peut amener les difficultés ou la réussite.

La partie des rayons proche de la circonférence est blanche. Le rayon est l'élément qui permet en partant du cercle de rejoindre le centre, en langage symbolique, c'est la cause initiale d'un phénomène. Le blanc est la lumière contenant toutes les couleurs. Dans le Tarot, il représente l'invisible, la pureté, l'inconnaissable : une frontière invisible sépare les événements matériels de leur origine, la succession des phénomènes apparents est incompréhensible à l'être pris dans le mouvement de la roue de la vie.

Le moyeu

Le moyeu est rouge : activité, feu, énergie sont au centre de la roue de la vie. C'est le Soleil, le cœur, le soufre, l'énergie vitale, le noyau atomique. Le bleu sur les rayons marque l'état de passivité prolongeant le mouvement initial : quand l'impulsion a été donnée pour « lancer » la roue, celle-ci tourne d'elle-même, entraînée par sa force d'inertie. Les deux énergies fondamentales (passif-actif) trouvent leur équilibre dynamique dans le mécanisme de la roue.

Le support de la roue

Les montants sont jaunes, le sol couleur chair semble labouré. Ce détail rappelle la nature philosophique et spirituelle du symbole de la roue : la réalité de la Roue de Fortune repose sur une compréhension, une vue d'ensemble de la vie. C'est une abstraction structurée à partir des faits réels approfondis (le sol labouré). Le deuxième montant disparaît derrière la roue : nous pouvons voir une partie de la réalité, éventuellement agir sur elle grâce à la manivelle, mais un aspect fondamental des choses nous échappe toujours.

La manivelle

La manivelle est blanche : la roue tourne sur l'invisible, sur le vide. Actionner cette manivelle exige une grande pureté d'intention, une connaissance profonde de l'essence de la vie, un détachement total : c'est la loi du Tao, « il (le sage) pratique le non-agir et les peuples se transforment » Lao-tseu (Tao-te king).

Les animaux sur la roue

Les animaux sur cette roue sont en analogie avec le Zodiaque ou « cercle d'animaux » : c'est la roue de la destinée humaine, du conditionnement céleste et de la fortune terrestre.

L'animal jaune

Est-ce un singe, un chien ? Certains singes comme le babouin sont cynocéphales ; l'Egypte ancienne en a fait la représentation du dieu Thot, le grand scribe maître de la vie, du temps, de la sagesse.

Les grandes oreilles sont serrées dans un collier. Ce détail fait référence à la célèbre image du bonheur : ne rien entendre (le singe jaune), ne rien voir (le sphinx bleu), ne rien dire (le singe couleur chair). La présence de longues oreilles rappelle l'image du chien gardien et conducteur des âmes dans l'au-delà : la mort fait partie de la roue de la vie, le Tarot suggère ici la notion de réincarnation.

Moitié homme, moitié animal, le singe détient le secret de l'origine de l'homme. Il est assimilé à l'élément air pour ses qualités d'agilité, d'intelligence, d'imitateur espiègle. Instable, voleur comme dans le mythe des Cercopes [1], cruel, sarcastique, le singe a investi la roue de la vie, il en garde les trésors (où les a-t-il dérobés ?) et raille les appétits humains. Les singes de la Roue de Fortune

1. « Les Cercopes étaient des brigands de grands chemins doués d'une force considérable. Ils détroussaient les passants et les mettaient à mort. Héraclès les captura alors même qu'ils tentaient de le voler, mais leurs plaisanteries le mirent de si bonne humeur qu'il les relâcha. Les Cercopes continuèrent leur vie de rapine et de brigandage jusqu'au jour où Zeus, irrité de leur conduite, les transforma en singes. » Pierre Grimal, *Dictionnaire de la mythologie*, P.U.F.

symbolisent les multiples aspects de la vie qui échappent à notre contrôle, les hasards, les fortunes diverses, l'ironie du sort, les caprices de la destinée.

Sur le plan psychologique, le singe représente l'activité inconsciente à l'œuvre dans la personnalité. Il est également le symbole de la substance « non née », Prakriti, la mère du monde de la tradition hindoue, dont les trois formes fondamentales sont les Guna : Rajas, Sattva, Tamas.

Le singe jaune monte sur la roue, il tend vers une réalisation : c'est la sublimation des instincts. La partie supérieure du corps est habillée d'une veste bleue prolongée d'une « queue-de-pie » rouge : la partie consciente, le haut du corps, a adopté un comportement social passif, la couleur bleue. Ce singe se laisse porter par le mouvement de la roue, c'est l'inspir, le désir d'évolution, les tendances mystiques, l'âme, Sattva dans les Guna hindoues.

La forme mal définie de cet animal rappelle aussi le dieu égyptien Seth, personnification du mal, représenté par un animal à tête étrange ressemblant à un âne à longues oreilles. Dans notre langue « mal » a donné « malin », qualité essentielle des singes, que nous retrouvons dans le « Malin », prince de ce monde.

Le singe couleur chair descend sur la roue. La partie inférieure du corps est vêtue d'une jupe amidonnée. Cette partie du vêtement est complémentaire de la veste du singe jaune, elle représente le comportement social à dominance active, rouge. Le bas du corps est le siège des pulsions, il est rouge et bleu : c'est la puissance attractive entre les êtres, la recherche de l'assouvissement des désirs, les tendances matérialistes, le corps, l'expir, Tamas dans les Guna hindoues.

Le symbolisme de ces deux singes est complémentaire, les tendances naturelles qu'ils représentent entraînent la rotation de la Roue de Fortune : c'est le mouvement de la vie matérielle. Il est intéressant de remarquer que le principe « négatif » joue un rôle essentiel dans cet arcane, invitant la réflexion à dépasser les notions linéaires du temps et des principes manichéens pour entrer dans une dimension cyclique de l'évolution.

La référence au dieu égyptien Seth apporte une nuance dans l'interprétation de cet arcane. Selon la mythologie égyptienne, Seth avait un frère, Osiris, qu'il pourchassait toujours pour tenter de le tuer. Osiris était la divinité de « l'activité vitale universelle » descendant périodiquement dans le pays des morts pour toujours ressusciter à l'image du grain de blé. La légende raconte que Seth l'invita à entrer dans un coffre qu'il referma sur lui et qu'il précipita au fond de l'eau. Isis, la suprême déesse ailée, sœur et épouse d'Osiris, ressuscita ce dernier. Chaque année, de grandes fêtes liées au cycle des saisons célébraient ce mystère de la vie et de la mort. Dans notre arcane, le singe jaune serait donc Seth, le singe couleur chair et à la jupe en forme de planches Osiris, et Isis la divinité féminine, suprême initiatrice et gardienne du Temple réglant l'éternelle course poursuite des frères ennemis, le singe bleu.

Le sphinx

Au-dessus de la roue, sur une plate-forme jaune, un sphinx bleu couronné d'or, une épée blanche dans la patte gauche, deux ailes rouges déployées dans son dos. Animal mythique gardien du seuil en Egypte, monstre destructeur en Grèce, le sphinx est associé à l'idée d'énigme. Il préside à tous les mystères dont il garde le secret : la réponse d'Œdipe à l'énigme de la sphinge lui ouvre les portes du gouvernement de Thèbes [1]. Rappelons que la

1. Selon le mythe grec, « Thèbes était ravagée par un monstre (une

question du sphinx contenait le sens profond de la Tétraktys (voir la fin de ce chapitre).

Le sphinx est juché au sommet de la roue sur un plateau jaune. Une telle position est matériellement irréalisable, mais il s'agit d'un mystère, immatériel par définition, qui peut vaincre les lois de la pesanteur. Le plateau joue un rôle de frein sur la roue : le sphinx est ailé, il peut alléger ou alourdir le poids de son corps bleu passif, ralentir ou bloquer le fonctionnement de la roue. Nul ne peut actionner la Roue de Fortune sans la collaboration du sphinx, le mystère de la roue de la vie doit être percé avant de tenter d'intervenir dans son mécanisme. « Connais-toi toi-même, et tu connaîtras l'Univers et les dieux. » L'aspect farceur de ces animaux peut d'ailleurs renverser la proposition : « Connais les dieux, singe-les, et tu connaîtras ta fortune [du latin *fortuna* : destin]. »

L'épée sanctionne, la couronne honore : le mystère du sphinx est élevé et puissant, il donne tout pouvoir à celui qui le découvre.

Le singe « déguisé » en sphinx représente l'apnée, la neutralité, l'esprit, Rajas dans les trois Guna hindoues.

L'étude comparative de cet arcane avec la fameuse Tétraktys de Pythagore apportera d'autres éclairages sur le symbolisme de la Roue de Fortune. Les pythagoriciens considéraient le 10 comme le plus sacré des nombres, et la Tétraktys comme « la source et la racine de l'éternelle nature » (Monod-Herzen).

La méditation du nombre 10 et de son image constituait l'essentiel du travail de l'adepte.

---

sphinge) qui en gardait l'entrée et dévorait tous ceux qui se présentaient aux portes de la ville sans savoir apporter de réponse à l'énigme qu'il posait ». La reine Jocaste, mère d'Œdipe, promit la couronne à qui résoudrait l'énigme et détruirait le monstre. Œdipe réussit et épousa sa mère (voir p. 247).

La Tétraktys se compose comme suit :

•
• •
• • •
• • • •

• Le sommet de cette pyramide est le principe de toute chose, le non-manifesté, le feu : c'est le sphinx sur son plateau jaune, les ailes rouges (feu) sont derrière le corps bleu, couleur du mystère et de l'inconscient.

• Les deux points sur la deuxième ligne en partant du sommet représentent la manifestation duelle, les opposés dans la matière, l'air : ce sont les deux animaux qui montent et descendent sur la roue, l'inspir et l'expir.

• Les trois points sur la troisième ligne horizontale en partant du sommet représentent les trois niveaux physique, mental, spirituel, c'est la conscience, l'eau : ce sont les montants verticaux et l'axe de la roue prolongé par la manivelle assimilée à la prise de conscience.

• Les quatre points à la base de la pyramide sont la totalité manifestée, les fondations de toutes choses, les quatre éléments, directions, saisons, âges, etc., la Terre : ce sont les deux poutres jaunes posées sur le sol et les deux barreaux couleur chair qui les relient.

Si nous observons que 10 est la racine essentielle de 4, son royaume (1 + 2 + 3 + 4 = 10), et que par ailleurs 4 est la somme théosophique de 22, sa puissance (22 : 2 + 2 = 4), on comprend mieux la raison qui incita le créateur du Tarot à nommer l'arcane IIII l'Empereur et l'extraordinaire estime que portaient les pythagoriciens à l'étude de ce que nous appelons les hasards de la vie, les lois des séries, le mouvement de la Roue de Fortune, la Tétraktys, structure invisible de la Transformation.

XI
B P GRIMAUD PARIS 1981
LA FORCE

LA FORCE

Une femme debout
Principe féminin en potentialité dynamique.

Le costume
Un manteau rouge recouvre la robe bleue avec des manches et un corset jaunes. Il représente l'activité extérieure, l'énergie dynamique, la démonstration de force, qui cachent la passivité féminine et la détente intérieure (robe bleue).

Les bras sont jaunes, comme l'animal qu'ils maîtrisent : la Force dompte l'instinct en s'identifiant à lui, en l'intégrant sur un autre plan, ici au plan spirituel (jaune).

Les avant-bras sont couleur chair : le point de départ de l'action est spirituel (les bras jaunes), mais la réalisation (les bras et les mains) se fait dans et par la matière (couleur chair).

Le corset jaune : la région du cœur est le siège des émotions, le jaune relie le symbolisme des bras et de l'animal à celui des émotions de l'être humain ; dompter l'animal, c'est aussi maîtriser ses pulsions émotives. Les entrelacs du corset soulignent ce principe.

La tête du personnage
La tête, couleur chair comme les cheveux, est tournée vers

la gauche du personnage : idées, conscience, volonté, intentions sont orientées vers la matière. La Force apporte réalisation, réalisme, efficacité. Le regard est tourné vers sa gauche : elle a une action sur le passé (les animaux représentent les états régressifs de l'être), elle agit concrètement sur l'origine des choses, sur l'inconscient, sur les aspects rebelles de la nature.

Le chapeau

Le chapeau a la forme de l'infini algébrique (∞) ou plus exactement de la courbe de Moëbius, surmonté d'une couronne jaune. Un côté du chapeau est bleu, l'autre est blanc. La couronne rappelle toujours l'aspect royal dominateur et synthétique du sujet qui la porte. Elle est jaune : la volonté spirituelle agit directement dans la Force. La partie arrière du chapeau est bleue : le système mental, qui commande la Force, est basé sur la passivité (bleu) et sur la pureté d'intention (partie avant blanche). Ces deux qualités intégrées au symbole de l'infini renvoient à toutes les techniques de maîtrise de l'énergie, et en particulier aux arts martiaux venus d'Orient. Les feuilles dans la partie bleue du chapeau rappellent la guirlande du Monde (arcane XXI) : la Force a saisi un aspect fondamental du Grand Œuvre.

Le pied

Le pied droit apparaît au bas de la robe, l'arcane ne mentionne pas de sol : la Force prend appui sur elle-même, c'est la force pure agissant sur tous les plans.

L'animal

Est-ce un lion, est-ce un chien ? La couleur jaune, l'abondance de la crinière et les babines bien fournies laissent penser qu'il s'agit d'un lion. Il a la gueule ouverte, maintenue légèrement par les mains du personnage. La maîtrise de la Force est parfaite, car cette femme agit sur l'esprit de l'animal. En effet, une telle position est totalement irréalisable sans le consentement implicite de l'animal.

La vraie force, disent les Chinois, est de maintenir l'harmonie entre le corps et l'esprit. Telle est la loi du Tao, qui a pour nombre 11. Tous les multiples de ce chiffre présentent d'ailleurs un « rapport de forces » équilibré entre les nombres qui les composent : 22 - 33 - 44... et même 121 - 132 - 143 dont les sommes théosophiques sont toujours paires : 4 (2 + 2) - 6 (3 + 3) - 8 (4 + 4) - 10 (5 + 5), etc.

Les animaux représentent les énergies instinctives et inconscientes de la psyché, les affects qu'il convient à l'homme d'intégrer et de comprendre sous peine de se faire « dévorer » par eux. Le lion, roi des animaux terrestres, en analogie avec l'aigle, roi des oiseaux, symbolise la puissance et la pureté divine en action à travers l'enseignement des grands prophètes : la parole de Jésus (de Bouddha, de Krishna, etc.) est comparée au rugissement du lion. Cet animal est aussi la représentation de l'avidité, de l'orgueil et de l'égocentrisme.

La gueule ouverte se situe au niveau du sexe du personnage, sa tête est dans son giron. Le lien entre les énergies de l'animal et celles de la sexualité éclaire singulièrement la dimension de cet arcane.

Le lion est un symbole solaire assimilé au Mercure alchimique, à l'esprit pur, au Christ. Dans le processus de transmutation des énergies et de fusion des contraires, il est la représentation de l'or philosophal, but suprême de l'opération, dont la maîtrise si difficile correspond à l'étape de « fixation du volatil » ou incarnation de l'Esprit. Cet arcane est une charnière essentielle dans le Tarot (11 + 11 = 22) et son sens trouve de multiples correspondances dans l'art sacré. En effet, les qualités attribuées au lion sont identiques à celles de la licorne des contes et légendes alchimiques. Selon Castelanus[1], « c'est pour cette raison qu'on a nommé cet animal Lycornu » qui dérive manifestement de lion ou lyon.

Les multiples allégories traitant de la chasse aux lions, licornes et dragons monstrueux montrent le rapport entre la pureté, la chasteté, l'innocence et la domination des instincts les plus puissants de la sexualité : « Pour capturer la licorne très sauvage, dit Honorus d'Autun, on met une vierge dans un champ ; l'animal vient vers elle et il est pris parce qu'il se couche dans son giron[2]. » Le lion-licorne avait également une connotation négative, voire diabolique, on comprend dès lors l'importance accordée à la chasteté dans toutes les traditions religieuses et la place de cet arcane dans le Tarot[3]. Selon d'autres sources, la capture du lion serait la transformation du Dieu de l'Ancien Testament : « En vérité, Dieu, terrible au-delà de toute mesure, était apaisé et tout à fait apprivoisé lorsqu'il apparut devant le monde après être entré dans le corps de la Vierge (Marie) bénie entre toutes » (P. Picinelli[4]).

Cet aspect du symbolisme de la Force donne un sens à l'arcane le Pendu qui lui succède : le lion est capturé, Jésus est conduit à son sacrifice.

---

1. Alchimiste du Moyen Age, cité par Jung in *Psychologie et Alchimie*, Buchet-Chastel.
2. Le giron ou la cuisse sont les représentations analogiques de la matrice, du sein maternel.
3. Le jeu des correspondances symboliques rapproche cet arcane du sens attribué en astrologie à la Lune Noire. (Voir l'étude de Joëlle de Gravelaine, *Le retour de Lilith*, L'espace bleu éd.)
4. Alchimiste du Moyen Age, cité par Jung in *Psychologie et Alchimie op. cit.*

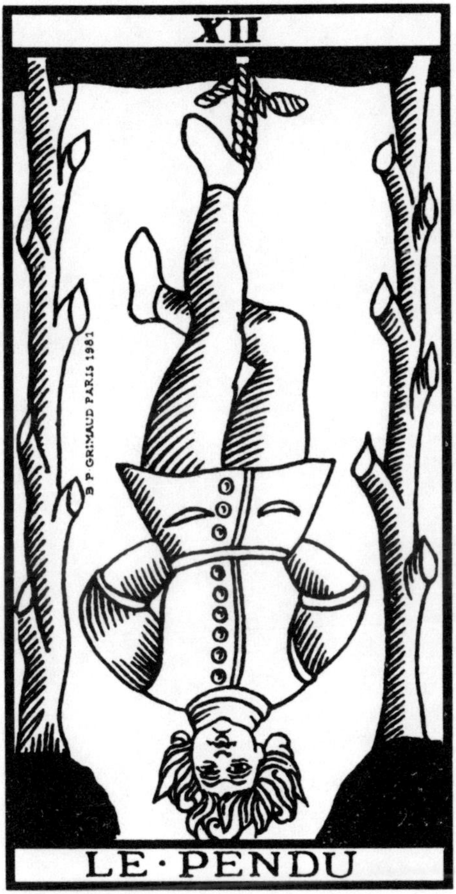
XII
B P GRIMAUD PARIS 1981
LE · PENDU

LE PENDU

Le personnage
Un jeune homme est pendu à un portique par le talon gauche. Le Pendu marque le début de la deuxième série d'arcanes du Tarot. Il est en correspondance avec le Bateleur : le personnage de l'arcane I avait tout en main, dans l'arcane XII, il a tout perdu. Le Bateleur avait une talonnette sous le pied gauche, le Pendu est attaché par le même pied.

Le talon
Le talon est le lieu de la blessure originelle (Eve mordue au talon par le serpent, Œdipe pendu à un arbre par les talons à sa naissance, Jacob tenant son frère par le talon, Achille...). Etre pendu par le talon, c'est prendre conscience de la condition réelle de l'humanité, accepter son destin, se sacrifier, laisser l'œuvre divine s'accomplir à travers soi.

Bras et jambe
La jambe droite et les bras sont pliés, ils rappellent le triangle pointe en bas, surmonté d'une croix, symbole du Grand Œuvre 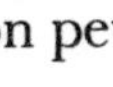.

Cette position peut être rapprochée de l'attitude du personnage central de l'arcane XXI, le Monde (12 est le reflet de 21), ainsi que de l'arcane IIII, l'Empereur, où ce même symbole se trouve renversé. Cet arcane marque donc une étape décisive sur le chemin de la réalisation de soi ou du Grand Œuvre dont le Tarot semble indiquer qu'il repose sur la notion de sacrifice révélée par le Pendu. Cette position du corps est réputée hautement bénéfique pour ses vertus thérapeutiques : elle apporte détente, vide mental, longévité et correspond au retour à l'état primordial (le fœtus dans le ventre de la mère a la tête en bas).

Les traditions enseignent que l'homme est un arbre dont les racines (les pieds) sont dans le ciel, et les branches (la tête) sur la Terre, et le langage commun appelle cette posture « faire le poirier » ou « l'arbre droit ». Le Pendu représente donc : libération de l'âme et du corps, vie spirituelle, sacrifice ou épreuve, Destin, faiblesse, abandon. Il est un principe masculin en involution.

Le Pendu reflète une situation cruciale, il est comme le Christ, attaché à des pièces de bois et suspendu dans les airs. Il n'appartient plus à la Terre, son corps est spiritualisé, divinisé, il est devenu semblable aux esprits et aux fantômes qui habitent l'air. Pour cette raison, de nombreuses croyances anciennes attribuaient des valeurs magiques aux instruments de supplice des criminels et soulignaient ainsi sur le plan profane la haute valeur du sacrifice [1].

Les cheveux

Les cheveux sont bleus et expriment la passivité des idées du Pendu, l'abandon à sa condition, ainsi qu'un aspect imaginatif et utopique : influençabilité, dépendance, disso-

1. Pour de plus amples informations voir *L'Ombre et le mal*, M.L. von Franz, La Fontaine de Pierre.

lution mentale. Le Pendu est plongé dans la nuit de l'inconscience.

Le regard

Le Pendu a le visage de face et les yeux ouverts. C'est le sacrifice éternellement présent, incontournable, absolu.

Le costume

Les chaussures sont bleues : les pieds rejoignent la tête, la passivité est l'état parfaitement adapté à la condition du Pendu. Les bras et les jambes sont rouges. La disponibilité et l'abandon laissent place à une activité dynamique : le Pendu semble se « recharger » énergétiquement dans cette posture.

Deux cas se présentent :

— Il se prépare à un destin où toute sa force sera utilisée. C'est Hercule accomplissant les douze travaux par expiation de ses fautes passées.

— Le Pendu met toute son énergie au service d'un principe supérieur. C'est le Christ allumant le feu du sacrifice nouveau dans le cœur de ses douze disciples.

Les avant-bras sont couleur chair et les mains cachées dans le dos : le Pendu ne cherche pas la connaissance ou la réalisation matérielle. Tout ce qui pourrait le lier à la matière (couleur chair) se fond dans la substance spirituelle (les avant-bras passent derrière la partie jaune de la veste).

La veste

Le bas de la veste est jaune, le haut bleu, une ceinture blanche sépare les deux parties, et une rangée de boutons est disposée sur une bande blanche : six boutons dans la partie bleue, trois dans la partie jaune.

Les boutons

Le bouton permet d'établir un lien, une jonction, une fermeture. Il symbolise un état, une étape, l'accomplissement d'un cycle.

Les multiples de trois signent toujours une étape de la conscience (ou de l'âme). Les trois boutons de la partie jaune représentent la prise de conscience des énergies sexuelles ou inférieures (la partie jaune est au niveau du sexe du Pendu).

Les six boutons (partie bleue) rappellent la notion de sacrifice et de choix attachée à ce chiffre (voir l'Amoureux). Le Pendu a-t-il voulu ou subi sa pendaison ?

L'étude de cette zone du vêtement nous éclaire. Six boutons compris dans la partie bleue sont alignés sur la bande blanche centrale qui contient au total neuf boutons : la nature émotionnelle (la poitrine) marque l'impressionnabilité du personnage et la volonté des bras rouges est prisonnière du destin, de sa condition matérielle (les avant-bras couleur chair attachés dans le dos). Le Pendu a été amené au sacrifice inéluctable.

La somme des boutons (9) souligne cette première idée : le Pendu suit une voie pure (la bande blanche), verticale et tournée vers l'intériorisation (9), le Pendu a obéi à un principe immanent qui a décidé de son sort. La ceinture blanche croise la ligne verticale des boutons : c'est la croix du sacrifice invisible (blanc). Les autres éléments blancs de l'arcane ont un point commun : le col, la corde, la ceinture, la boutonnière représentent des principes unificateurs, des liens, ils sont purs, immatériels. Par son sacrifice, le Pendu établit un lien indestructible avec la divinité.

La corde

La corde a une place importante par sa fonction dans l'arcane, elle est le lien qui permet au personnage de demeurer pendu. Symbole ascensionnel, elle sous-entend également l'idée de grâce céleste. Elle lie les êtres et les choses (elle est l'instrument de prédilection de Maya, l'illusion du monde) ; elle permet l'établissement de la communication.

La corde saisit le Pendu par le talon, lieu de passage de la vie et de la mort : communication avec les plans supérieurs, ou attachement, dépendance ou systèmes, habitudes, manies. Les liens qui nous unissent aux habitudes sont subtils, invisibles et d'autant plus présents : la corde est blanche.

Le portique

Une poutre transversale posée sur deux arbres élagués, au pied desquels se trouve une touffe verte.

Le symbolisme de l'arbre est universel, il étend ses « ramifications » sur tous les plans et dans tous les secteurs de la vie. Il contient les quatre éléments (eau-terre-air-feu), son rôle est central et souligne la verticalité du monde spirituel. Il est l'image du « processus intérieur de croissance de l'être sous son aspect inconscient et représente cette poussée naturelle et spontanée qui, dans la psyché, grandit et tend à suivre son propre chemin » (Jung, *Les racines de la conscience*).

Il y a deux arbres : la dualité renvoie au sens caché des choses (voir la Papesse), à la notion de passage, initiation, intermédiaire, porte. La dualité donne accès à l'expérience. Les arbres sont jaunes, la section des branches est rouge : la taille a mis à jour la vitalité qui circulait dans les arbres d'essence spirituelle (jaune), elle est le témoin du sacrifice de l'horizontalité au profit de la verticalité. La couleur rouge de la taille révèle son sens profond : le sacrifice est un feu qui purifie, illumine, revitalise, il permet l'entrée dans la lumière. En sanskrit, feu et sacrifice sont un même mot : Agni, que R. Guénon a rapproché phonétiquement et symboliquement de Agneau.

Six branches sur chaque arbre disposées symétriquement rappellent les douze signes du Zodiaque répartis en six paires d'opposés complémentaires ainsi que les douze travaux d'Hercule. Ce détail renseigne sur le sens général de l'arcane : prédestination, Karma, sacrifice libérateur, contrainte, détachement, dépassement, épreuve.

La poutre horizontale et les touffes au bas de l'arbre sont vertes, quatre brins d'herbe sont visibles sur chaque touffe. Le vert est la couleur du règne végétal : le Pendu s'abandonne totalement à la nature. Sa position inversée illustre très précisément la notion fondamentale exprimée dans la Table d'Émeraude : « Ce qui est en bas est comme ce qui est en haut » (voir le Bateleur).

Au départ de ce nouveau cycle dans le Tarot, le Pendu apporte une nouvelle notion nécessaire à l'accomplissement du Grand Œuvre : « L'Art sacré doit se borner à imiter la nature », que Baudelaire qualifiait ainsi [1] :

« La nature est un temple où de vivants piliers
Laissent parfois sortir de confuses paroles.
L'homme y passe à travers des forêts de symboles
Qui l'observent avec des regards familiers. »

La situation « normale » pour un pendu est d'être attaché par le cou mais le créateur du Tarot, choisissant toujours le sens le plus profond, a préféré la position inversée. Le Tarot est un chemin de vie et de lumière, l'ombre y est élevée à son plus haut niveau de compréhension et finalement transformée en vérité limpide. Comme nous l'avons vu, cette image présente de nombreux éléments

1. *Les Fleurs du mal*, « Correspondances ».

de réflexion. Une vue d'ensemble révèle un autre niveau d'analyse de l'arcane.

La position du corps, les couleurs du costume, la forme du portique en analogie avec le sens général suggèrent l'image d'une flamme. La cire de la bougie ou le bois du brasier sont représentés par le portique, la flamme est le corps du Pendu, l'essence du feu inhérent au sacrifice, qui brûle et brille par la force de l'abnégation. Son attache à la matière est invisible, elle est passive dans ses extrémités mais brûlante par ses « membres » et brillante en son centre. Le bois et la cire se donnent à elle et la supportent, elle dépend d'eux mais ne leur appartient pas. Elle danse dans l'invisible, son sol est aérien, son mystère, divin.

La méditation sur ces deux symboles d'une même réalité, la flamme et le Pendu, donnera les clés du sens profond de cet arcane.

Une plus grande compréhension du Pendu pourra également être atteinte par la confrontation de cet arcane avec le sens de la douzième maison horoscopique et le signe des Poissons ainsi qu'avec deux figures du Yi-king[1] : les hexagrammes n° 30, « li », le feu, ce qui attache et son inverse « k'an », l'insondable, l'eau, le danger (n° 29). Selon R. Wilhem, « le feu n'a pas de forme déterminée mais il s'attache aux corps qui brûlent et ainsi est lumineux. Tandis que k'an signifie l'âme enfermée dans le corps, li indique la nature dans son éclat ». Ces deux images, li et k'an, sont les deux faces d'une même réalité synthétisée par l'arcane XII.

---

1. *Yi-king ou livre des transformations*, traduit par Richard Wilhem et Étienne Perrot, Librairie de Médicis.

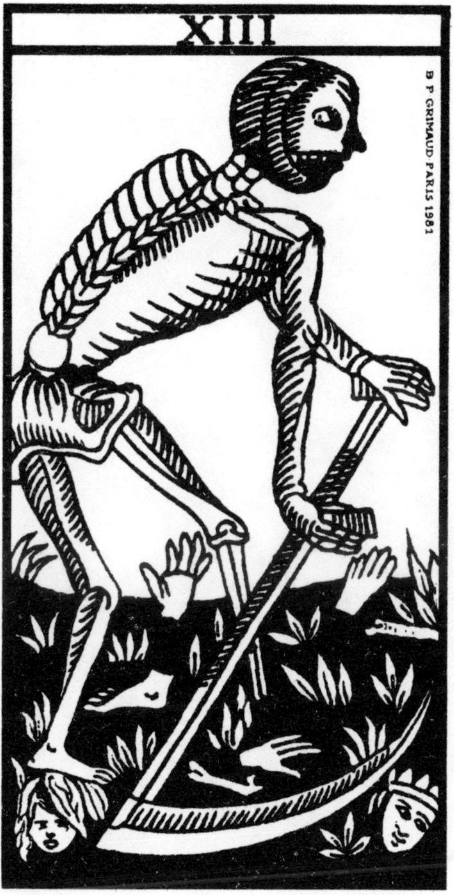
XIII
B P GRIMAUD PARIS 1981

L'ARCANE SANS NOM

Un squelette

Un squelette couleur chair, debout : structure matérielle, charpente, principe impersonnel en évolution, potentialité en mouvement. Le symbolisme du squelette est naturellement associé à la Mort et au Temps, seuls éléments permanents dans le mouvement de la vie. Signe du stade ultime de la décomposition des corps, il est également associé à l'Œuvre au noir alchimique, qui est une étape décisive dans la recherche de la transmutation des énergies.

L'état de mort, de putréfaction et de destruction indiqué par le squelette n'est pas considéré par les alchimistes comme une fin ou un arrêt, mais au contraire comme une phase intermédiaire et dynamique (le squelette est debout, il avance), prélude de la grande transmutation du plomb en or, de l'ombre en lumière. Cette idée universellement répandue se retrouve dans la notion chrétienne de résurrection des morts et chez le primitif qui reconstitue le squelette de l'animal abattu à la chasse afin que celui-ci renaisse au sein de la nature. Le squelette est l'image de l'initiation , du retour à l'élément permanent en soi-même conduisant à l'illumination. Il est le symbole du passage initiatique, de la continuité de la vie, de l'immortalité.

Le squelette est couleur chair : le Tarot nous rappelle

encore une fois que toute initiation ou réalisation spirituelle se fait dans la matière, ici et maintenant. La couleur chair précise également que la matière porte en elle-même sa propre transformation.

Le pied droit

Le pied droit disparaît-il dans le sol ou a-t-il été coupé ? La position du corps et l'action de faucher laissent penser qu'il s'agit bien ici de la jambe droite du squelette.

• Le pied est enfoncé dans le sol.

Le pied est l'image du début, du germe et du fœtus. Le germe actif (pied droit) de la transformation est déjà en terre, il prépare le cycle suivant : la transformation porte en elle-même sa propre mutation, en harmonie avec les lois fondamentales de la nature et des saisons. Cette notion est soulignée par le rappel de l'épi de blé[1] visible sur la colonne vertébrale du squelette, ainsi que par la présence de la faux, instrument de la moisson. Le pied peut également être vu sous son aspect phallique, il s'enfonce dans le sol noir féminin : la transformation féconde la terre.

• Le pied a été coupé.

Le squelette boiteux muni d'une faux est l'image traditionnelle de Saturne mais aussi et avant tout du temps. Sa stricte assimilation à la mort est erronée. En effet, la mort est plus souvent représentée par une jeune fille vierge (la chair ne l'a jamais aimée) et si elle apparaît sous la forme du squelette faucheur, c'est pour montrer que « le temps est venu » de la suivre, car la mort obéit elle aussi au temps. Le squelette est infirme comme toute puissance

1. Dans son étude sur *Les rives et la mort* (Fayard), M.L. von Franz rappelle que « le blé ou l'orge... sont les symboles d'un principe psychique qui transcende la vie et la mort, un mystérieux processus de vie qui continue à exister à travers tout ce que nous voyons vivre et mourir ».

qui tend vers l'universalité (voir l'Empereur, arcane IIII qui est en correspondance secrète avec l'arcane XIII : 13 = 1 + 3 = 4). Les maîtres du Feu (c'est-à-dire de la Vie) sont souvent frappés d'une infirmité dans les jambes, et le personnage de l'arcane XIII, privé de son pied droit, rejoint ces forces souterraines et invisibles, gardiennes des secrets de la vie. L'énergie vivifiante de la transformation est d'ailleurs soulignée par la couleur rouge de la lame de la faux. Ce squelette n'est donc pas au service de la destruction ou de la mort, mais du renouveau et de la continuité.

Le pied droit symbolise la base de l'action : nous ne pouvons savoir où et quand va agir la transformation, où elle va « poser son pied ».

La faux

La poignée supérieure est blanche, le manche jaune, la lame rouge. La faux coupe, sépare, rabaisse, tue et uniformise.

• Le manche jaune, couleur de la spiritualité et de l'intelligence, est le prolongement du bras, il représente le moyen d'action, le support de l'activité du squelette. Le manche de la faux répond au symbolisme axial du bâton. Son inclinaison rappelle l'axe oblique de la terre qui détermine la vie, les saisons, le cycles de la nature et règle le rythme du temps (voir le Mat).

• La poignée supérieure blanche est tenue par la main gauche du personnage. Dans le geste du faucheur, cette poignée constitue le centre de l'hémicycle dessiné par le trajet de la lame : pureté centrale de l'action de la transformation.

• La lame est rouge, couleur du feu et de la vigueur : la faux permet de trancher et de mettre à vif, mais son action n'est ni aveugle ni grossière : elle agit par la pureté incompréhensible (poignée blanche) et l'intelligence (manche jaune). Elle est donc l'instrument de la discrimination, de la destruction de l'illusion.

Le sol
Le sol est noir. Couleur du froid et de la négation, le noir exprime la passivité absolue, la mort, le retour aux ténèbres originelles. Le sol noir peut être stérile (le noir est la négation des couleurs) ou très riche (le noir contient toutes les couleurs) : la transformation destructrice est à son comble, toute richesse est niée ou enterrée par cet arcane.

Deux os, deux mains, deux pieds, deux têtes
La parité est liée à l'ordre et à l'apparence des choses, au temporel. Les mains sont les instruments de la connaissance matérielle (couleur chair), les pieds sont le signe du début des choses et de l'incarnation (avoir les pieds sur terre). La tête est l'opposé complémentaire des pieds, elle est le siège de l'esprit, du « chef ». Tête, mains et pieds sont les extrémités du corps, ils symbolisent ici l'Alpha et l'Oméga, la totalité de la vie.
• Une tête d'enfant ou de femme sous le pied gauche du squelette : la transformation s'appuie sur un élément pur et féminin ou androgyne et impersonnel. Nous retrouvons ici l'image du Mercure.

L'action de la transformation commence dans la conscience animique. Ce détail rattache l'arcane sans nom à la personnification de l'erreur dans la mythologie grecque : Até. Ce dieu ne pose ses pieds que sur la tête des mortels et à leur insu. Il fut banni à jamais de l'Olympe pour avoir trahi Zeus, « c'est pourquoi l'Erreur est le triste partage de l'humanité [1] ».

---

1. P. Grimal, *Dictionnaire de la mythologie*, P.U.F. Ce dieu méconnu occupe une place déterminante dans la mythologie grecque. En effet, Até, précipité du ciel, tomba en Phrygie sur une colline qui prit son nom. Plus tard Ilion

Certains commentateurs ont observé un lien entre le Roi et la Reine de l'alchimie, l'Empereur et l'Impératrice du Tarot et les deux têtes sur le sol de l'arcane sans nom.

Les éléments qui jonchent le sol sont les germes d'un nouveau cycle.

Le visage souriant de la tête couronnée fait référence à l'Art royal sacré (l'alchimie) qui dépend totalement de l'action de la transformation. Le sourire marque l'acceptation et la soumission joyeuse à la « mort » vécue dans la certitude du très proche accomplissement du Grand Œuvre (la couronne dorée). En d'autres termes, la réalisation de soi symbolisée ici par la tête du roi, archétype du soi, espère et attend la venue de la transformation.

Les os blancs semblent calcinés ou blanchis par les siècles : la transformation agit aussi sur les éléments « éternels » et « purs » (les os blancs).

Les touffes d'herbe

Une herbe jaune et bleue pousse en abondance sur le sol noir. Ce signe confirme la richesse et la fertilité du sol. Ces formes jaunes et bleues rappellent plus des flammes ou des feux follets, vestiges d'un incendie dévastateur, que de simples brins d'herbe. Les seules formes de vie qui peuvent croître dans l'environnement de la transformation sont l'intelligence spirituelle (jaune) et l'acceptation passive (bleu).

Le rapprochement de l'arcane sans nom avec l'arcane sans nombre, le Mat, est d'un intérêt tout particulier :

---

fonda en ce lieu la ville de Troie, pierre d'angle de l'immense épopée de l'*Iliade* et l'*Odyssée* qui apparaît ainsi comme la grande fresque de la conquête de l'illusion du monde, vaincue, comme nous le savons, par elle-même. Rappelons qu'Ulysse est le treizième de son groupe et que cette position lui permit de sortir indemne de toutes les embûches.

ils sont les seuls personnages « en marche » dans le Tarot, l'arcane XIII semble être la radiographie du Mat, chaque personnage tient un élément blanc dans la main gauche et un jaune dans la main droite ; le manche de la faux est de même dimension et inclinaison que le bâton du Mat, etc.

L'ABSENCE DE NOM

Le nom inscrit au bas de l'arcane est le « sol » de son symbolisme, sa réalité tangible, le nombre dans le cartouche supérieur est son « ciel », son esprit, son concept. L'absence de nom indique l'inconcevable réalité du sens de l'arcane : le temps est l'agent essentiel de la vie, le grand transformateur, cependant il n'existe pas. Il est concevable, chiffrable, mais immatériel. Donner son nom comme Adam nomma toutes choses, c'est prendre possession : l'arcane XIII est innommable, nul ne peut lui commander.

L'absence de nom évoque également l'idée de silence. « Dieu parle dans le silence », dit l'Ancien Testament, et nous savons que la rumeur engendrant l'erreur naît également du silence. Le langage populaire lui associe naturellement la mort : ne dit-on pas « il s'est tu » pour parler pudiquement du décès de quelqu'un ?

Dans certains tarots cet arcane est appelé « La Mort » ce qui, comme nous l'avons vu dans l'étude du symbolisme de l'image, limite considérablement son sens.

XIIII
B P GRIMAUD PARIS 1981
TEMPÉRANCE

TEMPÉRANCE

L'ange

Les anges sont apparentés à l'air, à l'informel et à la spiritualisation. Les traditions les considèrent comme les premières apparitions de l'invisible, et ils tiennent souvent un rôle de messager :

- Messagers et exécuteurs des volontés divines sur les différents plans.
- Messagers et intercesseurs des prières humaines devant Dieu.

La présence ou l'intervention d'un ange dans une vision, un rêve, un conte est toujours un signe très bénéfique : un événement important et heureux se prépare. En qualité d'émanation directe du Divin, les anges sont porteurs de Sa Parole (voir arcane III, XX) et de Son Souffle (K'I en chinois). Ils ont le pouvoir de mettre en mouvement la Roue de la Vie et des Astres (il y a sept ordres angéliques en correspondance avec les sept planètes traditionnelles).

L'ange de Tempérance est déhanché comme le Bateleur : ces deux arcanes se situent au point de départ d'actions nouvelles, ils créent une unité harmonieuse. L'ange symbolise donc : intervention d'un plan supérieur, harmonisation, fluidité et protection spirituelle.

Les ailes

Les ailes sont le signe de l'intelligence, de la compréhension et de la rapidité de la pensée. L'âme possède également des ailes pour s'envoler symboliquement vers son pays d'origine (voir arcane III). Les ailes allègent et affranchissent de la pesanteur, elles sont couleur chair : la matière est spiritualisée, sa destruction apparente (arcane XIII) lui a permis de découvrir en elle-même une nouvelle dimension.

Les cheveux

Les cheveux sont bleus : volonté passive et obéissance, caractère doux, compréhensif, l'ange de Tempérance influence plus qu'il n'impose.

La fleur rouge ou l'étoile rouge

Une fleur ou une étoile rouge sur le front à la racine des cheveux. L'origine céleste de l'ange et la place de cette figure laissent penser qu'il s'agit plutôt d'une étoile, rouge, à cinq branches : c'est la planète rouge, cinquième corps céleste dans l'astrologie traditionnelle — Mars. Ce détail est en analogie avec le nombre secret de l'arcane 14 : 1 + 4 = 5. Mars est la planète du Bélier, signe qui marque le début du printemps.

Sa position au sommet de la tête et son éclat rappellent une couronne lumineuse, cette étoile est donc « royale ». Les Babyloniens connaissaient quatre étoiles fixes (dites étoiles « royales »), Régulus (petit roi) en faisait partie, elle était la gardienne du Nord et sa fonction était, comme son nom l'indique, la Tempérance.

La référence à ces deux corps célestes, Mars et Régulus, montre la qualité de l'énergie apportée par l'ange. Celui-ci obéit passivement (cheveux bleus) à une volonté puissante, il occupe une fonction dynamisante et équilibrante dans l'obscurité.

L'étoile sur le front de l'ange de Tempérance, son symbolisme tel que nous venons de l'étudier et le nom de l'arcane établissent une corrélation avec la glande hypophyse dont la fonction est de régulariser les cycles hormonaux de l'organisme.

L'étoile est considérée comme une source de vie et un centre de lumière (voir arcane XVII), sa couleur rouge en fait le symbole du principe même de la vie, c'est le feu ou la lumière céleste. Les étoiles sont les fleurs des champs célestes, les fleurs terrestres étant souvent considérées comme leur reflet (et inversement). Leur symbolisme est très proche, parfois identique, et, si la place occupée dans l'arcane est celle d'une étoile, sa forme est celle d'une fleur.

La fleur est assimilée à l'Ether, elle est un réceptacle d'énergies subtiles, un calice, un centre spirituel. Elle recueille la beauté et la rosée pour en faire un Elixir de vie (alchimie). Elle représente le renouveau, l'Aurore, la préfiguration d'un accomplissement spirituel.

Tempérance est animée d'un principe de vie harmonieux et régénérateur.

Le visage

Le visage de l'ange est tourné vers sa droite. Il épouse totalement le mouvement du corps et le prolonge. Le côté gauche réceptif est ouvert aux influences supérieures, le côté droit actif agit sur les plans inférieurs. Cette position, en harmonie avec la couleur des vases de l'arcane, se retrouve dans le Bateleur, l'Etoile, le Monde et inversée dans la Force. Ce geste indique la douceur et la détente du personnage, l'obéissance ou l'abandon à une force supérieure et signale également la présence d'un mouvement d'énergie circulaire et ondulatoire dans le corps. La droite représente l'avenir : Tempérance dirige son action vers le futur et le renouveau.

Le costume

Le bas de la robe est rouge sur le côté gauche du personnage et bleu sur son côté droit. La partie inférieure d'un costume représente la base du comportement, le support et l'aspect matériel de l'action. Sur le chemin des arcanes du Tarot, nous assistons constamment au « combat » du rouge et du bleu, du Feu et de l'Eau, du Ciel et de la Terre. Cette lutte résume les étapes significatives de l'évolution du monde et des êtres, étapes très minutieusement consignées dans le symbolisme alchimique. Le rouge actif est sur le côté gauche passif et inversement le bleu passif est sur le côté droit actif. Les opposés s'équilibrent et se complètent, c'est l'état d'harmonie dynamique tel qu'il est décrit dans l'hexagramme n° 11 du Yi King : T'ai, la paix, et que nous retrouvons dans le symbole du mouvement universel, le T'ai Ki.

Le haut de la robe est divisé en deux parties bleues, les manches sont rouges. L'action de l'ange de Tempérance est puissante (les bras sont rouges) et non violente (les bras se rattachent au bleu passif) : l'ange met en mouvement les énergies de vie (rouge) par la douceur (bleu).

La ceinture et le foulard jaunes

La largeur de ces deux éléments symboles d'union, de force, de protection, souligne le rôle hautement bénéfique et équilibrant de l'ange (largeur = générosité). Ceinture et foulard sont les garants de l'intégrité du costume. Ils permettent la concentration des énergies, le recentrage, et sont associés aux valeurs de fécondité, de fidélité, d'abondance spirituelle (jaune).

Une zone couleur chair est proche du cœur : l'ange agit au cœur de la matière.

Les vases

Un vase bleu, un vase rouge, entre lesquels coule un liquide blanc. L'image de l'ange verseur d'eau rappelle le signe astrologique du Verseau, signe des idées nouvelles et libératrices. Il s'établit ici un lien secret entre les arcanes de Tempérance, la Force et l'Etoile, entre les signes du Lion et du Verseau, entre Régulus (« cœur de lion ») et Fomalhaut (« la bouche au commencement de l'eau »). Les interactions de ces différents éléments entraîneraient trop loin notre étude, la lecture des recherches effectuées par Fulcanelli, Jung et quelques autres apportera ses lumières sur ce sujet[1].

Le symbolisme du vase est très souvent assimilé à celui de la coupe, de la caverne, du creuset ou de la voûte céleste. Il est le vase d'abondance contenant le liquide d'immortalité, la sève, le lait, le lieu de création et d'échange de l'énergie vitale universelle. L'inversion harmonieuse des forces se retrouve ici : le vase bleu répand son contenu dans le rouge de la robe, le vase rouge reçoit le liquide par le bleu de la robe. Le courant d'énergie se transforme sur le passage du rouge au bleu : le troisième filet blanc disparaît. Ces détails indiquent un même sens : l'énergie circule en alternance pair-impair, passif-actif, apparence-invisibilité, selon un mouvement ondulatoire.

Le courant d'énergie pure (liquide blanc) passe à hau-

1. Fulcanelli : *Les Mystères des cathédrales et les demeures philosophales*, J.-J. Pauvert ; Jung : *Psychologie et Alchimie*, *Les Métamorphoses de l'âme*, etc., Buchet Chastel ; M.-L. von Franz : *Aurora Consurgens*, Albin Michel.

teur du centre Hara : le fluide manipulé par l'ange de Tempérance est perceptible dans ce centre. Cet aspect est en harmonie avec la science de l'énergie vitale développée dans tous les arts martiaux.

Le symbolisme de ces deux vases peut être également rapproché du sens des noces de Cana : l'eau dans le vase bleu est changée en vin dans le vase rouge. Le courant continu unissant ces deux vases souligne la permanence du mouvement de la vie, le passif et l'actif sont en constante interaction, aucune goutte n'est perdue, dit la tradition : les saisons et les cycles se succèdent sans interruption. L'énergie qui unifie ces deux pôles (passif-actif) est d'une extrême subtilité, seul un ange peut la manipuler, nous dit le Tarot.

Le vase bleu est situé au niveau de la rate dans le corps humain. Cet organe, considéré comme le cimetière des globules rouges, est sans grande utilité au regard de la médecine officielle. Cependant les enseignements traditionnels lui accordent un rôle essentiel : la rate[1] serait le réceptacle des énergies cosmiques, la force immunitaire de l'être intérieur. Sorte de bouclier aurique doué d'un sens sélectif : les énergies « utiles » entrent dans le corps, les autres sont rejetées par cet organe.

Selon A. de Souzenelle[2], la rate est ontologiquement indissociable du pancréas. Le symbolisme général de l'arcane ainsi que le trajet du liquide blanc entre les deux vases rappellent singulièrement la fonction de ces organes. Le rôle du pancréas est essentiellement régulateur, il « sécrète le suc indispensable à la digestion, c'est-à-dire au travail de la force, et fabrique l'insuline, agent fondamental du métabolisme des sucres. Ce sont les sucres qui

---

1. « Rate vient du néerlandais *râte*, rayon de miel » (*Petit Robert*).
2. *Le Symbolisme du corps humain*, Dangles, p. 256 et suivantes.

semblent symboliser les énergies passant de l'inaccompli dans le pancréas à l'accompli dans le foie, dont la fonction glycogénique concrétise la vocation subtile». L'auteur du *Symbolisme du corps humain* poursuit : «Dans cette perspective, la rate et le pancréas sont les organes des profondeurs de la Terre dónt parle le langage alchimique lorsqu'il donne cet ordre : "Visite l'intérieur de la Terre, rectifiant, tu trouveras la pierre de l'origine[1]."»

Cet aspect de l'arcane révèle le sens de sa présence entre l'arcane sans nom et le Diable. En dernière analyse, l'action de l'ange de Tempérance peut être assimilée à l'opération alchimique de recueil et de transvasement de la matière spiritualisée par l'Œuvre au noir (arcane XIII) ou à la récupération de l'eau merveilleuse : la rosée.

Le sol

Deux touffes d'herbe verte poussent sur le sol jaune de part et d'autre de l'ange. La couleur jaune signale à nouveau le terrain d'action spirituel du symbolisme de l'arcane. L'herbe est une condensation d'énergie solaire, elle indique la fertilité du sol de Tempérance, l'action bienfaitrice de l'ange sur la nature. Après le passage de la faux de l'arcane sans nom, la vie est toujours là.

---

1. C'est le Vitriol : *Visita Interiora Terrae Rectificando Invenes Oris Lapidem*. Voir arcane VI : l'angelot dans le Soleil.

XV
B·P·GRIMAUD·PARIS 1981
LE · DIABLE

LE DIABLE

Le personnage central

Le personnage debout sur un piédestal possède les attributs des deux sexes. « L'androgynie est le signe de l'intégration potentielle ou finale des opposés. Elle contient la totalité des puissances issues des deux sexes et symbolise le renversement des valeurs matérielles, la Métanoïa, la conversion et la représentation du but final du Grand Œuvre » (M. Eliade).

L'arcane XV marque une étape importante sur le chemin de la fusion des contraires. Son rapprochement avec l'arcane XXI par la superposition en transparence de ces deux cartes révélera de précieux enseignements : le Diable « travaille » pour le Grand Œuvre cosmique, il est un principe universel, une potentialité en mouvement, une puissance dominatrice.

Les ailes

Les ailes sont bleues et leurs formes anguleuses rappellent celles des chauves-souris. Le bleu est la couleur de la nuit, de l'invisible, de la passivité, de l'inconscient. Les ailes signalent l'origine céleste ou aérienne du personnage : c'est un ange. Le Diable étend ses ailes dans la nuit, il règne sur l'inconscient, échappe à la lumière : c'est l'ange déchu de l'Ancien Testament, Lucifer (litt. : porteur de lumière).

Les jambes

Les jambes, recouvertes d'un « collant » bleu surmonté d'une ceinture rouge, sont le support, les piliers du corps ; leur symbolisme se rattache aux liens sociaux, à la puissance et à la virilité : le pouvoir du Diable n'est visible que dans les domaines occultes, sa puissance apparaît dans la passivité des êtres, les deux diablotins ne dépassent pas en hauteur cette partie bleue, leur compréhension ne peut aller au-delà.

La ceinture

Le principe unificateur de la ceinture est coloré de rouge. Sa position très basse sur l'abdomen indique son lien avec l'énergie sexuelle. La ceinture peut être également considérée sous son aspect restrictif : l'attachement aux valeurs sexuelles équivaut à une privation de liberté.

Le Diable puise sa force et son identité (autre signification de la ceinture) dans la passivité des êtres (collants bleus) et dans leur enchaînement aux appétits sexuels (le rouge de la ceinture se retrouve sur le piédestal). La couleur bleue dissimule à peine le sexe masculin : le Diable exerce un pouvoir créateur dans l'inconscient.

Les pieds, le torse, le visage et les bras

Ces régions du corps du Diable sont couleur chair, donc nues.

La zone supérieure du corps représente la partie consciente d'un être, sa partie « humaine ». A l'opposé, le bassin, les jambes et les pieds se rapprochent de sa partie « animale », inconsciente.

La nudité prend un double sens de pureté originelle, de manifestation non encore voilée, de vérité absolue et de provocation des sens, de chute (Genèse), de pouvoir attractif redoutable, de tentation : c'est la matière à l'état brut, sauvage.

Les seins sont symboles de protection maternelle, nourriture essentielle, limitation ou dépendance. Leur présence ici indique l'androgynie du personnage. Les traits horizontaux sur le buste peuvent laisser penser qu'il ne s'agit que d'une poitrine postiche, sorte d'apparat mensonger qui attire l'être assoiffé de pureté (de lait maternel) et ne lui donne en échange qu'une corde pour l'attacher à son service. Plus profondément, la présence de seins sur ce corps d'homme rappelle l'existence de l'énergie fondamentale en chaque être qui se nourrit et se renouvelle d'elle-même : la libido, les pulsions, les forces instinctives. Les seins sont également les signes de l'abondance. Ils sont couleur chair : le Diable apporte des richesses, fixe les limites des valeurs et « nourrit » les réalisations matérielles.

Les choses sont ainsi faites que les personnes généreuses suscitent partout la jalousie : le don engendre la tentation de l'avoir, comme toute chose retient son contraire.

Le bras droit

Le bras droit est levé, les doigts écartés sont prolongés de griffes. Le Diable semble présenter le dos de sa main. Ce détail correspond à une inversion des polarités : les principes de contact, de lien, de connaissance et d'échange liés à la main jouent leur rôle attractif sans entraîner le mouvement naturel de retour des énergies. « Le Diable prend mais ne rend pas. »

Le chiffre 5 et le pentagramme sont les symboles de l'homme et de la vie manifestée, animée par l'esprit. 5 est le nombre de l'acte, de l'individualité et l'Homme s'inscrit dans un pentagramme dont le centre se situe au niveau du sexe. Les diagonales de la carte se croisent d'ailleurs à l'emplacement du sexe du Diable. Ce dernier exerce son pouvoir sur l'Homme individualisé, sexué.

Le bras droit levé et la main tendue sont le signe de

l'engagement, comme dans le serment, ou de l'interpellation : Halte-là ! Qui va là ? Le Diable manifeste sa présence de cette façon en même temps qu'il exprime un refus (il est « l'adversaire », « l'autre »), signale une limite, un interdit, impose le respect. Il apparaît en ce sens comme le « Gardien du Seuil »[1]. La limite engendre toujours la tentation de la transgression. Il n'est pas nécessaire d'insister sur sa réputation de tentateur pour comprendre ce geste du Diable.

Nous savons qu'il promet l'or et la puissance. Il tient sa promesse : dans l'arcane XVI, l'œuvre qu'il encourage rivalise avec Dieu (les personnages tombant de la tour de la Maison-Dieu peuvent être assimilés aux diablotins de l'arcane XV). Mais il dépouille totalement sa victime et la livre à son destin dans l'arcane XVII avant de la précipiter dans les enfers hantés par « cette peur si grande qui gronde dans les dents des cerbères » (arcane XVIII), réduisant les êtres à l'état de larves errantes. Sartre proclamait dans un raccourci sans issue : « L'enfer, c'est les autres[2]. » Le Tarot nous apprend ce que nous savons de toute éternité : « Il n'y a d'autre enfer que celui de l'illu-

---

1. Cf. les ouvrages de C. Castaneda, en particulier *Voir* (Gallimard, coll. Témoins), qui montre à quel point rencontrer le « Gardien du Seuil », dire oui à ce qui dit non en nous est une aventure éprouvante, redoutable.

2. La proposition de Sartre semble découler naturellement de l'expérience mystique de Rimbaud qui annonçait avant de célébrer sa « saison en enfer » : « Je est un autre, et quand on dit je pense, on devrait dire on me pense. » Rimbaud fut excommunié par son temps pour être resté sincère jusqu'au bout de lui-même en exhibant le pouvoir créateur dans l'Homme. De l'avis général, « il a tenté l'impossible et s'est brûlé les ailes. Avis aux amateurs ! » Cette oraison funèbre acheva d'émasculer le poète en condamnant ceux qui restaient à une quête sans but. La psychologie des profondeurs nous révèle aujourd'hui que le Diable, notre Ombre inconsciente, s'exprime toujours de façon poétique et grandiloquente. Puissions-nous chacun dans sa sphère réhabiliter le poète et sa vitalité créatrice en accordant crédit à notre âme sensible.

sion née de la peur de l'autre », et le plus grand des pièges tendus par le Diable est celui de nous faire croire à l'erreur.

Si le Diable n'a ni Dieu ni maître, il a une maîtresse, la nuit, épouse de la Lumière, à qui finalement il confie les âmes perdues. La Lune achève de les purifier en les prenant dans son sein où le doute les baigne et les berce, puis elle leur donne le jour et les rend à leur père, à eux-mêmes.

On ne peut échapper à soi-même, et la seule tentation que nous puissions redouter, celle à laquelle nul ne résiste, est bien la promesse du Diable : l'or, Soi[1]. L'image de l'or nous déroute longtemps avant de nous révéler sa vraie valeur. Lorsque le Soi est atteint, quand nous sommes redevenus nous-mêmes, les écritures disent que le royaume des cieux est trouvé et « le reste est donné par surcroît ». Alors tout s'illumine, le Diable n'avait pas menti, nous avons l'or et la richesse, seules nos peurs avaient douté.

Il est d'ailleurs frappant de constater que la phrase clé de l'initiation suprême « Connais-toi toi-même » est identique à celle de Dieu chassant Adam et Ève du paradis de la Genèse : « Tu as mangé le fruit de l'arbre de la connaissance, eh bien, connais-toi toi-même, connais l'erreur, l'ombre et le mal, cherche Ma face cachée, et quitte Mon apparence. » En observant attentivement le menu de notre existence, nous mesurons à quel point le grand mythe de la Genèse est proche de nous, presque quotidien.

Le bras gauche

Le bras gauche est baissé, un cierge ou la lame nue d'une épée est tenu dans la main.

---

1. L'illustration de ce propos se trouve délicieusement rapportée dans le conte d'Apulée, *L'Ane d'or*, qui pourrait se résumer en une phrase : surtout ne le réveillons pas.

• Le Diable tient un cierge : la référence à Lucifer, le porteur de Lumière est ici évidente. Le cierge est blanc : la lumière précipitée dans les profondeurs est restée pure.

• Le Diable tient la lame nue d'une épée. Il ne craint pas le tranchant, il possède un pouvoir d'invulnérabilité comme le dragon des contes : le héros tranche sa tête qui repousse toujours. Le Diable est le signe de l'individualité et, comme ce mot l'indique, il ne peut être divisé, la lame n'a aucun pouvoir sur lui. L'épée est un symbole de Vérité, de Lumière, de pouvoir d'action, son tranchant frappe et sépare : le Diable fait régner l'ordre parmi les forces invisibles. Cet arcane est en correspondance directe avec la Justice (arcane VIII), dans la superposition des cartes en série de 11 (voir page 268). L'épée est l'instrument magique par excellence, elle correspond à l'action destructrice et dissolvante dans les cérémonies magiques, en opposition à l'aspect coagulateur de la coupe symbolisée par la main droite du Diable, dont les cinq doigts tendus rappellent l'action unificatrice du Pape (arcane V). Le Diable apporte lui aussi à sa manière une bénédiction.

Les termes SOLVE-COAGULA résument les opérations complémentaires et indissociables de condensation-volatisation utilisées dans la magie, l'alchimie, la chimie et la psychologie. Ces processus fondamentaux sont dans les mains du Diable et laissent entrevoir l'importance de cet arcane.

Les griffes

Les griffes sont le signe de l'attachement et de la force animale. La forme des doigts de pied, la présence des griffes et des ailes rappellent ces créatures fabuleuses, mi-aigle, mi-lion, appelées griffons. Ces monstres diaboliques étaient d'origine solaire, ils étaient les gardiens des richesses et représentaient l'obstacle à franchir pour atteindre les trésors cachés. Le lion et l'aigle sont les symboles du Mercure alchimique et la représentation du processus Solve-Coagula[1]. Fulcanelli[2] montre la racine grecque de griffon qui signifie « avoir le bec crochu » et dont l'assonance se rapproche d'un terme désignant à la fois énigme et filet. Fulcanelli ajoute : « On voit ainsi que l'animal fabuleux (le griffon) contient en son image et en son nom l'énigme hermétique la plus importante à déchiffrer, celle du Mercure philosophal dont la substance profondément cachée au corps se prend comme le poisson dans l'eau, à l'aide d'un filet. » Selon le même auteur, attraper ce poisson mystique est appelé tuer le griffon.

Le visage

Le visage et le corps sont de face. L'action du Diable est dans l'instant présent, rigoureuse et absolue : il est une force en mouvement incontournable. Les yeux bridés louchent, ils tendent symboliquement vers l'unité et exercent ainsi un pouvoir de fascination par la laideur. Les lèvres sourient et donnent autant que faire se peut une image « accueillante » au personnage en révélant la partie essentielle de son caractère : l'humour.

Le chapeau

Le chapeau est jaune, surmonté de bois de cerf. La couleur rappelle les origines et le but du Diable qui travaille pour le Grand Œuvre de lumière spirituelle (coiffe jaune). La présence des bois de cerf associe le Diable au symbolisme de cet animal.

---

1. Voir les figures D, E, F (p. 274 et suiv.) dans la représentation de la succession des stades du processus alchimique de Libavius.
2. *Les demeures philosophales*, J.-J. Pauvert.

Le cerf est une image du Mercure alchimique (l'esprit pur), il en possède tous les attributs : agilité, vélocité, rapidité, luminosité, etc., autant de qualificatifs associés à l'intelligence et aux pensées auxquels s'ajoutent les vertus d'invisibilité (il pose ses sabots de derrière dans les empreintes des sabots de devant) et de vitalité sexuelle. Ce dernier détail est accentué par le symbolisme même de la corne, qui, dans le cas des cerfs, se renouvelle périodiquement. Les cornes servent également à l'expression du tempérament belliqueux et orgueilleux de l'animal. La vigilance du cerf est légendaire, et ses cornes peuvent être considérées comme des antennes, des « oreilles de l'esprit ».

La filiation des symboles laisse apparaître à chaque époque les liens de parenté entre les divinités : Hermès, héritier de la tradition égyptienne, céda le pas à Mercure qui fut supplanté par le Diable lequel jouit des nombreux travestissements offerts par notre temps.

Dans l'Antiquité, Hermès était souvent confondu à Éros. Tous deux étaient adorés sous la forme de phallus ou d'un homme muni d'ailes, fréquemment comme hermaphrodite exhibant ses organes génitaux. Platon, dans *Le Banquet*, dit qu'Éros n'est ni un dieu ni un homme mais un être intermédiaire, un démon ou daïmon très puissant torturant l'être par la magie de l'amour.

La prière à Éros citée par M.L. von Franz dans *L'Ane d'or d'Apulée* (La Fontaine de Pierre éd., p. 113) montre de nombreuses similitudes entre le Diable du Tarot et le Dieu de l'Amour :

« Je t'invoque, Origine de tout Devenir, qui étends tes ailes sur le monde entier, Toi l'inapprochable, l'infini, qui inspires des pensées de vie à toute âme, qui as relié toutes choses par ton pouvoir. Premier-né, créateur de l'univers, aux ailes d'or, être sombre, toi qui voiles les pensées toutes raisonnables et inspires de sombres passions, toi qui vis secrètement dans toutes les âmes, tu crées le feu invisible, touchant tout être animé, le torturant infatigablement de plaisirs et de délices douloureux, depuis que l'univers a existé. Tu entraînes la souffrance par ta présence, toi, parfois raisonnable et parfois insensé, toi pour qui les hommes violent leurs devoirs par des entreprises hardies et qu'ils appellent à l'aide, toi le sombre. Toi le dernier-né, le sans-loi, le sans-merci, l'inexorable, l'invisible générateur sans corps des passions, archer, porteur de torche, seigneur de toute perception spirituelle et de toutes les choses cachées, seigneur de l'oubli et père du silence, par qui luit toute lumière, jeune enfant quand tu nais dans le cœur, vieillard quand tu es consommé... »

La surperposition apparemment anarchique des symboles du Tarot révèle en fait des vérités profondes que les grands auteurs nous aident à redécouvrir. Selon Fulcanelli, le griffon dont nous avons vu les attributs dans le Diable portait une crête de nageoires de poisson. Ce détail permet l'identification de ce chapeau : les formes arrondies sur les bords inférieurs rappellent en effet les nageoires d'un poisson. Toujours selon le même auteur, « la combinaison des deux matières initiales, l'une volatile, l'autre fixe, donne un troisième corps mixtionné qui marque le premier état de la pierre des philosophes. Tel est le griffon qui correspond à la corbeille de Bacchus et au poisson de l'iconographie chrétienne [1] ».

Le piédestal

Le piédestal est rouge strié de noir et surmonté d'un hémisphère couleur chair. La puissance du Diable repose sur l'énergie de vie (rouge) contenue dans la matière (couleur chair). Le rouge se retrouve sur la ceinture du Diable et sur les chapeaux des diablotins. Il s'éta-

1. *Les demeures philosophales*, J.-J. Pauvert.

blit ici un lien étroit entre le pouvoir du Diable et la sexualité.

La présence du Diable sur un piédestal confirme l'idée platonicienne du démon : ce n'est pas un dieu car il est érigé en statue comme le « Veau d'or », ni un homme, il n'est pas sur le même plan que les diablotins et porte des ailes. Cette situation lui confère de grands pouvoirs mais il reste accessible aux humains qui peuvent se le rendre propice ou provoquer sa colère.

Les petits diables

Un diablotin de chaque sexe est attaché par le cou à un anneau sur le piédestal. Ces petits diables ont une queue et leurs mains semblent liées dans leur dos. Ils sont nus, portent un chapeau rouge surmonté de cornes de cerf noires, leurs oreilles sont grandes et pointues. Ils symbolisent les êtres réduits à l'état animal par la dépendance à un principe obscur (inconscient). Ils sont également le liquide mercuriel[1] capturé sous son aspect mâle et femelle : c'est l'étape de fixation définitive des principes différenciés, l'union des contraires dans la matière.

Les grandes oreilles dressées sont le signe de la bêtise, mais aussi de l'extrême vigilance et de la suprême conscience. Les oreilles et les cornes sur la tête des diablotins montrent leur analogie avec les biches et les faons dont l'approche ou la capture est particulièrement difficile.

Ces personnages sont la représentation des contenus inconscients nommés « Ombre » par la psychologie des profondeurs et composés par la dualité *Animus-Anima*. Leur rapport avec le Diable sur son piédestal révèle une analo-

---

1. Voir la représentation de la succession des stades du processus alchimique (lettres E - F).

gie avec les qualités fondamentales du Mercure alchimique. Selon Jung, « lorsque les dieux se retirèrent pour une part dans les étoiles éloignées, et pour une autre part dégradés au rang des démons, dans les métaux à l'intérieur de la terre, Hermès (Mercure) posséda la double nature de dieu chtonien de révélation et d'esprit du vif-argent. C'est pourquoi on le représente sous les traits d'un hermaphrodite. Tout au long du Moyen Age il fut l'objet, plein d'énigmes, de la spéculation des philosophes de la nature : il était tantôt un esprit familier serviable, secourable (*familiaris*) tantôt le *cervus fugitivus*, le cerf fugitif, lutin remuant, insaisissable, taquin, trompeur, faisant le désespoir des alchimistes et partageant les attributs du Diable [1] ».

Ces deux êtres représentent donc les polarités de la loi fondamentale de l'énergie universelle d'attraction-répulsion. Cette force est de toute évidence l'amour comme le confirme l'anneau sur le piédestal rappelant la bague des mariés et la somme théosophique du nombre de cet arcane renvoyant à l'Amoureux (15 : 1 + 5 = 6).

Les mains attachées dans le dos soulignent la notion de souffrance nuancée par le visage souriant des diablotins : qu'il soit identifié à l'argent, au sexe ou à la vérité, l'amour demeure le grand « tortionnaire et purificateur de l'âme ». Telle apparaît dans le Tarot « l'ombre de l'Ombre » que nous portons en nous.

Le sol

Le sol noir laisse entrevoir une lueur spirituelle jaune à travers les stries horizontales. L'hémisphère couleur chair sur le trône rappelle le Soleil à son lever : les premières clartés d'une aube réelle apparaissent, signe d'une réali-

1. *Psychologie et Alchimie.*

sation spirituelle dans la matière. Les stries peuvent également être perçues comme les sillons d'un champ labouré : l'action du Diable est puissante et fertilisante, il commande l'œuvre dans les laboratoires. Labeur, labour et laboratoire ont la même racine latine *laborare* : travailler, qui contient également la racine *orare* signifiant prier. Pour les alchimistes, le lab-oratoire désignait à la fois le lieu et la qualité de leur activité, qui est en fait une recherche purement spirituelle, littéralement un « travail sur le verbe » (*orare*-oratoire-*oratore*-la parole) ; le Diable serait donc « la plus vile des choses viles, le fumier contenant la précieuse perle » appelée dans l'*Aurora consurgens* « la sagesse du sud venue de l'orient comme l'aurore se lève, qui prêche dans les rues, se fait entendre sur les places, crie sur les foules et lance à l'entrée de la ville son appel en disant : "Approchez vers moi, soyez éclairés et vos actions échapperont à la confusion, vous qui me désirez, ma richesse vous comblera. Venez donc, ô mes fils, écoutez-moi, je vous enseignerai à connaître Dieu." Les hommes et les enfants passent à côté d'elle et tous les jours la foulent aux pieds ».

Cette « sagesse cachée aux yeux des ignorants » est en correspondance avec le Baphomet des Templiers « qui ne fut jamais une idole comme certains l'ont vu mais seulement un emblème complet des traditions secrètes de l'ordre, une image synthétique groupant les éléments de la haute science » (Fulcanelli, *Les demeures philosophales*), un symbole de la Fatalité dont Jung rappelle qu'il est « la *prima materia* du processus d'individuation ne s'accomplissant qu'à travers la souffrance ».

XVI
LA·MAISON·DIEV

LA MAISON-DIEU

Une tour

La tour couleur chair, faite de brique ou de pierre taillée dressée au centre de l'arcane, est l'œuvre des hommes. La construction d'un édifice a toujours été considérée comme un acte sacré et des rites sacrificiels ou religieux l'accompagnent encore aujourd'hui. Elle correspond à la tentation d'ordonnance du chaos, du renouvellement de l'œuvre de création, de retour au centre, de passage du plan horizontal au plan vertical.

La plupart des commentateurs du Tarot ont assimilé cet arcane à la tour de Babel (porte de Dieu) en soulignant l'aspect vain et orgueilleux de toute construction humaine. L'activité intense de la tour de Babel rassemblait tous les êtres vers un même but et développait ainsi une puissance si considérable qu'elle pouvait « rivaliser » avec le Divin. Elle était en ce sens comparable à une ruche ou à la gigantesque organisation des Templiers et des Cathares. Dieu « confondit leur langage » afin, semble-t-il, de permettre une éclosion et une évolution nouvelles. Ce phénomène est observé à chaque époque (aujourd'hui l'exil du peuple tibétain par exemple) et se rapporte aux paroles de Jésus « Si le grain ne meurt... » La tour peut être également rapprochée de l'Athanor des alchimistes (leurs formes sont identiques), lieu de cuisson et de préparation des transmutations : « là où les opérations merveilleuses se réalisent ».

Elle est le symbole de l'ascension, la représentation de l'axe et du centre du monde, lieu où l'inférieur peut recevoir et atteindre le supérieur, lieu d'où l'homme peut voir et prévoir loin dans l'espace et le temps. Elle est une échelle. La tour se rapproche symboliquement et physiquement de la montagne dont les attributions sont identiques. La tradition occidentale a abondamment souligné la nécessité d'élévation physique et spirituelle pour approcher les réalités divines (voir la transfiguration du Christ, les apparitions de Moïse, le rôle essentiel des tours et châteaux forts dans les contes et légendes.) La présence d'une tour dans le Tarot, et non d'une montagne, situe le travail du chercheur sur le plan symbolique des processus spirituels d'accélération de la génération naturelle (alchimie, yoga, techniques analytiques).

La tour est couleur chair : cette construction est matérielle, elle a été édifiée selon un plan précis dans un but déterminé. La tradition bouddhique, le philosophe Bachelard ainsi que les psychologues modernes comparent le corps et la structure physique ou psychologique de l'homme à une maison, ou à une tour. La tour, construction de pierres, se rapproche du symbolisme des pierres dressées, des menhirs, obélisques (ou Benben en Egypte), du linga hindou, de l'Omphalos de Delphes, etc.

La pierre dressée, sur laquelle Jacob eut sa vision, est appelée Beith-el ou Béthel qui signifie Maison de Dieu (Genèse, XXVIII, 11-19). Les exégètes ont fait remarquer la corrélation entre Beith-el et Beith-Lehem ou Bethléem signifiant Maison du pain. Selon leurs études, le pain de l'Eucharistie se substituerait à la pierre de l'autel du sacrifice comme lieu de la Présence réelle. Les Bétyles (nom donné à l'ensemble des pierres dressées) étaient les réceptacles de la puissance divine, les nombrils du monde, les lieux de communication entre le Ciel et la Terre. Ces formes sacrées sont périodiquement détruites et reconstruites sous d'autres aspects. L'étude de la radionique[1] a montré l'importance de ces pierres posées sur des points névralgiques et permettant la répartition harmonieuse des courants telluriques et célestes. Véritables aiguilles d'acupuncture, leur destruction correspondait à un déplacement des nœuds énergétiques : lorsque le point est soigné, l'aiguille tombe d'elle-même disent les médecins chinois.

Les fenêtres

Une fenêtre bleue sur deux autres plus petites. Le bleu est la couleur de la réceptivité. Ces fenêtres sont placées très haut sur l'édifice et indiquent une réceptivité aux courants subtils.

Ces trois fenêtres peuvent être liées aux deux yeux ainsi qu'au « troisième œil » (situé sur le front entre les sourcils) et sont le signe d'une ouverture spirituelle ou de l'âme (voir arcane III, l'Impératrice). Elles rappellent précisément les fenêtres du temple de Jérusalem (Rois, VI, 4) qui correspondent aux trois stations du Soleil, lever, zénith et coucher : la construction de la Maison-Dieu est totalement ouverte aux influences de la lumière. La référence au temple de Jérusalem, centre du monde occidental, assimile cet arcane à ces autres Maisons-Dieu réputées pour la perfection de leur construction en harmonie avec la science de la lumière : la cathédrale de Chartres et le château de Montségur.

Les bords supérieurs arrondis rappellent des voûtes romanes, ils symbolisent la réceptivité aux influences céles-

1. Voir les livres de Roger de Lafforest : *Les maisons qui tuent* ; *Présence des invisibles* (Laffont éd.).

tes. Le carré correspond toujours à la Terre et le rond au Ciel.

La couronne
Le sommet de la tour se détache. Il est composé de quatre créneaux jaunes et de briques couleur chair. La forme de cette partie de la tour rappelle une couronne : le couronnement d'une œuvre ou d'une construction n'appartient pas à son auteur, tout orgueil de réussite est voué à la destruction. La couronne est l'archétype du soi, elle vient en signe de récompense, de réalisation, de consécration. Elle est ici détachée par un courant d'énergie rouge et jaune : la tradition chinoise indique très précisément que « toute opération ou tentative de transmutation d'une énergie et toute réussite ne peuvent être espérées sans l'intervention du ciel » (Li Chao Kiun). L'Occident dit « la perfection n'est pas de ce monde ».

Quatre créneaux jaunes. Ils forment le couronnement de la tour et symbolisent la fermeté de son établissement (voir arcane IIII, l'Empereur). Le 4 est aussi le nombre de la totalité manifestée qui amène une stabilité infaillible mais aussi une rigidité et un obstacle à l'évolution (16 = 4 × 4). Le jaune exprime la qualité spirituelle du couronnement. Le but de cette construction est de recevoir la Lumière, non de s'y opposer et, lorsque le feu divin descend, cette rigidité disparaît d'elle-même (la couronne tombe). L'assimilation de la tour à la montagne et aux très anciennes ziggourats éclaire la présence de cette couronne. En effet, au sommet de ces élévations se trouvaient un temple ou un lieu d'apparitions ; en ces endroits, l'Esprit parlait à ceux qui l'interrogeaient.

Le sommet d'un édifice correspond également au sommet de la tête, et le bouddhisme emprunte des expressions telles que « toit du palais », « toit de la maison », « trou de fumée » pour traduire la sortie du Samsara, la libération des empêchements, l'entrée dans la béatitude. Rappelons à ce propos que Jésus fut sacrifié au sommet du Golgotha (nom qui signifie crâne en hébreu) et qu'il fut transfiguré au sommet du mont Thabor (d'une racine signifiant nombril).

La langue de feu

Une langue de feu semblable à un panache jaune et rouge descend du bord supérieur droit de la carte et se dirige vers l'intérieur de la tour en chassant la couronne sur son passage. La descente de cette énergie céleste est l'image de l'éclair. Il est le feu rouge du ciel et la lumière divine jaune. Dans l'Ancien Testament, Yahvé apparaît toujours entouré d'éclairs et de tonnerre. L'éclair est l'arme suprême de Jupiter et la présence du chiffe 4 (chiffre de Jupiter) au sommet de la couronne de l'édifice semble indiquer que la tour a été construite afin d'attirer la foudre céleste. L'éclair est l'instrument privilégié de la création divine (voir Genèse), son rôle est de rétablir un équilibre (dans la tension orageuse, par exemple), de fertiliser la nature en « l'éveillant », en faisant éclater les bourgeons. Tchen en chinois signifie à la fois l'éveilleur, l'éclair et le tonnerre. Il est un symbole viril en exacte complémentarité avec le symbole de la tour ; en effet, la tour est l'image du phallus et l'éclair, ou la foudre, celle du sperme. La présence de ces deux éléments manifeste un éveil, une révélation, l'expression d'une force nouvelle.

Les volutes jaunes et rouges sont douces et arrondies : la puissance du ciel est terrifiante mais elle se manifeste aussi dans la grâce. Les descentes de lumière sont l'image de la réalisation intérieure. L'éclair provoque un éblouissement, une illumination, impose le recueillement et l'entrée en soi. En dernière analyse, le rapport entre l'éclair et la construction de pierre suggère l'idée que le feu pénètre la pierre.

Celle-ci devient donc une pierre à feu capable dès lors de faire jaillir d'elle-même l'étincelle de la vie. La pierre frappée par la foudre est appelée « pierre de faîte » ou « pierre d'angle » et se trouve, selon Jung, « en analogie avec le roc du sépulcre ou la pierre qui en ferme l'entrée. Le Christ y sommeilla durant les trois jours du voyage aux Enfers. Il descendit dans l'*ignis gehennalis* (feu infernal) dont il ressuscita feu nouveau ». Les trois arcanes séparant la Maison-Dieu du Jugement seraient donc les trois étapes de ce voyage.

La base 4 du carré multipliée par elle-même forme le cube. 16 est sa valeur numérologique essentielle. La pierre cubique ou « Kaaba » est une autre appellation de la « pierre d'angle » et symbolise la religion révélée, littéralement : transmise par un moyen surnaturel.

Treize sphères rouges - treize blanches - onze bleues
La sphère et le cercle sont des images de la perfection et de la stabilité. Selon Jung, le « rond » ou la boule est la préfiguration de l'or, c'est-à-dire de la réalisation de l'œuvre. Il y a trente-sept sphères et 37 est le nombre de « l'évolution individuelle dans l'organisation cosmique » (R. Allendy). Ces boules de couleur emplissent l'espace, une puissance évolutive et fécondante est à l'œuvre : après l'éclair et le tonnerre vient la pluie, de même que lorsque la puissance divine apparaît, une énergie nouvelle se manifeste, devient tangible dans l'espace et dans l'esprit.

Les trois qualités fondamentales de l'énergie sont visibles dans les couleurs des sphères : rouge amour et vigueur, bleu sagesse et apaisement, blanc création, neutralité, invisibilité, perfection.

Ces sphères peuvent également être assimilées à ce que la science contemporaine nomme la radioactivité présente et mesurable dans l'environnement des « pierres sacrées ».

Les personnages
Deux jeunes gens semblent tomber de la tour, ou bien sont-ils en apesanteur ? Ils sont vêtus de façon identique : manches, petite jupe et chaussures bleues, chemise et pantalon rouges, leurs cheveux sont également bleus. La dominance de bleu indique que les personnages sont entraînés par leur force d'inertie (bleu) : ils tombent. Ce détail peut être envisagé sous l'aspect de l'échec de l'homme vaniteux bravant la volonté divine et condamné à reconstruire encore et toujours des édifices voués à la destruction.

C'est le mythe de Sisyphe dont la légende raconte qu'il construisit une tour qui lui permit de déjouer les intrigues de Zeus et d'y enfermer la mort (Thanatos). Les hommes cessèrent de mourir et les dieux chargèrent Arès (le feu du ciel) de délivrer Thanatos. Sisyphe mourut mais trompa Hadès qui lui redonna la vie pour se venger de sa femme qui n'avait pas organisé sa sépulture. Sisyphe n'en fit rien, il vécut très vieux malgré les dieux courroucés et ce n'est qu'à sa mort que son ombre connut son châtiment célèbre (M. Grant)[1].

La présence de ces personnages rattachée au symbolisme de l'éclair et de la tour que nous venons d'étudier présente un autre point de vue. L'éclair est l'instrument de la création divine qui se manifeste selon la tradition, dans le « Tohu-wa-bohu », le désordre avant la création (Genèse). L'informel, le chaos, la démence et l'anarchie constituent un retour à l'état originel, une approche de la réalité ultime (les personnages regardent attentivement le sol), une entrée dans l'espace créateur, dans la Maison de Dieu.

Le Tarot place le chercheur sur le terrain symbolique du microcosme à l'image du macrocosme et l'étape de la Maison-Dieu annonce une nouvelle création, une nou-

1. M. Grant, J. Mazel : *Dictionnaire de la mythologie*, Marabout.

velle aurore dans la psyché ou dans la destinée. L'état de démence qui anime ces êtres vêtus de rouge et de bleu peut donc être perçu comme une connaissance supérieure acquise par l'observation des phénomènes spirituels visibles de la tour, dans l'athanor ou sur la montagne. Lorsque de tels êtres « reviennent sur terre », ils sont fous aux yeux du monde et sages devant Dieu car ils ont vu l'énergie divine à l'œuvre. Leur être est transfiguré, le plomb devient or.

La tour peut être assimilée à la pierre cubique ou Kaaba comme nous l'avons vu précédemment. La tradition islamique dit qu'Abraham et Ismaël reconstruisirent la Kaaba autour de la pierre noire reçue des mains de l'ange Gabriel, la Kaaba originelle façonnée par Adam ayant été détruite dans le déluge. Ces deux personnages de l'arcane XVI seraient donc la représentation de la très célèbre « reconstruction du temple ».

Le sol

Le sol est jaune très vallonné et des touffes d'herbe poussent en abondance. Le sol est spirituel, l'herbe signale la grande fertilité environnant la Maison-Dieu : cet arcane est puissamment bénéfique pour l'épanouissement de la nature intérieure et extérieure, de hautes vibrations rayonnent naturellement autour des lieux sacrés.

Deux pierres blanches sont visibles entre les personnages. La pierre blanche est le signe de la pureté à l'état primitif, de la matière inerte mais cependant transcendée. Liées à la foudre et à l'ensemble du symbolisme de cet arcane, ces pierres prennent un sens de fertilité et de richesse en potentialité, elles sont des « pierres de foudre », des météorites, des « pierres à feu » ou tout simplement les éléments nouveaux et purs qui serviront à la construction d'un autre temple. Selon Maître Eckhart, « la pierre est synonyme de connaissance ». Les pierres blanches représentent la connaissance parfaite atteinte par les personnages de l'arcane.

XVII
L'ÉTOILE
B P GRIMAUD PARIS 1981

L'ÉTOILE

Une femme

Une jeune femme nue dans l'attitude de génuflexion.

La nudité exprime à la fois un retour à l'état primordial pur et véritable, et l'attraction provocante de la matière et des sens. L'attitude de soumission du personnage laisse penser qu'il s'agit ici d'un retour à la pureté originelle, d'un dévoilement de l'intimité essentielle.

La génuflexion est un acte d'une grande portée mystique : « Tout postulant d'une force du ciel s'ancre en terre par ses genoux », dit A. de Souzenelle.

Les genoux sont traditionnellement considérés comme le siège de l'autorité et de la puissance sociale. Ils sont régis par le Capricorne (dixième signe du Zodiaque) et correspondent à l'élément Terre de la dixième séphira, Malkuth, dont les titres sont : la Vierge, la fiancée, le seuil du jardin d'Eden, le seuil de la fille des puissances, le seuil de la prière (Dion Fortune). Les genoux sont également reliés au symbolisme de la naissance (gêne, genoux, générer, génital ont la même racine). Le chevalier adoubé et le néophyte découvrant un genou pour entrer dans le Temple intérieur sont également au seuil d'une nouvelle naissance.

La chevelure

La jeune femme a de longs cheveux bleus. La longueur des cheveux est longtemps restée l'apanage des personnes de haut rang social. La femme nouait définitivement ses cheveux le jour de son mariage. Les cheveux libres et bleus du personnage expriment sa virginité et la réceptivité totale aux influences astrales.

Elle regarde vers sa droite, son regard semble suivre le fil de l'eau : elle agit dans le sens de la vie, l'influence des étoiles suit les courants naturels. La tête penchée du personnage place sa bouche à l'intersection des deux diagonales partant des angles de la carte. La bouche et les lèvres sont le seuil de la vérité intérieure. Tous les détails soulignent analogiquement ou directement l'importance donnée aux lèvres dans cet arcane. Celles-ci sont sans aucun doute une clé essentielle du sens profond de l'Étoile.

Les urnes

Le personnage tient une urne rouge dans chaque main. Une eau bleue coule de ces récipients et se répand sur la Terre et dans l'eau.

Le symbolisme du vase est en correspondance avec la voûte céleste, il est un réceptacle, un instrument de condensation des énergies. Les vases sont rouges ; ils recueillent directement la lumière active des étoiles qu'ils restituent ensuite sur le mode passif inconscient et humide propice au développement de la nature. Le symbole du vase est également associé à la grotte, à la coupe et au sexe féminin : le vase est un « temple d'amour ». Les deux vases représentent donc l'amour procréateur (le vase de la main droite) et l'amour purement sexuel (le vase de la main gauche). Ce détail met en correspondance le symbolisme de cet arcane avec le mythe d'Aphrodite, déesse grecque de l'amour née de l'écume ou plus exactement de la semence du ciel (Ouranos) répandue sur les eaux. L'eau du vase de la main droite se déverse dans une étendue d'eau. L'eau de l'autre vase se répand sur la Terre et on peut supposer qu'elle est immédiatement absorbée par le sol jaune couleur de sable.

Ce détail rappelle la phrase énigmatique de Jésus : « Prenez donc garde à la manière dont vous écoutez ! Car celui qui a, on lui donnera, et celui qui n'a pas, même ce qu'il croit avoir lui sera enlevé » (Luc VIII, 18), ainsi que le dialogue avec la Samaritaine : « Quiconque boit de cette eau (du puits de Jacob) aura soif à nouveau, mais qui boira de l'eau que je lui donnerai n'aura plus jamais soif ; l'eau que je lui donnerai deviendra en lui source d'eau jaillissant en vie éternelle » (Jean IV, 13).

L'eau qui se répand du vase correspond au symbolisme de la source lié aux notions de pureté, d'origine et de connaissance éternelles. Les mythes insistent souvent sur le double aspect d'une source. En effet, celle-ci reste mystérieuse et ne dévoile jamais tout à fait son intimité. Le lieu des sources est assimilé à la mémoire : une source conduit à l'oubli (l'eau s'enfonce dans le sable), l'autre amène à la vie éternelle (l'eau rejoint la grande Eau primordiale). La présence du vase de l'oubli « stérile » près du sexe de la jeune femme peut laisser penser que son énergie sexuelle n'est pas encore éveillée : elle est vierge.

L'oiseau

Un oiseau noir aux ailes déployées est perché à la cime d'un arbre ou sur les pétales d'une grande fleur. Le symbolisme de l'oiseau rappelle celui des anges. L'oiseau appartient à l'élément air, il établit un lien entre le Ciel et la Terre, entre l'homme et l'Univers, il est synonyme d'esprit.

Le chant des oiseaux a toujours été compris comme un

langage : langage symbolique, céleste ou angélique (voir « le langage des oiseaux » de Farid Od Din Attar). Les oiseaux sont porteurs du langage de la destinée humaine et l'interprétation de leur vol prenait un sens divinatoire. Ils révèlent les messages célestes à l'instar des étoiles et de la science astrologique. L'oiseau est aussi la représentation de l'âme, de l'intuition et des pensées spontanées.

L'oiseau est noir, signe de la « Nigredo » alchimique qui symbolise l'étape intermédiaire suivant la dissolution et précédant la transmutation. Ce processus se retrouve à travers les étapes analytiques lorsqu'un contenu psychique inadapté est abandonné et que la nouvelle phase évolutive de la conscience n'est pas encore atteinte (M.L. von Franz). Cette situation intermédiaire est très délicate et difficile à vivre, mais elle est porteuse d'une grande promesse de réalisation. Les traités d'alchimie disent « lorsque la Nigredo est obtenue, tout le reste de l'œuvre se déroulera bien ». L'oiseau noir correspond traditionnellement au corbeau, symbole solaire. Il est perché au sommet de l'arbre et préfigure le couronnement d'une recherche. Le corbeau a longtemps été utilisé dans la détermination des oracles et il est réputé posséder les dons de double vue, d'intuition, de prémonition. Son croassement, *cras* en latin, signifie demain.

L'oiseau joue un rôle important et significatif dans la Genèse : l'esprit planait sur les eaux primordiales, pendant le déluge, Noé demanda au corbeau de voler au-dessus des eaux, jusqu'à la réapparition de la Terre. En langage alchimique, le feu du corbeau solaire recuit la matière primordiale submergée, retournée « au chaos avant la naissance », au Tohu Wa Bohu, à la pureté originelle et fait ainsi reparaître la terre nouvelle vierge pure (la colombe de la Genèse, l'albedo). Le corbeau féconde les eaux virginales, il est semblable à l'abeille qui apporte le pollen permettant à la fleur de devenir fruit, à l'âme d'être mère de l'esprit et toujours vierge. En termes mythologiques, l'oiseau-Mercure enfante la fleur Aphrodite au bord des eaux de la mémoire (l'inconscient). Hermaphrodite naîtra de cette union (voir arcane 21).

L'oiseau vient-il se poser ou va-t-il s'envoler ? Cette position instable empêche de départager les deux points de vue : l'oiseau a été saisi dans un instantané. Le colibri serait l'oiseau le plus proche de ce symbole : il ne se pose jamais et son plumage est multicolore. Rappelons que le noir contient également toutes les couleurs.

Les feuilles vertes sont celles d'un arbre et l'oiseau vient au bord d'un nid ; ou bien s'agit-il d'une fleur et l'oiseau vient sur le bord de la corolle. Le nid comme la corolle sont les symboles de la coupe, des représentations du paradis, de l'intimité de la naissance.

En venant se poser là, l'oiseau signale une ouverture spirituelle, la naissance d'une vérité nouvelle descendue des étoiles. Le bord du nid ou de la corolle sont également un rappel des lèvres, du seuil de l'intimité : l'oiseau apporte son message jusqu'à la partie la plus délicate de l'être. En dernière analyse, l'oiseau est l'allégorie du parfum qui se dégage de la fleur, autre message de l'intimité de l'amour et de l'élévation spirituelle. Ce détail éclaire singulièrement le rapport entre cet arcane et l'Amoureux. Dans la répartition du Tarot en séries de onze cartes, ces deux arcanes sont au centre de chaque rangée.

L'étude comparée de l'Étoile avec l'Amoureux révélera de précieux renseignements. Les traditions rapportent l'existence d'un oiseau mythique dont la vie est éternelle car il renaît de ses cendres : le phénix. Selon Plutarque, il serait originaire d'Ethiopie et ne se poserait que pour mourir, au centre du monde, sur la montagne Qâf des Arabes. Rappelons que le langage des oiseaux ou langage analogique des alchimistes représente l'Œuvre au noir sous les traits d'un Ethiopien. Les couleurs du phénix étaient semblables à l'éclat du Soleil, « sa présence sur les barques des morts égyptiens symbolisait la résurrection qui attend le défunt après la psychostaxie » (pesée des âmes).

Les étoiles

Trois étoiles jaunes, deux rouges, deux bleues, une jaune et rouge. Le symbolisme des étoiles est très vaste, il recouvre tous les domaines et renvoie à l'étude de l'astrologie, mère des sciences, clé de la destinée.

Il y a sept étoiles, en analogie avec les sept planètes traditionnelles et une étoile centrale plus importante. Cette dernière possède seize rayons dont huit jaunes entourés de huit rouges. 16 est le nombre de la Maison-Dieu et l'éclair de cet arcane est rouge et jaune. 16 est aussi le nombre des rayons solaires (arcane XVIIII). Le rapprochement de ces arcanes (XVI, XVII, XVIIII) rappelle la notion très ancienne de naissance sous une bonne ou une mauvaise étoile. Cette étoile constitue l'essence, le centre énergétique et spirituel (rouge et jaune) de tout être venant au monde (ou précipité sur Terre) de même que le soleil est le centre et l'idéal de toute vie.

L'étoile a souvent été considérée comme la représentation de l'axe ou du centre du monde : c'est l'étoile Polaire. Son analogie avec le Soleil apparaît ici encore plus clairement : le Soleil est le centre immuable du jour, de même que l'étoile Polaire est le point immobile dans la nuit autour duquel tourne l'Univers. Sur un plan général, l'étoile est avant tout une source de lumière et sa présence a toujours guidé l'homme dans ses voyages. La distance qui la sépare de la Terre et la faiblesse de son éclat en fait le symbole même de l'intimité de l'être, de son origine.

Le sol

Le sol jaune est très vallonné, la ligne d'horizon remonte sur les bords de la carte. Ce détail se retrouve dans les arcanes XIII et XIIII. Le terrain incurvé rappelle la forme d'une cuvette : le champ d'action de l'Etoile est protégé. L'Etoile est un arcane de réceptivité, la forme du sol invite à l'intériorisation.

Le plan d'eau est également un élément de réceptivité. Il est la représentation de l'énergie inconsciente de la nature ouverte aux influences célestes qui se reflètent en lui comme dans un miroir. L'eau est la matière subtile, fluidique, la matrice universelle. Elle est représentée par la lettre *Mem* en hébreu, première lettre des noms des mères cosmiques (Marie, Maya, Mater, etc.). L'eau est source de vie ; dans toutes les traditions, les grandes rencontres spirituelles se font près des points d'eau, lieux de purification et de bénédiction.

XVIII
LA·LUNE

LA LUNE

Le plan d'eau
Une zone bleue striée de noir occupe la moitié inférieure de la carte. De toute évidence, il s'agit ici d'un bassin, d'une mare, d'un étang ou d'un lac. L'importante place accordée à ce plan d'eau dans l'arcane porte son symbolisme à sa plus large expression : il représente l'eau en général (les fleuves, la mer, les océans), l'élément fluidique, l'inconscient (personnel et collectif), tout ce qui, sur la Terre, est « sensible » aux cycles lunaires.

La forme des bords (accidentés en bas, ordonnés en haut) rappelle que tout contenu inconscient est informel et chaotique dans les profondeurs, mais obéit à des lois strictes et définies lorsqu'il apparaît à la conscience : l'imagination, dont les fondements ne sont pas toujours établis, régente et organise la vie des êtres selon des modes de comportement précis, parfois même très rigides et les rêves manifestent leur contenu selon la structure consciente du rêveur (il existe des rêves jungiens, freudiens, prémonitoires, etc.).

L'écrevisse
Une écrevisse bleue apparaît dans le bassin au bas de la carte. Le comportement de l'écrevisse explique le sens de sa présence dans cet arcane. Ce crustacé d'eau douce a

une carapace très fine, souvent transparente. Il est extrêmement sensible, se déplace d'avant en arrière, est très prolifique et se nourrit d'éléments corrompus. L'écrevisse est le reflet de l'influence lunaire sur le plan inconscient et terrestre.

Dans le domaine psychologique, elle correspond à l'activité semi-consciente de l'imagination, qui est la grande créatrice des formes mentales (la folle du logis) et la fonction compensatrice essentielle de l'état de veille à l'instar du rêve au niveau inconscient dans le sommeil. Sur un autre plan, l'écrevisse représente le Purgatoire de la tradition chrétienne.

L'extrême sensibilité de cet animal en fait la représentation de la peur dans l'homme. Sa place dans l'apparition de la vie sur terre le situe au niveau le plus archaïque de la conscience, juste après la formation des premières cellules vivantes. Ces particularités renseignent sur les profondeurs où se logent nos peurs inconscientes en même temps qu'elles nous révèlent leur rôle essentiel dans l'évolution [1].

L'astrologie assimile l'écrevisse au signe du Cancer, domicile de la Lune. Dans les régions tempérées, l'entrée du Soleil dans le Cancer marque le point solsticial où les cycles journaliers atteignent leur grandeur maximale et commencent leur rétrogradation. La ténacité des natifs du Cancer est légendaire, et qui n'a pas été saisi par un de ces crustacés ne connaît pas la puissance de leurs pinces. Ce détail éclaire le sens de la légende chinoise selon laquelle les écrevisses retiennent la pluie pendant les périodes de sécheresse.

Le symbolisme de l'écrevisse présente donc le double

---

1. Voir l'œuvre de Sri Aurobindo, *L'Agenda* de Mère (Institut d'études évolutives éd.) ainsi que l'œuvre de Satprem sur *Le mental des cellules* (Laffont éd.).

aspect d'une force équilibrante, nourricière, et d'une tendance régressive. L'écrevisse se confond avec l'eau bleue : elle agit sur les plans inconscients et invisibles, elle est l'élément purificateur à l'œuvre dans la nuit de l'âme et en ce sens parachève la mission du Diable. (Le signe de ralliement satanique est clairement dessiné sur la tête du crustacé.)

Deux chiens

Deux canidés couleur chair, la gueule ouverte, se font face au centre de la carte. Sont-ce des loups, des chacals ou des chiens ? Le sens général de l'arcane pourra être modifié en fonction de l'option choisie.

Tous ces canidés sont considérés comme des animaux psychopompes. Ils occupent très souvent la fonction de gardiens des enfers ou des portes solsticiales. Leur présence signale un danger, une mort, un changement d'état, une limite. Ils sont associés à la nuit car ils possèdent le don de voir dans l'obscurité et sont au service des divinités lunaires : Artémis, Hécate, Anubis, Cerbère, Thot, Hermès empruntent leurs visages.

Dans cette famille d'animaux, le loup est le plus vorace et glouton. Il représente les appétits inassouvis, la frustration sans cesse aiguisée. Avec sa femelle, il est l'image des dangers qui guettent les pèlerins vers La Mecque, qui est comme tout pèlerinage une allégorie du voyage de l'âme sur le chemin spirituel.

Le chacal est le complément terrestre de l'écrevisse. Leur comportement recèle de nombreux points communs : le chacal se nourrit de charogne, sa démarche est sautillante et légèrement oblique, il est prompt à la fuite, tourne sa tête en arrière pendant sa course... Il représente les sentiments et sensations exacerbés par l'imagination. Les chacals hurlant autour des charniers sont le symbole de l'errance des êtres dans les régions sublunaires, des esprits désincarnés mais toujours « attachés » à la Terre par les désirs insatisfaits, des métamorphoses légendaires en loup-garou.

Le chien, animal domestiqué, joue un rôle plus nuancé et plus doux. Symbole de la fidélité, il guide et protège les hommes dans l'invisible, aide les femmes en couches, mais il hérite aussi des travers humains et devient le signe de l'appétit sexuel, de la jalousie et de la colère.

Ces canidés sont couleur chair : ils sont la matérialisation des pulsions inconscientes de l'homme, la violence qui appelle la violence, les conflits psychologiques et physiques excités par l'imagination sans cesse stimulée par elle-même. Ils ont la gueule ouverte : la gueule dévore, tue, crie, signale un danger, engendre la peur, fixe une limite.

Sur le chemin des philosophes alchimistes, la rivalité du chien et du loup se termine par la destruction de l'un par l'autre ; le loup dévore le chien, image de la purification de l'or par l'antimoine, avant-dernière étape du Grand Œuvre. Le loup symbolise alors « l'appétit de la *materia prima* pour le roi » (C.G. Jung), ce dernier étant représenté par le chien qui renaîtra sous les traits de l'homme cosmique après une nouvelle et dernière combustion ou sublimation, personnifiée par le Soleil du Tarot.

Rappelons que les constellations du Grand et du Petit Chien « aboient » à la Lune afin de maintenir celle-ci dans le droit chemin de l'écliptique. En effet, le trajet de l'astre nocturne est soumis à de telles amplitudes qu'il menace sans cesse de déborder les limites des tropiques du Cancer et du Capricorne. Sur un plan cosmique, cet arcane représente donc le chemin de l'écliptique « vu d'en bas », la « vallée des larmes » du bouddhisme, le samsâra, la vie incarnée, le passage sur Terre avec ses vicissitudes infinies et trompeuses.

De même que lorsque le maître s'absente, le chien hurle au crépuscule, lorsque l'esprit l'abandonne, le corps se lamente. Le chien (assimilé ici au corps) est un animal psychopompe, son aboiement ramène l'esprit à la vie comme la brebis égarée. La sagesse arabe dit : « Les chiens aboient, la caravane passe » et elle ajoute « *This too will pass* » (cela aussi passera, tout passe et trépasse). En demeurant attentif au message du Tarot, celui-ci nous montre le passage dans la difficulté : ne nous tourmentons pas en vain, nous dit-il, mais restons vigilants comme l'écrevisse (faire le ménage devant sa porte). « Laissons les morts enterrer les morts » car les illusions succèdent aux illusions. La vie accomplit son œuvre si nous savons lui rester fidèles comme une ombre, elle nous conduira assurément vers la lumière, et le chemin nous paraîtra facile.

Les tours

Deux tours se profilent à l'horizon ; celle de gauche possède des ouvertures et des créneaux ; celle de droite est totalement fermée, les créneaux sont recouverts. Le symbolisme de la tour se rattache à sa fonction de vigile, de gardienne et de limite. Sa présence redoublée dans l'arcane suggère l'idée d'un passage, d'une porte monumentale invisible et dangereuse.

Les tours sont jaunes : elles sont des constructions spirituelles ou mentales. Elles ont donc une fonction symbolique et peuvent être considérées comme les structures figées du comportement instinctif représenté par les deux chiens, image ô combien représentative du doute. Les constructions mentales, théoriques et rationnelles sont traditionnellement attribuées à la Lune. La Lune reflète la lumière du Soleil, elle représente la connaissance indirecte, discursive, comparative.

Les tours sont également des constructions pour la communication :
— Elles servent de point de repère et de support pour la transmission des messages.
— Sur le plan vertical, elles représentent la tentative d'atteindre le ciel, l'élévation de l'être, l'ouverture possible de la compréhension à un autre niveau de conscience, en analogie avec le symbolisme de l'échelle.

L'une est ouverte, l'autre est fermée. Ce détail rappelle les vases de l'arcane précédent (l'Étoile) : une voie mène à l'impasse, l'autre à l'éveil, l'une indique le mouvement ascendant du cycle lunaire, la croissance et l'éclosion, l'autre le mouvement descendant entraînant la chute et le repli des énergies sur elles-mêmes. Ces deux tours sont la matérialisation du mouvement ondulatoire universel.

En correspondance avec l'interprétation de l'arcane sur le plan cosmique, les tours symbolisent les bornes extérieures de l'écliptique des tropiques du Cancer et du Capricorne, limites au-delà desquelles la vie n'a plus de forme.

La tour de gauche possède des portes et fenêtres ouvertes à la lumière, les créneaux sont découverts, les murs sont illuminés par les rayons lunaires (la « face » de la Lune est tournée vers elle) : elle est en analogie avec le tropique du Cancer, et le solstice d'été marqué par l'intensité maximale de la lumière du jour. La tour de droite est fermée, ombragée, les créneaux sont recouverts : c'est le tropique du Capricorne, le solstice d'hiver marqué par la plus faible intensité de la lumière du jour.

Une autre vision du rôle de ces tours apparaît dans la comparaison de l'arcane à la vie du bernard-l'hermite. Celui-ci vit et se développe dans une coquille abandonnée (la tour pleine) qu'il doit périodiquement quitter pour une autre mieux adaptée à sa croissance (la tour vide).

L'extrême délicatesse de son abdomen en fait la proie de nombreux rapaces des mers (les chiens) et ses déménagements fréquents lui font courir de grands dangers. La figure la plus proche de cet animal se retrouve dans les contes sous les traits de la sirène.

La Lune

Une lune bleue. En son centre, le profil d'un visage. Des rayons bleus et blancs d'égale longueur ainsi que des rayons rouges plus courts émanent d'elle et semblent attirer des gouttes bleues, rouges, jaunes s'élevant de la Terre. Ce dernier détail rappelle la force essentiellement attractive de l'influence lunaire. Les gouttes peuvent être interprétées sur différents plans suivant leurs couleurs.

Les huit gouttes bleues symbolisent l'humidité de l'atmosphère nocturne (la Lune est un astre froid et humide). Une goutte touche la langue du chien : c'est la vapeur se dégageant de son haleine. Certains observateurs ont vu dans ces gouttes la représentation des âmes du bas astral (les gouttes bleues) et des âmes « supérieures » (les gouttes rouges et jaunes) sur le chemin du retour vers la lumière divine. Les gouttes sont donc la représentation du monde astral. Le symbolisme de la Lune est d'ailleurs conforme à cette idée ; en effet, son rôle est à la fois de donner corps à la vie (tous les animaux prolifiques lui sont rattachés) mais aussi de reconduire les âmes à leur pays d'origine en les faisant passer par une seconde mort, comme l'atteste la citation de Plutarque citée par Van Rijnberk : « A peine l'âme a-t-elle abandonné le corps qu'elle doit errer un temps indéterminé entre la Terre et la Lune. Les âmes injustes, effrénées, doivent y faire pénitence pour leurs mauvaises actions. Les âmes pieuses séjournent dans la partie la plus douce de l'éther, dans ce qu'on appelle les champs de Pluton. Là, elles restent jusqu'à ce qu'elles aient pour ainsi dire exhalé ce qui leur restait des impuretés corporelles. Puis elles montent comme dans un long voyage, de plus en plus haut vers la Lune comme vers leur patrie réelle[1]. »

Les six gouttes rouges représentent l'énergie vitale qui est également attirée par les rayons lunaires. La croyance populaire affirme qu'il est dangereux de dormir « à la belle étoile », en particulier les soirs de pleine lune, car celle-ci dévitalise l'individu à la façon d'un vampire. La Lune a aussi la réputation de rendre fou, et on peut attraper « un coup de lune » comme un coup de soleil.

On compte dix-neuf gouttes au total. Ce détail précise le sens du trajet parcouru par les énergies astrales : les gouttes vont vers le Soleil (arcane XVIIII du Tarot).

L'étude des nombres éclaire ce point de détail sous un autre angle. Le cycle lunaire de vingt-huit jours exprime une totalité fécondante, il est l'expression fondamentale de tout mouvement cyclique. 28 a pour somme théosophique 10 (2 + 8) qui marque un retour vers l'unité sur un plan plus large (il en est de même pour 19 : 1 + 9 = 10). 10 est le chiffre de Malkuth dans l'arbre des séphiroth et de la Roue de Fortune dans le Tarot. La Lune conduit donc les êtres et les choses à leur accomplissement total. Bouddha médita vingt-huit jours sous le figuier et trouva l'illumination avec la pleine lune, 28 est la somme des sept premiers nombres (1 + 2 + 3 + 4 + 5 + 6 + 7 = 28), et 7 est le nombre de la grandeur de la perfection dynamique.

La Lune mène à la maturité, les énergies passives et actives (les gouttes bleues et rouges), elle donne un corps aux forces mentales (les gouttes jaunes). Elle est bleue, elle brille dans la nuit et régit les valeurs inconscientes

---

1. Van Rijnberk, *Le Tarot*, Guy Tredaniel.

de la nature. Le visage de profil est toujours le signe du pouvoir mais aussi de la dissimulation et du mensonge : « La Lune est une menteuse[1]. » Son influence s'étend sur toute la nature, elle règne sur l'univers des apparences changeantes. « Le monde est un rêve », disent les Orientaux. Sachons l'interpréter. Ce profil symbolise les différents quartiers du cycle lunaire. Les rayons bleus, blancs et rouges sont les multiples qualités de son rayonnement qui est froid (bleu), pur (blanc) et stimulant (rouge).

L'aspiration des gouttes colorées ainsi que la dominance de bleu passif rappellent les éléments rencontrés dans le symbolisme des animaux de l'arcane : l'appétit, la voracité, la gloutonnerie, la recherche constante de stimulation, la paresse.

La lecture alchimique de l'arcane reprend alors tout son sens : la lune blanche par essence est associée à la *prima materia* au stade de l'œuvre au blanc, le *lapis albus* : « C'est l'état de l'argent qui doit être encore élevé à l'état de soleil » (C.G. Jung). Les kabbalistes appellent la Lune « la fille du roi ». D'ailleurs, le mouvement rétrograde de l'astre nocturne indique le phénomène de réabsorption des énergies conscientes et inconscientes, le retour dans le creuset fondamental, dans le sein maternel pour une nouvelle naissance à la lumière éternelle. Ce détail met en correspondance directe la Lune avec l'écrevisse : tous deux remplissant la fonction d'épurateurs dans leur domaine.

Le sol

Le sol jaune est très accidenté. Le passage symbolisé par les deux tours semble dangereux, les pièges tendus par

---

1. La lune croissante dessine un D majuscule (comme « décroissant ») et la lune descendante, un c minuscule (comme « croissant »).

l'imagination et les pulsions sont nombreux sur le chemin du retour : « Dans la lumière du Bardo, les projections mentales sont toutes-puissantes et purement illusoires[1]. » « Le monde mental ment monumentalement », dirait Prévert.

La vision d'ensemble du symbolisme de cet arcane fait ressortir le double aspect de l'influence lunaire :
— C'est la Grande Mère, Artémis la bruyante « Dame aux fauves », sœur jumelle d'Apollon (dieu solaire) indomptée, impitoyable, protectrice de la nature vierge et de la fécondité.
— C'est aussi Cybèle aux cheveux de tours, couronnée d'une étoile à sept branches ou d'un croissant de lune, mère des dieux et des hommes aimant le son des tambours et le cri des loups.

Ces déesses castratrices et gardiennes de la fécondité, « mélange de barbarie, de sensualité et de mysticisme » (Lavedan, *Dictionnaire mythologique*), conduisent les âmes de la vie à la mort et de la mort à la vie.

---

1. Bardo-Thödol, Livre des Morts tibétains ou « La grande doctrine de libération par l'audition et la vision ». Bardo, litt. Bar = entre, Do = deux : entre deux états, entre la mort et la renaissance et ainsi (état) intermédiaire, transitoire traduit également par « crépusculaire ». Rappelons que certains Tarots nomment l'arcane XVIII « le Crépuscule », traduit dans le langage populaire par « [instant] entre chien et loup ».

XVIIII
LE · SOLEIL

LE SOLEIL

Le Soleil
Un Soleil jaune à visage humain occupe la partie supérieure de la carte. Des rayons partent de la sphère centrale : huit rayons rectilignes intercalés entre huit ondoyants. Deux rayons sont verts et rectilignes, deux blancs et ondoyants, trois bleus et ondoyants, quatre jaunes et rectilignes, cinq rouges (deux rectilignes et trois ondoyants). Cinquante-neuf traits noirs complètent l'image du rayonnement solaire. 59 est le nombre de « la solidarité des êtres poursuivie dans l'incarnation » (R. Allendy). 59 est aussi la « demeure de l'homme spirituel », selon J. Böhme.

Les rayons ondoyants symbolisent la chaleur de l'astre, les rayons rectilignes sa lumière.

Il y a seize rayons colorés. Ce détail indique les étroites connexions de cet arcane avec la Maison-Dieu (arcane XVI), la Justice (16 = 8 + 8) dont le symbole solaire figure sur la couronne et l'Empereur (16 = 4 × 4). Le Soleil serait donc littéralement l'Empereur des Empereurs, la stabilité des stabilités (4 × 4), l'équité de la Justice (8 + 8) et le Dieu de la Maison-Dieu. Le lien encore plus profond du Soleil avec la Papesse, arcane II, est laissé à l'appréciation du chercheur (2^4 = 16).

La somme des rayons est 59 + 16 = 75 dont la réduction théosophique est 7 + 5 = 12 (nombre des « signes solaires ») qui se réduit lui-même à 3 (1 + 2), chiffre de la conscience et de l'âme du monde.

• Quatre rayons jaunes.

L'énergie dominante du Soleil est évidemment le jaune de la spiritualité. Les quatre rayons jaunes sont directs, ils symbolisent la suprématie de l'esprit sur la matière, la stabilité et la totalité de toute réalisation spirituelle dans la sphère solaire. Ils sont également la représentation de la connaissance spirituelle, intuitive, immédiate.

• Cinq rayons rouges.

Le rouge est le signe de la vitalité et de la présence dynamique de l'astre. 5 est le chiffre du Pape dans le Tarot : l'énergie du Soleil est vivifiante, elle dispense l'enseignement spirituel de la lumière. Le rouge est également la couleur du feu desséchant : les rayons rouges sont en majorité numérique, ils expriment le pouvoir destructeur écrasant, dominateur du Soleil.

Le nombre des rayons jaunes et rouges est en nette majorité : le pouvoir actif, lumineux et spirituel du Soleil n'est pas mis en doute. Ces deux couleurs dominent l'ensemble de l'arcane, elles sont la représentation traditionnelle de la « Rubedo », l'œuvre au rouge alchimique, dernière grande étape dans la création de la pierre philosophale.

• Trois rayons bleus ondoyants.

Le bleu est la couleur de la passivité, du froid, de l'ombre, et l'ondulation de la chaleur : le Soleil apporte sa chaleur jusque dans l'obscurité et le froid qu'il a lui-même créés. Le nombre de ces rayons renvoie à l'arcane III, l'Impératrice : la prise de conscience solaire amène la paix et le repos.

• Deux rayons verts rectilignes.

Le vert est la couleur de la végétation, 2 est le chiffre de la manifestation (voir la Papesse) : le Soleil domine la nature.

• Deux rayons blancs ondoyants.

La chaleur du Soleil et sa mission spirituelle (le blanc) sont absolument invisibles. Ces rayons purs rappellent également qu'il est impossible de regarder le Soleil en face.

Le visage

Le visage au centre du Soleil exprime la permanence de son état : il semble fixé à son zénith comme un éternel instant présent inconnaissable. Toutes les couleurs du Tarot se fondent en lui ou naissent par lui, il est la synthèse de l'Univers, la source de toutes les formes de vie.

Le nombre secret de son rayonnement est 7 (16 rayons : 1 + 6 = 7) : il est la perfection achevée, la grandeur absolue, la dimension cosmique de toute existence. Rappelons que le nombre 7 est le chiffre d'Apollon (dieu solaire) et correspond au sceau de Salomon qui symbolise, entre autres aspects, les six directions spatiales (nord-sud-est-ouest-zénith-nadir), la septième direction étant la source lumineuse et centrale : le Soleil.

Dans le langage alchimique, le Soleil est la représentation de l'or et l'image de Dieu, du Soi. M. Maier dit que « par ses millions de révolutions autour de la Terre, le Soleil a filé l'or de la Terre[1], il y a peu à peu imprimé son image... c'est pourquoi... on peut discerner Dieu dans l'or ». Jung conclut ainsi : « Cette image de Dieu apparaissant dans l'or (montrant son visage dans le Soleil) est probablement "l'âme de l'or" qui, lorsqu'on l'insuffle dans un vif-argent ordinaire le change en or[2]. » En d'autres termes, lorsque l'expérience du soi est atteinte, celui-ci est visible partout, illumine et transcende toute

---

1. Cet arcane était primitivement représenté par une fileuse ou une Parque et sa quenouille, voir Van Rijnberk, *op. cit.*, p. 254.
2. *Psychologie et alchimie*, p. 438.

existence, montre son visage dans chaque être. C'est l'expérience du Nirvâna, de Satori, de la vie en Christ, de l'unité telle qu'elle est rapportée par les grands mystiques.

Les gouttes de couleur

Treize gouttes de couleur semblent tomber du Soleil et sont disposées symétriquement : six à gauche, six à droite et une entre les deux personnages. Il y a cinq gouttes bleues, trois blanches, trois jaunes et deux rouges. Dans l'énumération de ces couleurs, le vert est exclu, de même qu'il n'y a pas d'herbe sur le sol. Ce détail situe le Soleil sur le plan strictement spirituel : toute forme de nature (vert) est sublimée ou transmutée en lui. Les gouttes qui montaient vers la Lune se retrouvent ici en sens inverse et transformées : trois ont été blanchies, six se sont fondues dans la lumière (il y avait dix-neuf gouttes dans la Lune).

Il s'agirait donc du retour des âmes purifiées par le feu central et cosmique. L'étude des combinaisons numériques de ces éléments, en liaison avec les arcanes correspondants apportera de précieux compléments d'information. Ces gouttes peuvent être perçues également comme la descente des énergies solaires, l'abondance des dons divins répandus dans le cœur et l'esprit des êtres (le cœur et le cerveau sont désignés par les gestes des personnages de l'arcane). La plupart des commentateurs ont vu dans ce détail la métamorphose de Zeus en pluie d'or descendue pour féconder Danaé enfermée dans une tour de bronze (suggérée par la tour de brique).

Le Soleil transpirant est l'image du Feu libéré de l'eau de l'inconscient, de l'âme échappée des ténèbres de l'illusion, du Soleil se levant après son voyage aux enfers (rappelons que le voyage aux enfers est représenté dans l'arcane précédent, la Lune). Cette image est illustrée par l'appel du roi des profondeurs dans la vision d'Arisleus :

« Celui qui me libérera des eaux et me séchera, celui-là, je le comblerai de mes richesses spirituelles. »

Deux enfants

Deux enfants nus, la taille entourée d'un pagne bleu. Ils semblent être jumeaux : leur taille, leurs traits, la longueur des cheveux et leur pagne sont identiques. De nombreux commentateurs du Tarot ont associé ces personnages au signe des Gémeaux dont la période est marquée par les jours les plus longs de l'année.

La présence de jumeaux se retrouve dans tous les mythes de création dans lesquels ils jouent des rôles antagonistes mais absolument complémentaires (voir les dioscures Castor et Pollux, Remus et Romulus, etc.). La dualité ainsi que les chiffres pairs expriment la vie manifestée : « Toute chose sous le Soleil est double dans son expression et une par essence », dit la tradition. Les jumeaux représentent également la connaissance spontanée par identité, par analogie. Leur présence symbolise la fusion des contraires.

Dans les contes alchimiques [1], le pays est stérile car seul le semblable attire le semblable (arcane XVIII). Les philosophes conseillent alors au roi d'unir son fils à sa fille et de rendre le pays fertile grâce à un inceste frère-sœur. C'est la noce royale (arcane XVIII). « Cet accouplement endogame est une variante de l'idée d'Ouroboros qui, comme il est de nature hermaphrodite, ferme le cercle par lui-même et recrée l'unité originelle [2]. » Les personnages de l'arcane XVIIII sont les enfants du Soleil, celui-ci est comme nous l'avons vu le symbole du soi, une image du père, le roi de l'alchimie et des contes. D'un point de vue

1. La vision d'Arisleus.
2. C.G. Jung, *Psychologie et Alchimie*.

psychologique, le couple frère-sœur symbolise la prise de conscience d'un contenu essentiel de l'inconscient[1].

Ils sont encore enfants et presque nus : c'est la pureté, l'innocence de la vérité. Leurs pagnes ou leurs ceintures sont bleus : ils sont passifs, dans la paix, l'harmonie et la réceptivité aux influences solaires. Leurs gestes marquent un rapport amical, et si la position de leurs corps suggère un combat, celui-ci est fraternel car ces deux lutteurs sont d'égale force.

Ces deux enfants sont le résultat des métamorphoses subies par les esprits pris aux pièges du Diable. Après avoir traversé tous les états jusqu'à la conscience animale la plus archaïque, ils renaissent à une forme humaine régénérée.

L'un désigne la nuque ou la tête de son compagnon pendant que l'autre indique son plexus solaire ou son cœur. Ces deux points (tête et cœur) sont le siège de la « conscience solaire » dans l'individu, et plus particulièrement de l'esprit pour la tête et de l'âme pour le cœur. L'esprit est masculin, l'âme est féminine : nous retrouvons ici la confirmation de la différenciation sexuelle de ces personnages. La nuque et le plexus solaire sont des centres subtils extrêmement importants pour l'équilibre du corps.

Certaines techniques de transe consistent à changer la pression du liquide céphalo-rachidien dans lequel baigne tout le système nerveux central par une action simple mais précise au niveau de la nuque. En outre, les écoles initiatiques insistent souvent sur le rôle de l'épiphyse ou glande pinéale dans le développement de l'être intérieur. Cette glande serait stimulée par une action sur la nuque. L'épiphyse reste une énigme pour la science officielle. Selon certains chercheurs, elle sécrète la noradrénaline

---

1. M.L. von Franz, *Les mythes de création*, La Fontaine de Pierre.

précédant l'adrénaline, laquelle commanderait à partir de la périphérie du système nerveux toutes les transmissions nerveuses qui provoquent les mouvements musculaires. En langage analogique, la fonction de cette glande minuscule dans le corps est identique au Soleil de notre galaxie.

Le plexus solaire a comme son nom l'indique un rôle centralisateur. Il est un ensemble de ramifications nerveuses relativement dense, faisant partie du système neuro-végétatif (système nerveux inconscient). Situé près du diaphragme, il est en constante interaction avec lui et « influence » à travers lui les mouvements respiratoires et digestifs qui agissent comme chacun sait sur l'équilibre nerveux. Le plexus solaire est un point d'ancrage d'énergies inconscientes, un lieu de fixation des angoisses et prémonitions, le pôle de rayonnement de la lumière de l'être intérieur.

Le mur

Après les puissantes tours de la Maison-Dieu et de la Lune, le Soleil présente un petit mur jaune avec un rebord rouge : le Soleil est le grand protecteur, les conflits se résolvent en lui et les constructions humaines retrouvent leurs vraies proportions. Le mur de pierre prend plusieurs significations qui toutes convergent vers un même point. Qu'il soit la protection des justes, l'enceinte du Paradis ou la limite des mondes, le mur marque toujours une séparation extérieure pour faciliter une plus grande ouverture intérieure. Il représente l'anéantissement des obstacles intérieurs, permet l'élévation absolue, conduit directement à l'illumination.

Le rebord rouge révèle son rôle hautement régénérateur et dynamisant. Les traits de séparation des briques du rebord forment douze espaces qui peuvent être assimilés aux douze signes du Zodiaque, parcours annuel du

Soleil. Dans la conscience lunaire, dans le monde des apparences (arcane XVIII), le chemin de l'écliptique comportait de nombreux dangers. Cette même réalité, la vie, vécue dans la conscience solaire, dans le soi, apparaît comme un mur de protection, une vérité absolue, immuable. « L'écliptique est la ligne qui revient sur elle-même (l'ouroboros), dans laquelle, dit Maier, on peut reconnaître Dieu. » C'est « l'argile brillante » dont fut formée cette substance terrestre dans laquelle les rayons du Soleil sont rassemblés et retenus : cette substance c'est l'or (Jung).

Le mur est une construction, il est l'analogie de « l'œuvre » : celle-ci est arrivée au stade de l'or (le mur est jaune). La noce cosmique est réalisée, le moi s'unit au soi, le conscient à l'inconscient, l'ombre à la lumière, l'homme à Dieu. L'être sur le chemin de l'individuation (« Deviens ce que tu es », disaient les Anciens) retrouve la promesse du Diable : « Je te donnerai tout l'or du monde », lui-même montre son vrai visage[1], ses prisonniers sont libérés, les chaînes deviennent rempart, les liens fraternité, la puissance lumière, amour, innocence. Le roi (le soleil) et son royaume (nos frères en humanité) sont enfin découverts (les enfants dénudés), tout le reste est donné « par surcroît » (la pluie de lumière). La mort est vaincue, l'erreur reconnue comme l'ultime illusion apporte la clé de la transformation, ouvre grand le mystère de la résurrection.

---

1. La superposition des arcanes XV et XVIIII montre de frappantes similitudes.

XX
B P GRIMAUD PARIS 1981
LE · JUGEMENT

LE JUGEMENT

Un ange

Un ange à quatre ailes, couleur chair, auréolé de blanc et tenant une trompette, apparaît dans un nuage bleu. Les ailes autour de la tête de l'ange indiquent son origine : il s'agit d'un séraphin, littéralement « ange brûlant ». La tradition situe les séraphins dans l'entourage du Trône divin. Ils ont six ailes : deux pour se « couvrir la face » devant le Tout-Puissant, car nul ne peut voir son visage, deux pour voler comme tous les anges, deux pour se couvrir les pieds ou le sexe (les pieds sont un symbole phallique).

Les anges de cette origine n'interviennent que dans de très rares circonstances et l'événement qu'ils annoncent est toujours de la plus haute importance. Le séraphin de l'arcane XX est l'ange du Jugement dernier ; il proclame la fin d'un cycle, la « résurrection » des corps, la divinisation de la matière, la sortie du tombeau ou du creuset infernal, le couronnement du Grand Œuvre visible dans l'arcane XXI, le Monde.

Les couleurs sur le corps de l'ange renseignent sur le contenu de son message. Les ailes sont couleur chair : la matière est allégée ; elle peut « voler de ses propres ailes », la lourdeur a été transformée en légèreté. Le visage couleur chair est de face. Le Jugement intervient dans la matière à chaque instant pour tous les êtres : justice, rigueur, absolu, vérité incontournable du message de l'ange. Les cheveux sont jaunes et forment une spirale au sommet du front : la pensée appartient à l'unité lumineuse et retourne vers l'immuable soleil spirituel. Les bras sont rouges : l'action de l'ange apporte la vie, il réveille la matière. Sa poitrine et l'auréole sont blanches : le siège de l'âme (le cœur), et de l'esprit (la tête) est habité par la divinité inconnaissable (le blanc).

L'ange est entouré de nuages bleus formant des volutes. Cette image est traditionnellement utilisée pour représenter l'apparition d'un esprit ou d'un ange. Les volutes rappellent la puissance et la soudaineté de l'apparition de l'ange, celui-ci surgit dans l'atmosphère en créant des déplacements d'air semblables aux remous de l'eau. La couleur sombre des nuages contraste avec l'éclat lumineux de l'ange : le message divin perce les ténèbres de l'inconscient. Le cercle et les spirales sont les symboles de l'unité et de la totalité : l'ange annonce un retour au « Grand Tout ».

Les rayons

Dix rayons jaunes en alternance avec dix rayons rouges sortent des nuages. Les deux couleurs sont l'expression de l'intelligence spirituelle et de la force de vie. L'une est la couleur du feu et l'autre est celle du Soleil. Elles traduisent l'éclatante manifestation de l'ange (éclatant pris ici dans son sens large qualifie la lumière mais aussi le son).

Vingt rayons et ce nombre est celui de l'arcane : cette synchronicité n'est pas le fait du hasard, elle signifie que l'heure du Jugement a sonné. Ne dit-on pas « un ange passe » lorsque la pendule marque vingt minutes ? Dix rayons sur la gauche de la trompette, dix sur la droite, dix rayons rouges et dix jaunes : l'équilibre est parfait. 10 est la somme des quatre premiers nombres et il exprime le retour à l'unité augmentée du zéro. Son redoublement, 10 + 10 = 20, signifie un retour conscient dans la totalité en extension.

2 est le nombre de la naissance, 10 celui du « Royaume » de la Terre : 20 est donc la naissance d'un monde nouveau.

La trompette

L'ange tient une trompette jaune sur laquelle flotte un fanion blanc avec une croix jaune. La trompette intervient dans les grands moments historiques et cosmiques. Elle exprime la puissance et la gloire. Son rôle est amplificateur de la voix humaine et spirituelle. Elle annonce la bataille, la victoire, l'entrée d'un personnage important, ponctue les étapes des grandes cérémonies religieuses. Le son peut être très aigu ou très grave, il exprime toujours une seule vibration animée par le souffle assimilé à l'Esprit, au Sacré, au Divin : « l'Esprit souffle où il veut. »

L'ange tonitruant du Jugement annonce ce que l'éclair de l'arcane XVI, la Maison-Dieu, laissait entrevoir. Le tonnerre et l'éclair sont les instruments privilégiés du Divin : « Dieu parle dans le tonnerre », dit l'Ancien Testament.

La trompette couleur or ne peut exprimer qu'un message spirituel. L'ange ne souffle pas dans la trompette. Il semble qu'il ait déjà fait retentir le son de cet instrument (le personnage central est debout dans la tombe, il est « ressuscité »), cependant son regard semble dirigé vers l'observateur de l'arcane : il se prépare à sonner pour chaque être qui le rencontre. Cet état de « suspension » de l'ange rejoint la phrase des Évangiles : « Veillez et priez car vous ne savez ni le jour ni l'heure. »

Le drapeau

Fanions, bannières, étendards et drapeaux sont tous des symboles de commandement, ralliement, protection et victoire. Ils invitent au soulèvement des corps et à l'élévation de l'esprit. Ils sont animés par l'air et deviennent ainsi le symbole même de l'esprit : esprit du chef, du groupe, de l'activité, etc. Les bannières sont très présentes dans les cérémonies chrétiennes du temps pascal dans lesquelles elles symbolisent le Christ ressuscité, promesse de la grande résurrection universelle.

La croix jaune sur fond blanc rappelle la croix surmontant le globe du couple impérial. Elle est le symbole de la réalisation de l'homme cosmique et de la Terre dans sa totalité. Elle est jaune : la Terre est spiritualisée, l'esprit pur règne sur la matière, le message est entendu aux quatre coins de l'espace, l'ombre est vaincue, la lumière de l'esprit brille éternellement, l'amour est victorieux. Les formes conjuguées du nuage, de la trompette et du fanion suggèrent le symbole de Vénus, déesse de l'amour : ♀.

La présence du fanion sur la trompette précise le sens du message de l'ange : le souffle divin fait tomber les ultimes obstacles à la libération (les trompettes de Jéricho) par la puissance de l'amour, il proclame la « bonne nouvelle », annonce « le Messie » (évangile, du grec *euaggelion* : bonne nouvelle).

Trois personnages

Trois personnages au bas de la carte : un homme et une femme sont de trois quarts face, leurs mains sont jointes en prière, le haut du corps est seul visible et nu. Entre eux, un personnage paraissant plus jeune debout dans une fosse verte nous tourne le dos.

La nudité indique le retour à l'état originel. Ils sont

trois et symbolisent une prise de conscience (voir arcane III, l'Impératrice).

Leurs cheveux sont bleus : réceptivité et abandon total aux influences subtiles, abdication de la volonté et paix intérieure. Le personnage central, placé de dos, possède la tonsure comme les néophytes aux pieds du Pape : ouverture de l'âme, consécration spirituelle, initiation, révélation. « Le Verbe s'est fait chair », avec le Pape, « il ressuscite d'entre les morts » dans le Jugement. La « respiration spirituelle » visible dans l'arcane V réapparaît sous un nouveau visage dans le Jugement : c'est la prière révélant la puissance du Verbe, établissant l'empire de l'esprit sur la matière (20 = 4 × 5).

Le tombeau

Le symbolisme religieux, la présence de l'ange et le titre de l'arcane laissent penser que la forme verte dans laquelle se trouve le personnage central est un tombeau. Selon Jung, le tombeau est une image de la mère terrifiante et protectrice. Il est aussi l'image du creuset alchimique, le lieu de transformation des énergies et de passage du matériel au spirituel.

Le tombeau est vert, couleur de la végétation et de la nature : comme le signalaient déjà le Bateleur et le Pendu, le Jugement rappelle que la transformation véritable se réalise dans le berceau de la nature, représentée symboliquement par la Table d'Émeraude.

Les personnages

Un personnage tourne le dos à l'observateur. Deux personnages de face ou de profil sont en quelque sorte « présents au monde », celui qui tourne le dos « s'absente » pour vivre dans une autre dimension. Cette position se retrouve dans le berger conduisant son troupeau et dans le prêtre célébrant la messe traditionnelle. Tous deux rassemblent les énergies collectives pour les porter à un niveau supérieur.

Cette attitude se remarque dans les seuls arcanes du Tarot se référant à la transmission de la parole divine : le Pape et le Jugement. Le Tarot guide le chercheur jusqu'à ses propres limites devant lesquelles il s'efface pour laisser passer le message des plans supérieurs que chacun reçoit directement selon ses capacités.

Les deux personnages de face ont la position des adorants et regardent le visage du personnage central. Ils sont la représentation du couple fondamental des opposés unis dans un sentiment d'amour devant l'œuvre de leur fusion ; c'est le corps et l'esprit devant leur œuvre de création achevée, le père et la mère, le Roi et la Reine, le Soufre et le Mercure devant leur fils : le personnage central prend alors le sens de l'Or alchimique naissant de la transmutation de la matière, de l'âme transfigurée, du Christ ressuscité.

Le personnage central fait face au couple : le « fils » ne montre son essence (son visage) qu'à ceux qui l'aiment et ont œuvré pour sa libération. Il représente l'aboutissement de l'œuvre, la connaissance transcendantale, la science suprême dont Marie la prophétesse dit qu'elle « constitue l'Art sacré et ne peut s'accomplir sans l'aide de Dieu. Cette science n'est donnée qu'à un petit nombre, nul ne la comprend si Dieu ou un Maître ne lui a ouvert l'entendement [1] ».

---

1. Cité par Jung dans *Psychologie et Alchimie*.

XXI
B P GRIMAUD PARIS 1981
LE · MONDE

LE MONDE

L'animal couleur chair

L'animal couleur chair dans l'angle inférieur gauche de la carte : est-ce un âne, un cheval, une vache ou un taureau ? Le sens général de l'arcane, en accord avec l'interprétation traditionnelle du lion, de l'aigle et de l'ange, laisse penser qu'il s'agit d'un taureau. Cependant le Tarot ne mentionne pas de corne. Il fait ainsi apparaître une brèche dans le système symbolique qui laisse à chacun la liberté de donner à cet élément le sens qui lui convient. La couleur chair indique la matière à l'état brut, l'instinct et la puissance matérielles, la réalité apparente, la Terre.

L'âne est le symbole de l'ignorance, de la bêtise, de l'obscurité et du mal en liaison avec son comportement obstiné et récalcitrant. Dans l'âne d'or d'Apulée, il représente le point de départ de l'Œuvre des « métamorphoses ». En effet, Lucius, le héros du conte, prend la peau de cet animal, alors qu'il s'est laissé séduire par une courtisane. Il ira ainsi de métamorphose en métamorphose jusqu'au dépouillement total de cette enveloppe pour finalement revêtir le corps de l'homme réalisé. Les alchimistes voient dans cet animal les trois principes de la *prima materia* sous son aspect monstrueux et originel : le *Mercurius*, le sel et le soufre. Jung fait remarquer à ce propos que l'âne est un symbole saturnien et il rappelle « l'antique rumeur à propos de l'adoration d'un âne dans le temple de Jérusalem et la signification saturnienne de Yahvé en tant que démiurge ». Pris dans un sens plus large, l'âne, et en particulier l'ânesse, est le signe de l'humilité et de l'innocence : « Heureux les pauvres d'esprit... »

Le cheval est l'animal des ténèbres et des pouvoirs magiques associés aux vertus de fertilisation. Il est « la plus noble conquête de l'homme » et constitue le point de départ de la quête des chevaliers légendaires. La couleur chair sur cet animal indique son état sauvage : toute aspiration à une condition supérieure passe par la maîtrise des énergies inférieures. Le cheval est l'incarnation d'un principe spirituel.

La vache symbolise la capacité d'illumination de la matière. Elle est l'archétype de la grande mère cosmique, « la vache sacrée », « la formule cachée » des Védas, « la femelle mystérieuse » de Lao-tseu. La vérité suprême est en elle, c'est l'esprit dans la matière. Les allégories exprimant la puissance évolutive de la vache sont particulièrement nombreuses dans les traditions extrême-orientales. En effet, la vache est le symbole lunaire par excellence et tous les systèmes traditionnels de l'Orient sont bâtis sur les rythmes lunaires.

L'absence de cornes.

• L'animal couleur chair est un jeune veau ou une génisse : c'est la matière à l'état primitif, qui n'a pas encore manifesté ses dons. Les cornes existent à l'état de potentialité, c'est le point de départ de l'œuvre spirituelle illustrée par la phrase de la Genèse : « Tu travailleras à la sueur de ton front. »

• Les cornes ont été coupées. La corne est un symbole de force et de pouvoir : la matière est totalement soumise et humble.

Le taureau symbolise la fougue, l'impétuosité indomptable, l'énergie vitale, la brutalité, l'animalité dans l'homme, la fécondité, l'abondance. Les énergies de vie et de mort cohabitent en lui ; il est solaire par sa virilité et lunaire par sa force destructrice. Son sacrifice prend une place importante dans les mythes (Mithra, le Minotaure) à travers lesquels il est un principe régénérateur et rédempteur donnant accès à la vie éternelle. Il représente le monde manifesté et son support. Son adoration, comme dans le Veau d'or par exemple, symbolise les étapes primitives de l'humanité, la négation de la vie spirituelle mais aussi le point de départ d'une quête nouvelle : Moïse « sacrifie » le Veau d'or avant de conduire son peuple vers une conscience plus haute, vers la Jérusalem céleste, vers la totalité d'un monde nouveau.

Le taureau exprime la matière indispensable à l'élaboration de toute œuvre, il constitue le support du « désir de l'homme de triompher de ses passions animales primitives » (J.-L. Henderson). Le taureau est saint Marc l'Evangéliste, le premier signe fixe du Zodiaque, signe de Terre. Vénus y est en domicile et la Lune en exaltation. Le taureau forme la partie postérieure du corps du sphinx traditionnel.

L'absence d'auréole. L'auréole est l'image du rayonnement, sa forme et sa couleur indiquent le degré de gloire spirituelle. Le Grand Œuvre symbolisé par cet arcane est ici à son stade primitif. La matière inerte et sombre retient les vérités sublimes. C'est la pierre brute, l'état sauvage, le point de départ, l'involution qui précède l'évolution.

Le lion

Un lion jaune portant une auréole couleur chair. Le lion symbolise l'autorité, l'invisibilité et la justice immanente. Il manifeste le verbe, la puissance, l'énergie divine (la shakti). Il est une allégorie du Christ ou du Mercurius alchimique et son rôle est très souvent interchangeable avec celui de la licorne car, selon Jung, « cet animal est aussi fort, sauvage et cruel que le lion ». Le lion est à la base de la couronne du Monde et représente donc un ancrage dans la matière qu'il sublime par ses qualités royales.

L'auréole couleur chair témoigne de la divinisation de la matière et des énergies instinctives. Elle marque une étape significative dans le processus d'évolution sur le chemin d'intégration de la conscience cosmique représentée par le sens global de l'arcane. En effet, chaque valeur caractéristique d'un animal se retrouve dans la partie essentielle de celui qui le suit en tournant autour de la guirlande dans le sens inverse des aiguilles d'une montre.

- Le lion a « dévoré » le taureau, l'esprit anime la matière, la couleur chair vit maintenant dans l'auréole.
- L'aigle ravit le lion, le fixe devient volatil, la volonté de puissance est transcendée par la vision spirituelle : le lion donne son corps jaune à l'aigle qui transfigure son feu intérieur (l'auréole est rouge).
- L'aigle donne ses ailes bleues pour vêtir le corps blanc de l'ange : le volatil se condense dans la perfection divine, le feu est purifié (l'auréole rouge), l'esprit se réincarne dans une nouvelle conscience.
- L'ange plonge son regard à l'intérieur de la guirlande et donne son « visage » à l'homme total. La nouvelle conscience s'incarne dans la matière spiritualisée. Ce détail est suggéré par le vent (assimilé à l'esprit) qui souffle sur le voile couleur chair (assimilé à la matière).
- Le cycle est fini mais le mouvement ne semble pas s'arrêter là, car le regard et le bras droit du personnage indiquent l'animal couleur chair : la matière se donne à

elle-même pour l'accomplissement d'un nouveau cycle. L'évolution continue, une totalité achevée conduit à une autre toujours plus grande.

Le lion est saint Marc l'Evangéliste, et le deuxième signe fixe du Zodiaque, signe de feu sous la maîtrise du Soleil. Il donne ses membres antérieurs et une partie du tronc au corps du sphinx.

Ce lion jaune présente son visage de face comme le Soleil de l'arcane XVIIII ; il est le symbole du jour en opposition au taureau qui représente la nuit. Les deux animaux rappellent la dualité fondamentale de toute existence, ils sont les piliers du Monde, le trône de la Vérité, la base du Grand Œuvre cosmique. Ce sont des quadrupèdes : le Monde repose sur le nombre 8, nombre de la Justice et de l'équilibre.

La guirlande a été réalisée avec les feuilles attachées à leur corps : le succès, le couronnement, l'union cosmique se réalisent dans et par la matière, ici et maintenant.

L'aigle

Un aigle jaune aux ailes bleues déployées est auréolé de rouge. Il est posé sur un nuage dans l'angle supérieur droit de la carte.

Le nuage marque la séparation entre deux plans de conscience. Son apparence solide le met en analogie avec la Terre et l'imagerie traditionnelle en a fait la représentation des champs célestes, du royaume des esprits et de l'au-delà. Composé d'air et d'eau, le nuage s'apparente à l'esprit-air élevant l'inconscient-eau, c'est la matière subtile. La présence de nuages dans cet arcane rappelle une étape fondamentale du processus symbolique de transformation dans l'alchimie : l'apparition du volatil.

Selon les Traités philosophiques, la matière brute, la *prima materia*, est rassemblée dans la forme (l'animal couleur chair) qui est ensuite chauffée, animée, décomposée, « dévorée » par le feu (lion solaire). Une partie de la matière primordiale est alors carbonisée pendant que l'autre partie se libère par la vapeur d'eau (l'aigle). Celle-ci se condense en nouvelle constellation, réapparaît dans une forme divinisée (l'ange), qui « réanime » la matière primordiale en lui insufflant une énergie nouvelle. L'œuvre est achevée, l'être trouve le bonheur, la nature rajeunie prospère. Ce cheminement est en analogie avec tous les processus de transformation : psychologiques, spirituels et naturels (les saisons et les éléments de la nature).

La répartition des couleurs sur le corps des quatre figures entourant la guirlande confirme le sens de la « rotation » de l'arcane : le taureau est couleur chair, le lion est jaune et couleur chair, l'aigle est jaune, bleu et rouge, l'ange est bleu, blanc, rouge et couleur chair. L'étude du nombre caché de ces couleurs (1, 2, 3, 4) apportera de singulières révélations. Les alchimistes rattachent aussi les quatre animaux de l'arcane XXI aux qualités essentielles du feu produisant la chaleur nécessaire à l'éclosion de l'œuf cosmique symbolisé ici par la forme de la guirlande (voir la figure C dans la représentation de la succession des stades du processus alchimique, pp. 274-275).

L'aigle, roi des animaux, est au-dessus du lion, roi des animaux terrestres, et symbolise la suprématie de la vision contemplative, la transcendance, l'élévation, la sublimation de la pensée. Son corps jaune indique la conscience solaire. Le détail des ailes bleues est en relation avec l'interprétation alchimique de l'arcane et représente la vapeur d'eau : l'eau bleue « a pris des ailes ». Les ailes bleues, couleur de la nuit, impliquent également l'élévation de la lumière dans l'invisible : le soleil est caché par les nuages du mental, l'ombre et la lumière célèbrent leurs noces cosmiques (rappelons que l'aigle trône sur le blason du couple impérial). L'aigle est complémentaire de l'animal couleur chair : ici, la vie est cachée dans la matière, là, l'esprit s'anéantit en lui-même.

L'aigle et le taureau regardent vers leur droite : ils sont porteurs de promesses d'avenir et leur apparente négativité sert l'évolution. L'aigle est saint Jean l'Evangéliste. Il est la figuration primitive du Scorpion, huitième signe du Zodiaque, signe d'eau réputé pour ses vertus destructrices et régénératrices analogues à « l'œuvre au noir » alchimique. L'aigle donne ses ailes au corps du sphinx.

L'auréole rouge sort du cadre : la vision spirituelle de l'aigle dépasse notre entendement, c'est l'Apocalypse de saint Jean (littéralement : révélation). Le rouge couleur du feu apparaît ici dans la forme subtile de l'auréole : l'aigle a « dévoré » le lion, l'énergie vitale est entrée dans l'esprit, « le sage s'est sacrifié en lui-même ». (Le lion et l'aigle sont des représentations de la conscience et du Soleil.)

L'ange

Un ange blanc recouvert d'un manteau avec des ailes rouges déployées porte une auréole rouge sur sa tête couleur chair. Il est situé dans l'angle supérieur gauche de la carte. Il apparaît sur un nuage dans lequel on peut distinguer une manche blanche, rainurée, prolongée d'une main qui semble supporter ce nuage. L'ange symbolise l'intervention d'un plan supérieur. « Porte-parole du Divin », il est généralement chargé de mettre en mouvement les énergies cosmiques (voir arcane XIIII).

La main est blanche, couleur de la pureté et du divin : l'intervention de l'ange est dans la « main de Dieu ». Main a la même racine que manifestation : le Monde est la manifestation divine.

Dans la série d'animaux qui entourent la guirlande,

l'ange apporte un élément radicalement nouveau : la conscience passe de l'état animal et instinctif au supra-humain. « La transformation va précisément du plus bas au plus haut, de ce qui est bestial et archaïquement enfantin à l'*homo maximus* mystique », dit Jung. Le parcours de l'énergie vitale emprunte un chemin identique à travers les centres subtils ou Chakra, de Muladhara près du sexe à Sahasrâra au sommet de la tête.

Le Tarot apporte ici un autre élément de réflexion en introduisant la notion de cycle ou de spirale. Lorsque l'élévation ou la tension maximale sont atteintes (l'aigle), une force supérieure intervient qui renverse brusquement le mouvement énergétique et précipite la réalisation finale. Ce phénomène est abondamment illustré et commenté par tous les chercheurs de vérités, c'est l'intervention de la grâce qui ne peut être en aucun cas provoquée mais qui doit être instamment demandée. Dès lors s'expliquent l'importance capitale de la prière et l'abandon du mental conseillés par les maîtres spirituels (voir arcane XX).

Le manteau de l'ange se réfère au processus alchimique de condensation : « La vérité (de l'ange) apparaîtra vêtue du manteau de l'ombre. »

Les ailes et l'auréole rouge signifient que l'énergie vitale est totalement spiritualisée par la conscience. Ces éléments entourent la tête couleur chair : le feu du ciel descend dans la matière.

La face et la tête symbolisent l'essence d'un être : l'ange est porteur du « nouveau visage » de la matière, il est saint Matthieu l'Evangéliste, le Verseau dans le Zodiaque, signe d'air, sous la maîtrise de Saturne et Uranus.

L'ange donne son visage au corps du sphinx.

Le personnage central

Une femme couleur chair, ceinte d'une écharpe flottant

dans le vent, tient une baguette verticale dans la main gauche et une forme ovoïde entre deux doigts de la main droite.

• *L'objet tenu dans la main droite* est difficilement identifiable. L'attitude générale du personnage, la présence de la baguette dans sa main gauche et le symbolisme global de cet arcane le mettent en rapport avec le Bateleur du Tarot. On peut donc penser qu'il s'agit d'un objet représentatif de l'unité : une fiole, un œuf, une conque, une coquille... Tous ces objets se rattachent à un symbolisme identique : ils sont les images résiduelles d'un état originel. Ce détail éclaire l'arcane sous un autre angle. En effet, la comparaison de cette femme légèrement voilée, tenant une coquille dans la main, avec la représentation traditionnelle de la naissance de Vénus ou d'Aphrodite, fait apparaître une analogie frappante (en particulier dans le très célèbre tableau de Botticelli).

Dans les nombreuses traditions, la signification de la conque est mise en relation avec la création et le son : elle permet d'évoquer la vibration primordiale créatrice de l'Univers, « Om », de même qu'elle peut absorber et contenir l'océan cosmique. Ce dernier détail étant lié au son produit par les coquillages mis au contact de l'oreille. L'image de la coquille rappelle également la notion de spirale constitutrice de toute évolution.

L'objet sur la main droite du personnage prend donc le double sens de résidu de l'enveloppe natale et de germe d'une nouvelle naissance (la main droite représente l'action). La forme de cet objet évoque également l'idée d'une fiole, d'un vase (le fameux vase des alchimistes) ou d'une « ampoule ». La plus célèbre de ces dernières fut la Sainte Ampoule contenant le saint chrême (huile sacrée, image du Saint-Esprit et de ses dons) utilisée pour le sacre des rois de France[1]. L'évocation de cette ampoule dans le Monde confirme le sens général de l'arcane qui est le couronnement de l'œuvre. Rappelons ici que Christ signifie « l'oint (du Seigneur) ».

• *La baguette* est le symbole de l'unité dans sa projection verticale (voir le Bateleur). Elle est l'image du principe masculin complémentaire du principe féminin représenté par la forme ovoïde. La verticalité conduit à l'élévation spirituelle et au « mûrissement » des êtres. La baguette prend ici le sens de retour conscient à l'unité dans une dimension supérieure. Elle est la représentation de l'axe du Monde.

Le personnage est couleur chair : l'être total s'est réalisé dans la matière, il est revenu à l'état de l'homme primordial, « fait d'argile (*golem*) et animé par le souffle divin » (Genèse). Les philosophes l'appellent « l'Or des sages, l'Homme véritable invisible aux sots » (Monod-Herzen).

• *Le voile couleur chair* flotte librement et dissimule le sexe du personnage : l'esprit souffle et se révèle dans le voile qui se lève, découvrant la nudité de la matière essentielle, l'être ou la conscience cosmique manifestent la divinité suprême.

La forme des seins et la courbe des hanches laissent penser que le personnage est androgyne. Cette idée est confirmée par le contenu traditionnel de l'arcane : couronnement de l'œuvre, fusion des opposés, perfection achevée.

• *La position du corps* debout sur une jambe et les bras

---

1. Hincmar, archevêque de Reims (IXe siècle), relate le prodige de l'apparition de cette Sainte Ampoule lors du sacre de Clovis : « Comme Rémi (évêque de Reims) et Clovis arrivaient au baptistère, le clerc qui portait le chrême fut arrêté par le peuple en sorte qu'il ne put parvenir à la fontaine baptismale. A cette fontaine bénite par la volonté divine, il manquait donc le saint chrême. Et comme la foule empêchait d'entrer dans l'église ou d'en sortir, le saint pontife, levant au ciel les yeux et les mains, se mit tacitement à prier en répandant des larmes. Soudain, une colombe plus blanche que la neige apporta dans son bec une petite ampoule pleine de saint chrême dont l'odeur suave, bien supérieure à celle de l'encens et des cierges, frappa tous les assistants. Le saint pontife ayant pris cette ampoule, la colombe disparut.

écartés est la représentation traditionnelle du dieu Mercure aux pieds ailés, ou Hermès, le bon pasteur de la Grèce antique. Hermès est appelé parfois d'un nom qui a donné « Evangile » (la bonne nouvelle). En lui s'incarnent les « quatre vents » (les quatre qualités de l'esprit) et les « quatre visages » (les quatre essences de la vie : image du sphinx et des mystères). Aphrodite donna un fils à Hermès : Hermaphrodite, qui incarne les qualités masculines de son père, le détenteur des secrets, de l'intelligence suprême, et les qualités féminines de sa mère, la beauté, l'amour sous toutes leurs formes. L'androgyne originel devient l'hermaphrodite né de la conscience et de l'amour sublimé. Adam laisse place au nouvel Adam, le Christ, qui incarne les quatre évangiles.

Le pied droit actif supporte le corps du personnage : il exprime donc un principe actif en mouvement, une potentialité dynamique. La position du corps, la jambe gauche pliée derrière la droite, les bras sensiblement à l'horizontale, forme également le symbole du soufre 🜍 (voir arcane IIII).

« Le soufre est dans les corps ce que le Soleil est dans l'Univers » (Monod-Herzen), il est le principe actif de l'alchimie semblable au feu qui tue, féconde, transforme la matière.

L'attitude générale du personnage rappelle également le sens de la « lecture » de l'arcane : le talon gauche rejoint le taureau, il marque le début. Le bâton relie le lion à l'aigle : c'est l'élévation. La tête « reçoit » l'ange par son sommet (Sahasrâra chakra) : c'est l'illumination. La main droite et le regard désignent le taureau : un nouveau cycle se prépare. Le feu central dans l'être, le soufre, anime les quatre figures essentielles de la vie.

Ce mouvement est celui de la danse cosmique (Shiva dansant), il exprime la libération de la pesanteur liée au principe de chute originelle : le talon du pied gauche est levé, le « péché du Monde » est transcendé, la matière est réconciliée avec l'esprit. Cette attitude est complémentaire de celle du pendu, arcane XII. (Les nombres 12 et 21 sont le reflet l'un à l'autre.)

• *Le sol* du personnage est jaune, le Tarot précise une fois de plus la dimension spirituelle et symbolique de son message.

La guirlande

Une guirlande ovoïde entoure le personnage central de l'arcane. Elle est confectionnée de trois rangées de feuilles tournées vers le bas et unies par des croisillons rouges aux extrémités inférieures et supérieures. Cette image est semblable à la mandorla traditionnelle entourant le « corps glorieux » des personnages sacrés (le Christ, la Vierge). C'est l'œuf cosmique, le monde dans sa totalité, l'unité nouvelle retrouvée. L'unité originelle est représentée par un cercle parfait, l'ovale symbolise l'éclosion d'un monde nouveau.

La guirlande est un symbole d'union, de cohésion, de protection, de couronnement, d'harmonie : les trois rangées de feuilles soulignent son caractère sacré, c'est la prise de conscience de la structure quaternaire de toutes choses (les quatre « animaux »), la vision synthétique du monde.

Les feuilles semblent provenir d'un laurier : réussite, honneur, repos, stabilité. Les feuilles de laurier sont un symbole d'éternité : toujours vertes et parfumées, leurs vertus médicinales sont antiseptiques et antirhumatismales (*viburnum tinus*, laurier-tin).

Selon la mythologie, le laurier naquit de la métamorphose d'une nymphe, Daphné. Poursuivie par l'ardeur amoureuse d'Apollon, Daphné supplia le dieu du fleuve, son père, de la sauver. Elle fut aussitôt transformée en laurier. Apollon abandonna sa poursuite et décida que désormais une branche de laurier décorerait sa lyre, son carquois et la tête des ménestrels (M. Grant). Pour les Romains, le laurier protégeait de la foudre, et les Pythies du temple d'Apollon à Delphes mâchaient ses feuilles afin de se purifier avant de rendre l'oracle. L'importance essentielle de cette plante dans le symbolisme traditionnel se retrouve dans le rôle qu'elle joue auprès du Phénix. Cet animal mythique renaît de ses cendres après avoir construit son nid de brindilles parfumées et de feuilles de laurier. L'analogie de cet animal avec l'arcane XXI se situe également dans la forme de la guirlande qui est la stylisation d'un nid d'oiseau.

Les croisillons rouges soudent la cohésion de cette figure : le feu de l'action est l'agent essentiel, « le fil d'Ariane » conduisant à la réussite finale.

La partie inférieure bleue de la couronne se réfère à la force passive, terrestre, du taureau ou du lion : c'est la compréhension des niveaux inférieurs, leur intégration à la conscience. Le jaune au sommet de la couronne représente la vision spirituelle du monde.

Le rouge au centre de la couronne : le feu, l'énergie active, le mouvement sont au centre de la conscience cosmique et constituent « son corps », ils permettent l'interprétation des niveaux inférieur et supérieur de l'existence. La tradition chinoise nomme le feu « Li », ce qui attache : le feu est l'agent de cohésion universelle.

Le Monde marque l'aboutissement du cycle du Tarot, il symbolise le couronnement de son œuvre. La richesse insoupçonnée de cet arcane ne peut être synthétisée en quelques lignes, son sens profond se révélant à chacun selon son niveau de conscience. Cet arcane constitue ce que les Evangiles nomment « le sel de la Terre » dont la représentation « chimique » est la suivante[1] :

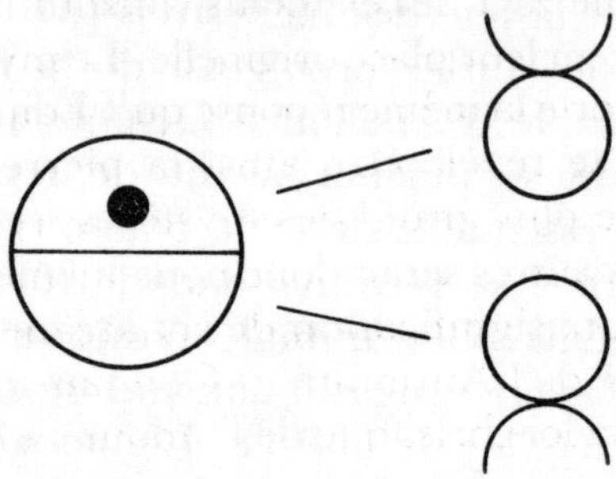

Le sel commun : le cercle est la couronne ovoïde, le trait horizontal le sol jaune, le point le personnage central.

Le sel gemme : l'arc de cercle relie le taureau et le lion à la couronne.

Le sel alcali : l'arc de cercle relie l'aigle et l'ange à la couronne.

Le symbole du sel résume la signification globale de cet arcane. « Il est le feu délivré des eaux » (Louis Claude de Saint-Martin), la pierre cubique, la sagesse, la vérité, la perfection, l'union, la fraternité, incorruptibles et purificatrices : la conscience cosmique.

Une vue d'ensemble de cet arcane fait ressortir trois grandes figures chimiques en une seule (voir croquis p. 247) : le soufre, le mercure et le sel qui constituent la fameuse « Pierre mystérieuse » de l'hermétisme, créatrice d'harmonie et de perfection sans cesse renouvelées, image du monde dans sa totalité et de l'achèvement de soi.

Dans l'arcane X, nous avons vu que le Sphinx (ou la Sphinge) gardien du « royaume » posait la redoutable

1. D'après le *Dictionnaire mytho-hermétique* de Dom Pernety, Arche Milano, 1787.

énigme de la vie : « Quel est l'animal qui toujours le même marche sur quatre pieds le matin, sur deux pieds à midi et sur trois pieds le soir ? »

Dans l'arcane XXI, les éléments constitutifs du corps du sphinx retrouvent leur place originelle. Le mystère est percé et le Tarot apporte la même réponse qu'Œdipe : l'Homme.

L'Homme se révèle être ainsi la pierre d'angle tant recherchée : le plus grand des mystères, celui qui donne accès à tous les autres serait donc nous-mêmes. Telle apparaît la très haute signification de cet arcane rejoignant le grand précepte de l'Antiquité : « Connais-toi toi-même », couronné par la loi christique de l'amour : « Aime ton prochain comme toi-même. »

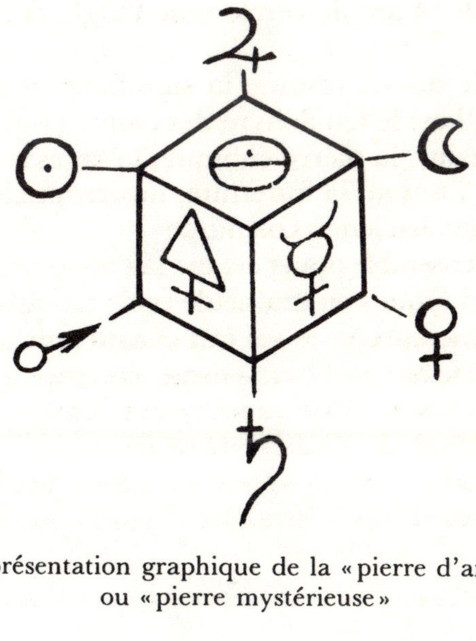

Représentation graphique de la « pierre d'angle »
ou « pierre mystérieuse »

B P GRIMAUD PARIS 1981
LE · MAT

LE MAT

Le personnage
Un homme barbu, vu de dos, marche la tête tournée de trois quarts en arrière, et le regard dirigé vers le ciel : principe évolutif, potentialité dynamique, mouvement et déplacement énergétique, réalité changeante.

Cette attitude coïncide avec celle du squelette de l'arcane XIII, celui-ci paraissant être la radiographie du Mat. Le Mat peut donc être compris comme la matérialisation de la transformation, l'enveloppe ou le vêtement du squelette, la « chair » du temps : le Hasard et la Providence. L'étroite relation entre ces deux arcanes est soulignée par l'absence de nom pour l'un et de chiffre pour l'autre. Leur contenu symbolique profond ne peut pas être compris ou connu, nommé ou représenté, en analogie avec la divinité de la tradition hébraïque : Iod-Hé-Vav-Hé, dont le nom et la forme ne sont jamais exprimés.

Rappelons que le « nom divin » est composé de quatre lettres, et la somme théosophique des chiffres de ces arcanes, leur nombre secret, est également quatre : 13 = 1 + 3 = 4 et 22 = 2 + 2 = 4 (le Mat est la vingt-deuxième lame du Tarot). Ce nombre est celui de l'Empereur, arcane de la stabilité, et il est étonnant de constater que les seules cartes du Tarot représentant un personnage en marche, l'arcane XIII et le Mat, soient secrètement le siège de l'immuable stabilité : l'Éternel.

L'attitude du Mat exprime une profonde contradiction : la tête ne suit pas le corps. C'est l'image de la folie. De nombreux Tarots nomment cet arcane « le Fou ». C'est également l'image de l'errance et de l'incompréhension qui sont les conditions réelles de la vie de tout homme, telles que les grands mythes les ont exprimées : la diaspora juive, la vie de bohème, les pérégrinations de Dionysos, tous incompris, fascinants et rejetés.

La position du corps, vu de dos, se retrouve dans les arcanes V et XX ; le personnage « s'absente » du monde, il conduit les êtres vers l'ailleurs, vers les réalités ultimes des univers intérieurs comme le prêtre ou le berger : le Mat est étranger à la raison, fantôme parmi les vivants, éveillé dans un monde endormi, son « royaume n'est pas dans ce monde ». La vérité, la présence, la manifestation du Mat sont insaisissables, l'expérience seule permet d'approcher son essence, c'est l'appel du Christ : « Suis-moi. »

Présenter le dos ou le flanc est un signe de faiblesse, d'imprudence et de lâcheté : le Mat donne une apparence peu flatteuse de lui-même. Le visage représente la réalité essentielle, tourné vers le haut — le Mat suit « la voie du ciel » —, tourné vers l'arrière — le Mat révèle la réalité essentielle de la matière (le visage est couleur chair). Il montre le sens de la marche : toujours plus haut, toujours plus loin dans la spirale qui mène au grand Tout (la torsion de la tête et du corps forme un mouvement en spirale).

La démarche du Mat résume et donne un sens à toutes les aberrations, contradictions et oppositions de l'existence. Elle rappelle également l'immense mystère de la « cohabitation » des différents plans : ce qui est vérité sur un plan est folie sur l'autre, et les réalités discordantes vivent dans une même dimension, dans un même corps. « Les voies du Seigneur sont impénétrables », disent les Écritures. Le Mat marche sur le bord inférieur de la carte, sa tête disparaît en partie derrière le trait supérieur. Le Tarot est son chemin, mais la réalité du Mat ne peut être contenue dans un cadre : il est l'esprit du Tarot plus grand que le Tarot lui-même.

Les chaussures rouges

Le rouge est la couleur de l'énergie, de la vivacité, de l'activité, du feu : le Mat pose son pied comme la flamme danse. Tout le corps repose sur les pieds. Ils sont le support de la manifestation et traduisent sa qualité fondamentale, sa démarche : le Mat intervient brusquement et rapidement, sa démarche est très dynamique.

Les pieds laissent des empreintes, des conséquences : les empreintes du Mat sont brûlantes, il réveille, surprend, avive, bouleverse et détruit tout sur son passage. Il marche sur les « sentiers de lumière », il est la Vérité, la Vie elles-mêmes. Les vingt-deux lettres de l'alphabet hébraïque sont appelées lettres de lumière signifiant ainsi qu'elles sont le véhicule de la Vérité. Le Feu produisant la clarté est naturellement assimilé à la Vérité [1].

Le talon gauche est levé. L'interprétation de ce talon, étape après étape sur le chemin du Tarot (arcanes I-VI-XII-XXI), prend ici un sens nouveau. Le talon levé révèle

---

1. De nombreuses tentatives ont été faites pour associer les lettres de l'alphabet hébraïque aux arcanes majeurs du Tarot. Bien qu'une telle entreprise relève d'une gymnastique de l'esprit très subtile, parfois incertaine, la confrontation du Tarot aux systèmes basés sur le nombre 22 est passionnante. Selon Guénon, l'alphabet arabe avait primitivement 22 lettres (*Aperçus sur l'ésotérisme islamique et le taoïsme*, Gallimard) et la « marche du fou » des échecs se réalise en 22 mouvements (*La symbolique des échecs*, Pierre Carnac, Veyrier éd.).

la marche du Mat : la faute originelle permet l'évolution, « l'obstacle est le levier », dit Satprem[1].

Le pantalon bleu

Les jambes donnent la mesure et la proportion de toutes choses, en analogie avec le compas qui « fixe les bornes du ciel et de la terre, mesure le temps » (les védas). Elles sont recouvertes de bleu, couleur des espaces infinis (la mer, le ciel), de la passivité et du silence : le Mat ne connaît d'autre limite que celle de notre inconscient, il avance comme le vent sur la mer.

La ceinture

La ceinture jaune est garnie de grelots. Ceux-ci font partie intégrante du costume des bouffons et parfois des clowns modernes. Ces personnages occupent une place essentielle dans l'équilibre des sociétés : ils sont « l'ombre de toute situation acquise », le contraire et l'inversion révélatrice des faiblesses, l'expression de la vérité éternelle et changeante dans un monde statique. Ils maintiennent en vie les organismes voués à la sclérose par la lourdeur de leur structure. Les grelots retentissent au moindre mouvement. Ils attirent l'attention sur celui qui les porte et maintiennent l'esprit en éveil. Leurs sonorités très caractéristiques communiquent la joie et invitent à la fête. Clowns et bouffons, frappés par la folie ou le génie, l'ivresse ou la lucidité, sont les héritiers des lointaines fêtes dionysiaques. « Dionysos était le délirant, le bruissant, le frémissant dieu de l'exubérance et du défoulement » (Séchan-Lévèque).

Les cloches, les grelots sont employés dans les rituels religieux de toutes les traditions. Le son de ces instruments

---

1. Satprem, auteur du *Mental des cellules*, Laffont.

rappelle la vibration primordiale, évoque les esprits et les dieux, purifie l'atmosphère et libère des empêchements. Par le son qu'ils produisent, les grelots expriment le rythme de la vie qui sans cesse coule dans les veines de tout organisme vivant. La ceinture en comporte quatre, et le cœur bat sur un rythme à quatre temps : deux bruits cardiaques entrecoupés de deux silences, de durée différente. Les quatre grelots se rapportent également aux quatre lettres du nom divin (Iod-Hé-Vav-Hé) qui constitue le cœur de l'Univers, la « ceinture dorée » de toute vie.

Le pourpoint

Le pourpoint est rouge, couleur de sang et de feu. L'analogie entre la ceinture et le cœur prend ici tout son sens : chaque fois que la masse de sang bouge, les grelots sonnent, le cœur bat. Le rouge est également la couleur du vin : le corps du Mat est rempli de vin, il est ivre, ou bien est-ce le signe d'une surabondante vitalité ?

Le bord du pourpoint est jaune. Il marque la séparation du niveau inférieur du corps lié aux énergies instinctives inconscientes et du niveau intermédiaire lié aux énergies vitales et émotionnelles. L'ourlet symbolise également la puissance : le Mat possède le pouvoir spirituel de transformer la passivité des instincts en forces de vie dynamiques et exaltantes.

La collerette bleue

Cette forme de collerette, généralement prolongée de grelots, faisait partie de la panoplie des bouffons et saltimbanques du Moyen Age. La collerette est un symbole d'honneur, de dignité, d'attache affective ou sociale. Sa signification est très proche de celle du collier. Sa présence sur l'habit des bouffons tournait en dérision le comportement pontifiant des personnalités respectables. La collerette garde tout son sens sur le corps du Mat, auquel s'ajoute l'idée d'abandon des valeurs établies : les dents de scie sont la stylisation des guenilles. Les boules blanches sont le fruit de cet abandon, les perfections atteintes par le détachement. Les stries noires cachent ces perles sans les dissimuler tout à fait : sont-ce les promesses incertaines d'une vie libre ?

La collerette est bleue. Le Mat ne recherche pas les honneurs, il est passif sur le plan social mais très actif sur le plan spirituel : il y a cinq boules blanches et cinq est le nombre de l'esprit dans la matière du souffle de vie, de la parole (voir arcane V). Le Mat n'a pas d'autre honneur que celui de véhiculer l'esprit pur, la parole vivante.

La coiffe

La coiffe marque la personnalité ou la fonction sociale. Elle est l'expression des idées et des structures mentales. La coiffe est jaune : spiritualité et intelligence lumineuse du Mat. Mais elle a une forme étrange, difficilement identifiable : les pensées, la personnalité du Mat sont inclassables. Cette coiffe rappelle également les bonnets des bouffons ou fous du roi. Ces bonnets enveloppaient totalement la tête en laissant apparaître le visage, et des grelots pendaient aux extrémités de leurs excroissances.

Le bonnet est un signe de protection, il cache la tête : l'esprit est rendu invisible. Les grelots manifestent la présence d'une intelligence éveillée mais ils brouillent la clarté de son expression, la dérobant ainsi à toute tentative d'approche : le Fou dit des vérités mais il n'est pas crédible, « le fils de l'homme n'a pas où reposer sa tête » (Luc, IX, 58). La sphère rouge est assimilée à un grelot. Elle est aussi le signe de l'autonomie de pensée du Mat, « il vit dans sa bulle ». Le rouge indique la vitalité de ses idées.

Les bras

L'avant-bras gauche du Mat est caché, le bras droit recouvert d'une manche bleue ourlée de jaune. Les bras sont le signe de la force d'action, le Mat agit par la passivité, il est disponible. Ce détail est en relation avec les jambes également bleues : l'essentiel de l'action du Mat passe totalement inaperçue, la vie se cache derrière une apparente faiblesse.

L'ourlet jaune a la même fonction que le bord du pourpoint. Il établit une distinction, fixe une limite : la matière (la main couleur chair) et l'action (le bras bleu) sont identiquement passives, la compréhension spirituelle (ourlet jaune) peut seule les différencier.

Le bâton jaune

La main droite tient un bâton jaune qui touche une touffe d'herbe blanche. C'est le bâton du pèlerin, du voyageur errant, du berger, du bon pasteur, du nomade. Symbole phallique assimilé au serpent (le bâton d'Aaron dans l'Exode, VII, 8-12), le bâton possède des vertus fertilisatrices, régénératrices et dynamisantes : Moïse frappe le rocher d'où jaillit une source (Exode, XVII, 1-6).

Des brins d'herbe semblent pousser au contact du bâton sur le sol : le Mat sème la vie sur son passage, il donne la vie éternelle (l'herbe est blanche). Le bâton est le signe du commandement, de la force, du dépouillement, il est le symbole du Maître spirituel. La présence du bâton dans la main du Mat assimile celui-ci aux grands bergers de l'humanité : Moïse conduisant son peuple dans le désert, le Christ conduisant les âmes jusqu'à Dieu, le bon pasteur (Jean, X, 11-16). Le bâton établit également un lien avec Dionysos, dieu de la fertilité et de l'abondance, voyageant de ville en ville, accompagné de ménades, de satyres, de silènes.

Ces grands personnages ont tous en commun avec le Mat d'être étrangers à leur pays, en butte à l'incompréhension et condamnés à la marche en avant : « Aucun prophète n'est bien reçu dans sa patrie » (Luc, IV, 24). Tous sont Dieu ou fils de Dieu, « délégués » par le Suprême pour conduire les forces cosmiques. Ils résument la situation de l'homme de passage sur la terre à la recherche du bonheur.

Le fardeau

Le Mat tient dans sa main gauche un bâton blanc posé sur son épaule droite, un sac couleur chair est attaché au bout. Le fardeau est accepté passivement par la main gauche et porté volontairement sur l'épaule droite active. Cette position inconfortable exprime à nouveau la contradiction et la bizarrerie du comportement du Mat, car chaque détail de cet arcane soulève mille questions dont les réponses révèlent de toujours plus grands mystères. Plusieurs sens apparaissent : le Mat porte résolument un bagage inutile ; il assume de son plein gré le contraire de lui-même, la lourdeur et la passivité. C'est alors l'image du Christ acceptant consciemment le poids de sa mission.

Le bâton blanc est en correspondance avec le bord inférieur du pourpoint ; il marque la séparation de la tête et du corps : le Mat a « perdu la tête ». Le bâton et l'ourlet du pourpoint divisent l'arcane en trois plans : la nature inférieure dans les jambes, intermédiaire et humaine dans le buste, supra-humaine dans la tête. Ces trois plans correspondent aux niveaux de compréhension des vérités sacrées contenues dans les alphabets hébreu (vingt-deux lettres), égyptien, sanskrit, dans les textes inspirés (l'Apocalypse de saint Jean et ses vingt-deux chapitres) et dans le Tarot.

Deux nœuds situés à hauteur des clavicules divisent le bâton en trois parties. Les nœuds d'un bâton symbolisent les prises de conscience, les degrés d'initiation, les pouvoirs intérieurs. Deux est le nombre de la Papesse, des mystères et de la naissance. Les épaules et les clavicules sont appelées « porte du ciel » : le Mat détient les clés de l'évolution qui ouvrent sur le « royaume des cieux ».

La couleur du bâton indique que nul ne peut connaître le poids du fardeau du Mat s'il ne l'a lui-même endossé. C'est la croix du Christ, compréhensible elle aussi sur trois niveaux de conscience. Rappelons que le bâton est un symbole axial, le Mat tient les deux axes fondamentaux du monde : la verticalité et l'horizontalité également réunies dans la croix.

Le sac couleur chair représente un principe actif, un poids susceptible de remplir une fonction dynamique. Il est un acquis, une réserve, la synthèse de tous les attachements à la matière. Il est le seul bagage du « vagabond des étoiles », l'unique et authentique bien de tout homme : son corps, comparé par le Bouddha à un sac percé. Le sac est également la matière ou la forme ; chacun peut le remplir selon ses désirs.

L'analogie entre le bâton blanc et la croix du Christ éclaire le sens de ce fardeau : le sac symbolise la chair qui renferme le péché du monde. En dernière analyse, il représente toutes les possibilités de la vie : tous les événements possibles, imaginables et inimaginables.

Un animal couleur chair

Un animal couleur chair pose ses pattes de devant sur la cuisse dénudée du Mat. Son identification reste floue ; certains Tarots le représentent sous la forme d'un lynx, un chat ou un chien agressif et hargneux. Le Mat « prête une oreille » distraite à cet animal qui paraît vouloir s'agripper à sa chair. C'est l'image du vagabond pourchassé par les chiens, les mâtins, les bas instincts de défense face à l'inconnu. Mais le Mat, dans son apparente folie, ne semble pas être dérangé par cet importun, il continue sa marche en avant.

Dans l'imagerie du Moyen Age, un chien accompagnant un personnage représentait sa fidélité à son mari, à sa femme ou à Dieu.

La mise à nu de la cuisse est profondément érotique. Ce détail s'ajoute au symbole phallique du bâton fertilisant et à la besace remplie des « péchés du monde ». Tout l'aspect séduisant et monstrueux du Mat se résume dans ces éléments : le Mat est grotesque, obscène, il recueille tous les fantasmes, peurs, ivresses et délires qu'il déchaîne et fortifie en même temps. Le mythe de Dionysos prend ici toute sa valeur, la cuisse grotesque retrouve son sens originel de grotte, matrice, chambre nuptiale : l'animal tente de rentrer dans le giron du Mat, de retourner dans son sein. Les cuisses sont la demeure du Sagittaire gouverné par Jupiter.

L'observation détaillée de l'animal couleur chair révèle le sens même de sa présence dans cet arcane : sa gueule est fermée, il est doux (l'agressivité est représentée par la gueule ouverte des chiens de l'arcane XVIII). Son museau pointu est prolongé d'une truffe noire. Il ne peut être en aucun cas un chat ou un chien dont le museau rectangulaire est surmonté d'une truffe. Ses pattes se terminent par des sabots, chiens ou chats ont des griffes. Tous ces détails laissent penser qu'il s'agit d'un petit chevreau ou d'un chevreuil.

La définition de cet animal corrobore la haute signification de l'arcane. Selon la tradition hindoue rapportée par A. Daniélou, la chèvre ou le chevreau est la substance non née, capricieuse et mère du Monde, rassemblant les trois qualités de l'être : Sattva-Rajas-Tamas » (voir arcane X). Dans le Zohar (I, 4a et II, 9a), le chevreuil désigne le roi-messie. Dans la mythologie grecque, Zeus enfant fut allaité par la chèvre Amalthée, et les chèvres révélèrent par leur ivresse l'emplacement de l'oracle de Delphes, enseignant ainsi à l'humanité la divination, l'art de s'identifier à Dieu. La chèvre met en contact direct avec la divinité, elle est assimilée au Capricorne, la « porte des dieux », sous la maîtrise de Saturne, autre symbole de Yahvé (Iod-Hé-Vav-Hé).

Le symbolisme de la chèvre prend un sens positif ou négatif suivant les traditions et nous retrouvons son rôle libérateur dans le « bouc émissaire » de la religion hébraïque. En effet, le jour de la « fête des expiations » le prêtre chargeait un bouc des péchés d'Israël. Cette lointaine coutume demeure encore vivace dans les fantoches des carnavals modernes.

La présence du chevreau rappelle le mythe de la naissance de Dionysos : fils de Zeus et de Sémélé, du Ciel et de la Terre, Dionysos fut recueilli par son père qui le plaça dans sa cuisse alors même que sa mère, encore enceinte, fut foudroyée par la jalousie de sa femme Héra. Dionysos, le deux fois né, naquit une seconde fois de la cuisse de Zeus et devint le symbole de la force indestructible de la vie, de la jouissance joyeuse, de l'ivresse divine. Selon d'autres versions, il fut transformé en chevreau par Zeus, dévoré par les Titans (les ancêtres de l'humanité), mais son corps se reconstitua autour de son cœur préservé par Athéna, qui le déposa dans le ventre de sa mère Sémélé, la Terre.

Une étude approfondie de ce mythe apportera de précieux éclairages sur cet arcane (*cf.* le livre de H. Jeanmaire). Tous les mystères de la transsubstantiation, de l'entrée en Dieu, de la naissance à l'esprit, de la transcendance, des rapports Terre-Ciel, de l'homme en un mot, sont synthétisés dans le lien qui unit ce petit animal au corps du Mat, illustré par la phrase du Christ : « Prenez, ceci est mon corps, ceci est mon sang... » Rappelons que « prenez » se dit en hébreu é'hézou qui a pour valeur le nombre 22.

La partie découverte de la cuisse du Mat dessine grossièrement la lettre Yod de l'alphabet hébraïque dont E. Haich[1] dit qu'elle est « la lettre originelle, la première flamme de l'esprit divin de laquelle proviennent toutes les autres lettres ». Le yod sur le corps du Mat est en quelque sorte soustrait au nom divin, lequel devient Hé-Vav-Hé. qui signifie folie, absurdité, errance.

Selon A. de Souzenelle[2], la lettre yod devient Hava, Eve, la veuve de la Terre, la mère du Monde privé de lumière spirituelle. L'assimilation du yod au Mat autorise l'attribution de Hé-Vav-Hé aux vingt et un arcanes du Tarot. Or Hava est composé de deux lettres identiques (Hé) et d'une troisième (Vav) : 2 et 1 que nous retrouvons dans le nombre 21 de l'arcane le Monde. Le Mat serait donc le germe divin, l'esprit de lumière ensemençant la terre obscure des vingt et un arcanes majeurs. Si nous savons de plus que Hé a pour valeur 5, Vav 6, Yod 10, et que « l'épée du saint, béni soit-il, est formée du tétragramme ; le yod en est le pommeau, le Vav la lame, les deux Hé les deux tranchants » (Zohar, III, 274b), alors une quantité impressionnante de correspondances naît de la confrontation du Hashem (nom divin) avec le Tarot (voir chapitre des séries d'arcanes, p. 272).

1. Elysabeth Haich, *La Sagesse du Tarot*, Dervy-Livres.
2. A. de Souzenelle, *Le Symbolisme du corps humain*.

Dans la Force nous avons vu la lutte nécessaire pour harmoniser le corps (l'animal) et l'esprit (l'être). Avec le Mat (22e arcane : 22, premier multiple de 11) ce rapport est transcendé par la compréhension. Le corps n'est plus un obstacle à vaincre, l'animal saute joyeusement sur les talons du Mat qui lui accorde juste l'attention qu'il faut, son visage est tourné vers lui mais son regard se perd dans l'infini : l'esprit écoute le corps qui lui obéit. Cette proposition est particulièrement lumineuse lorsque nous l'observons dans le comportement de nos animaux domestiques. La Force maîtrise, c'est le Tao, le Mat réalise, c'est le Tao du Tao.

Le sol
Le sol est jaune, parsemé de touffes d'herbe blanche et verte pour exprimer la fertilité de l'action du Mat. Il est aussi vallonné : le Mat se manifeste dans une incohérence apparente.

LE NOM DE L'ARCANE LE MAT

Le mystère entourant l'origine de ce nom et la raison pour laquelle il a été attribué à cet arcane demeurent obscurs. Une brève incursion dans les langues mères ou sœurs apportera, nous l'espérons, quelques lueurs. Selon la kabbale[1], Dieu créant le Monde sépara les eaux (ou cieux).

1. *Le Symbolisme du corps humain, op. cit.*

« Les eaux qui sont au-dessous de l'étendue » furent appelées « Ma », « Mi » désigna « les eaux qui sont au-dessus de l'étendue » (Genèse, I, 6-7). Par extension, « Ma » désigne « le monde d'en bas », la manifestation, la réalité tangible, le reflet du Mi qui est « le monde d'en haut », les archétypes. Le Ma et le Mi sont totalement complémentaires, ils illustrent la phrase de la Table d'Emeraude : « Ce qui est en bas est comme ce qui est en haut, ce qui est en haut comme ce qui est en bas pour accomplir le miracle d'une seule chose. »

Nous retrouvons ce rapport du haut et du bas, du Mi et du Ma, dans l'attitude du Mat marchant sur la Terre et cherchant son chemin dans le Ciel. Annick de Souzenelle fait remarquer que « la racine Ma est la racine de tous les mots signifiant la manifestation tels que Matière, Maternel, Matrice, Main », etc. L'identité de cette racine se retrouve également dans l'arabe, l'espagnol, le latin telle que le montre le *Petit Robert*.

Mat en arabe signifie mort (ou mourir), que nous retrouvons dans « échec et mat ». Il a donné mater ou mat (pour une couleur) : affliger, fatiguer, abattre, ternir ; matraque (mat = mort, raq = la main ou saisir : la main qui donne la mort) ; matelas (mathras = chose jetée à terre) ; matras, outre ou vase utilisé par les alchimistes et les chimistes modernes. Matara (mat = mort, ara = recueil, recueil de la mort, vase de la transformation) peut être également rapproché de matière, du latin *materia* signifiant « bois de construction ». Le latin semble faire ressortir plus particulièrement l'aspect vil de la racine Ma comme dans *mansuetus* (apprivoisé) qui donne le mâtin, gros chien de chasse ou personnage désagréable, grossier, laid ; mâtiner, croisement de deux chiens ; mâtiné (ée), chien qui n'est pas de race pure (corniaud).

A une époque où les cultures se déplaçaient avec les

peuples envahisseurs, l'Espagne et la Provence ont eu le privilège de recueillir de lointaines traditions spirituelles. Il n'est pas exclu que le Tarot ait subi quelques influences espagnoles ou tout au moins que certains maîtres cartiers aient été en relation avec de grands initiés de la péninsule Ibérique. Il existait en effet un jeu espagnol assez proche du Tarot dont les cartes maîtresses (les atouts ou arcanes majeurs) étaient appelées Matador. Ce jeu s'appelait *Hombre* signifiant homme. Ce nom était également donné à celui qui menait le jeu. Nous retrouvons ici le Mat, l'excuse ou le joker des tarots modernes.

En résumé, le survol des racines environnant le mot « mat » fait apparaître un sens synthétisant les différentes origines possibles : le Mat est un mort parmi les vivants, un étranger tombé sur la Terre (ou sur la tête), bouc émissaire battu, affligé, rejeté, traité comme un chien bâtard, laid et cependant le maître du jeu, l'Homme par excellence qui porte dans ses yeux les splendeurs de l'au-delà.

ARCHITECTURE DU TAROT

ARCHITECTURE DU TAROT

L'étude détaillée de chaque arcane montre les nombreuses interactions des lames entre elles, celles-ci se répondant les unes aux autres sur le trajet classique de la succession numérique ou en empruntant des raccourcis parfois mystérieux. Le Tarot est un chemin initiatique, un sentier de lumière, disent les kabbalistes, constitué de vingt-deux étapes qu'on peut imaginer comme le parcours du Bateleur, archétype de tout néophyte à la porte des mystères. L'expérience consistant à imaginer le périple de ce jeune homme qui traverse les situations proposées par chaque arcane représente un excellent exercice pour la compréhension du Tarot dans sa globalité. Nous ne doutons pas qu'il y ait autant d'histoires que de conteurs mais des trésors cachés peuvent ainsi être mis à jour.

Malgré une apparence « décousue », le Tarot est un tout homogène. Son architecture invisible, abstraite, symbolique, ne se laisse aborder qu'à travers un certain nombre de clés. Ces clés sont la géométrie, la numéralogie, la kabbale, pour ne citer que les plus importantes, sans parler du sacré, des mythes, de l'alchimie qui concernent plus particulièrement la « structure fluidique ».

Chaque arcane est « construit » selon des grilles géométriques correspondant aux schémas essentiels ayant servi à l'édification des cathédrales. Chaque lame est également liée à une lettre de l'alphabet hébreu, intégré à un nombre qui s'inscrit lui-même dans le grand édifice numérologique dont Platon et Pythagore s'accordent pour dire qu'il est « le plus haut degré de la connaissance, le principe des choses[1] ». Le Tarot étudié sous cet angle apparaît donc comme un véritable échafaudage parfaitement adapté à la construction des temples de l'esprit les plus subtils comme les plus simples.

Deux grandes figures se profilent à travers les séries d'arcanes : une double série de onze cartes ; une triple série de sept cartes, couronnée par le Mat.

Les nombreuses possibilités du Tarot ne s'arrêtent pas là, les dispositions circulaires, triangulaires, polygonales sont plus complexes mais n'en demeurent pas moins intéressantes.

• **Série de onze cartes.**

L'observation de cette disposition des cartes s'effectue de deux façons :

— Sur le plan linéaire horizontal.

La première rangée (de I à XI) représente le développement de l'individu « dans sa sphère », la rangée du bas (de XII à XXII), le développement de soi dans le monde. Selon l'interprétation biblique[2], la rangée du haut correspond au monde du Mi, celle du bas au monde du Ma. Selon la tradition chinoise, la rangée du haut est la partie yang du Taï-ki, celle du bas la partie yin, etc.

— Sur le plan vertical, en vertu des lois analogiques, plusieurs sens de lecture sont possibles.

Selon la Table d'Emeraude, « tout ce qui est bas est comme ce qui est en haut ». Les arcanes situés sur

1. Cité par R. Allendy, *Le Symbolisme des nombres*, Éditions Traditionnelles.
2. Voir Genèse, I, 6-7.

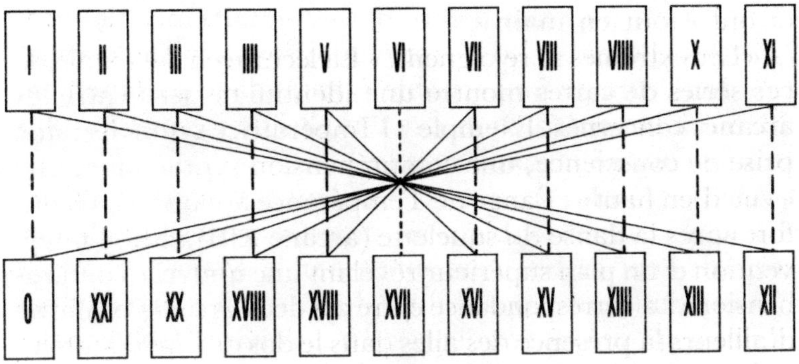
I
II
III
IIII
V
VI
VII
VIII
VIIII
X
XI
0
XXI
XX
XVIIII
XVIII
XVII
XVI
XV
XIIII
XIII
XII

יהוה

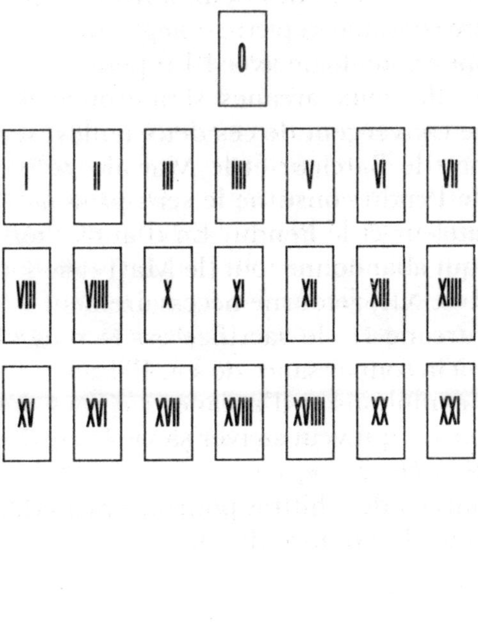
0
I
II
III
IIII
V
VI
VII
VIII
VIIII
X
XI
XII
XIII
XIIII
XV
XVI
XVII
XVIII
XVIIII
XX
XXI

une même ligne verticale ont une nature symbolique identique ; exemple : le Bateleur marque un début de cycle, le Mat, la fin d'un cycle. Tous deux sont à une frontière et ont « tout en main ».

« Les extrêmes se rejoignent. » La lecture en diagonale de ces séries de cartes montre une identité de sens entre les arcanes concernés. Exemple : l'Impératrice symbolise une prise de conscience, une compréhension synthétique, une « vue d'en haut » ; l'ange de Tempérance apporte un réconfort après la danse du squelette (arcane XIII), il est l'intervention d'un plan supérieur révélant une nouvelle compréhension. La correspondance entre ces deux arcanes confirme d'ailleurs la présence des ailes dans le dos de l'Impératrice.

Selon le théorème de Pythagore : l'étude des diagonales et des verticales fait ressortir l'image d'un triangle rectangle dont le sens est révélé par le calcul de ses proportions selon Pythagore : « Le carré de l'hypothénuse est égal à la somme des carrés des deux autres côtés. » Le carré d'un nombre constitue sa pierre d'angle, sa stabilité, sa puissance établie en analogie avec l'Empereur (4 = 2 + 2). Le « carré » de deux arcanes sera trouvé dans le sens symbolique convergent de ces deux lames. Exemple : le rapport entre le Bateleur et le Mat ajouté à celui entre le Mat et le Pendu constitue le sens profond du rapport entre le Bateleur et le Pendu. En d'autres termes, l'être (arcane I) qui abandonne tout (le Mat) et se soumet à son destin (arcane XII) retourne nécessairement à l'unité primordiale (arcane I) ; le sacrifice est le plus sûr chemin conduisant à la connaissance de soi. Plusieurs images illustrent cette combinaison d'arcanes : « Tout donner pour tout recevoir », « qui veut sauver sa vie la perdra… », « qui s'abaisse sera élevé… », etc.

Les amoureux des chiffres pourront procéder différemment : ajouter le nombre des arcanes d'un côté du rectangle ; suivant l'exemple précédent (1 + 22 = 23), porter la somme au carré (23^2 = 529), réduire ce nombre à son chiffre secret (réduction théosophique sur la base de 22 : 529 = 5 + 2 + 9 = 16), ajouter ce dernier nombre au chiffre secret du carré de l'autre côté du triangle (16 + 13 = 29), réduire la somme à son chiffre secret (29 = 2 + 9 = 11), et comparer ce dernier nombre au chiffre secret du carré de l'hypothénuse (16). Cette méthode demeure très abstraite et difficile à manier, il est préférable dans ce domaine d'exercer sa faculté d'intuition. Elle révèle cependant un détail remarquable : la somme des nombres des arcanes superposés (22 + 1, 21 + 2, 20 + 3, etc.) est toujours 23 dont le carré réduit à son chiffre secret est 16. Nous retrouvons ici la notion de chute originelle et de séparation du Mi et du Ma à la création du monde (voir l'arcane XVI).

Ce travail de recherche sur le Tarot constitue ce que nous pouvons appeler le laboratoire personnel. Les fruits de cette activité ne sont accessibles que par l'étude solitaire dans la fournaise de l'athanor individuel. Les alchimistes disent : « Celui qui œuvre par l'esprit d'un autre ou par l'entremise d'une main payée verra des résultats éloignés de la vérité ; et réciproquement celui qui rend service comme aide de laboratoire ne sera jamais admis aux mystères de la reine[1]. »

La disposition des arcanes en série de onze cartes révèle également l'importance prépondérante des arcanes VI et XVII qui sont l'axe, la charnière, la reliure essentielle du Tarot. 6 est le chiffre de l'homme, il est entouré de part et d'autre par 5 cartes et nous verrons à travers la disposition en séries de 7 le sens de ce détail. Certains chercheurs ont montré l'intérêt de rétablir « l'équilibre » des arcanes en décalant d'une place les lames du rang supé-

1. M. Maier, *Symbola aurea mensae*, cité par Jung.

rieur et en plaçant la Force au-dessus du Mat, à côté du Bateleur. Ainsi la somme de chaque paire d'arcanes d'une rangée à l'autre donne le chiffre 22 (le Mat n'étant pas numéroté, la Force compte double).

• **Série de sept cartes.**

Le Tarot est disposé en trois rangées de sept cartes superposées. Le Mat est placé au-dessus de la ligne verticale centrale (voir croquis). L'étude de cette disposition du Tarot fera ressortir des aspects nouveaux dans le symbolisme des arcanes.

Voici quelques propositions de recherches. Les cartes de la rangée supérieure sont en quelque sorte les archétypes des rangées inférieures. Ainsi le Diable marque la qualité primordiale du niveau inférieur, la Justice celle du niveau intermédiaire. De cette façon, nous pouvons observer une hiérarchie des arcanes : la rangée du bas est liée au plan physique, l'intermédiaire au plan mental, la supérieure au plan spirituel. D'autres classifications découlent de ces considérations, elles sont laissées à l'appréciation de chacun.

Comme nous avons pu le constater à propos du Mat, le Tarot possède des correspondances intimes avec la kabbale, en particulier dans l'image de « l'épée du Saint[1] ». Cette disposition des arcanes prend un relief particulier grâce à sa confrontation avec la grande figure du Nom divin (voir croquis, p. 269). Une connaissance de la kabbale apportera les lumières nécessaires à la compréhension de ces symboles.

Quelques remarques cependant concernant les combinaisons numériques les plus apparentes. L'axe vertical central (IIII-XI-XVIII) a pour somme 33 dont le nombre

---

1. « L'épée du Saint, béni soit-il, est formée du tétragramme ; le Yod en est le pommeau, le Vav la lame, les deux Hé les deux tranchants », Zohar, III, 274b.

secret 6 s'identifie au Vav du Nom divin (le Vav a pour valeur 6). Les chiffres des neuf arcanes correspondant au premier Hé (en partant de la droite) totalisent 117 qui est 13 × 9 et dont le nombre secret est 9 (1 + 1 + 7). Les chiffres des neuf cartes du deuxième Hé totalisent 81, 9 × 9, nombre secret 9. Ces deux Hé totalisent donc 22 × 9 = 198, nombre secret 18.

D'autre part, la somme des nombres des arcanes de I à XXI est 231 (nombre secret 6) qui est égal à 21 × 11.

Selon la kabbale, 9 est le chiffre de « la perfection, de l'achèvement des mondes créés ». 81 est la perfection des perfections, « le mystère caché, le plus mystérieux de tous » et la valeur guématrique du Je suis (Anô-khi) « qui embrasse tous les noms sacrés, tous les commandements de la loi[1] ». 117 est le nombre des versets du neuvième cantique, le plus beau de tous, le Cantique des Cantiques de Salomon. 6 est le chiffre de l'homme, 33 est attribué au Christ, fils de l'homme, 11 est celui de la Force dans le Tarot (cet arcane est placé au centre de cette disposition des cartes). 13 est la transformation, et la somme guématrique de Amour, Ahavâh, Eternel-Un, E'hâd, Mon Père, Avî ; 18 est la Lune, la descente aux enfers et le reflet de 81.

Au regard de ces nombres, le Tarot semble contenir de très grands mystères dont le plus grand de tous apparaît comme celui de l'amour divin constituant la force essentielle de « l'épée du Saint, béni soit-il » et symbolisé par l'arcane 6 (le chiffre 9 inversé), l'Amoureux.

1. D. Grad, *Le Véritable Cantique des Cantiques*.

Ichnographia operis Philosophici alia.

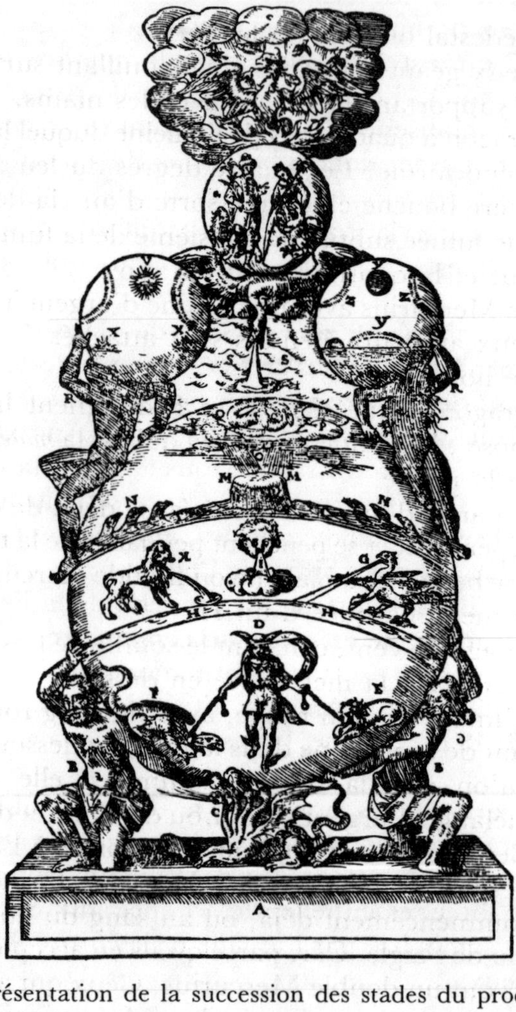

Représentation de la succession des stades du processus alchimique. — Libavius, *Alchymia*, Commentarium, deuxième partie, p. 55. (Voir les explications dans les pages suivantes.)

Explication des figures marquées par des lettres :

A Piédestal ou base = la Terre.

BB Deux géants ou Atlas s'agenouillant sur la base et supportant la sphère avec les mains.

C Dragon à quatre têtes de l'haleine duquel la sphère prend forme. Les quatre degrés du feu : la première bouche émet une sorte d'air, la deuxième une fumée subtile, la troisième de la fumée et du feu, et la quatrième du feu pur.

D Le Mercurius avec une chaîne d'argent à laquelle deux animaux étendus sont attachés.

E Le lion vert.

F Dragon à une tête. E et F désignent la même chose : le liquide mercuriel qui est la *materia prima* de la pierre.

G Un aigle d'argent à trois têtes ; deux de ces têtes dépérissent et se penchent pendant que la troisième crache de l'eau blanche ou liquide mercuriel dans la mer, marquée d'un H.

I Image du vent, exhalant le souffle de l'esprit (*spiritus*) dans la mer située en dessous.

K L'image du lion rouge, avec du sang rouge coulant de sa poitrine dans la mer, en dessous, parce qu'on doit la colorer comme si elle était un mélange d'argent et d'or ou de blanc et de rouge. Cette image est appliquée au corps, à l'âme et à l'esprit par ceux qui cherchent trois [principes] au commencement déjà, ou au sang du lion et à la glu de l'aigle. Car, parce qu'ils en acceptent trois, ils ont un double Mercurius. Ceux qui acceptent deux principes n'ont qu'un Mercurius, qui provient d'un cristal ou d'un métal pas encore mûr des philosophes.

L Un fleuve d'eau noire, comme dans le chaos, représentant la *putrefactio*. De lui s'élève une montagne qui est noire au pied et blanche au sommet, de telle façon qu'une source d'argent s'écoule du sommet. Il est l'image de la première dissolution et coagulation et de la seconde dissolution qui en résulte.

M Cette même montagne.

NN Les têtes des corbeaux noirs qui regardent hors de la mer.

O Pluie d'argent tombant des nuages sur le sommet de la montagne. Parfois celle-ci représente la nutrition et la purification du Lato par Azoch, parfois la seconde dissolution par laquelle l'élément air est extrait de la terre et de l'eau (la terre est une forme de la montagne, l'eau, le liquide de la mer déjà mentionnée).

PP Les nuages desquels tombent la rosée ou la pluie et le liquide nutritif.

Q La vision du ciel où un dragon est couché et dévore sa propre queue : il est une image de la seconde coagulation.

RR Un Ethiopien et une Ethiopienne qui supportent deux sphères latérales plus élevées. Ils sont assis sur la plus grosse des sphères et représentent, par suite, la *nigredo* de la seconde opération dans la seconde putréfaction.

SS Une mer d'argent pur qui représente le liquide mercuriel par l'intervention duquel les teintures sont réunies.

T Un cygne nageant sur la mer et dont le bec crache un liquide laiteux. Ce cygne est l'élixir blanc, la craie blanche, l'arsenic des philosophes, ce qui est commun aux deux ferments. Il doit supporter du dos et des ailes la sphère supérieure.

V Eclipse de Soleil.

XX Le Soleil plongeant dans la mer, c'est-à-dire dans l'eau mercurielle, dans laquelle doit aussi couler l'élixir. Cela conduit à la véritable éclipse de Soleil, de chaque côté de laquelle il faut représenter un arc-en-ciel pour suggérer la queue du paon qui apparaît ensuite dans la coagulation.

YY ZZ Eclipse de Lune qui a également un arc-en-ciel de chaque côté et (également) dans la partie inférieure de la mer, mer dans laquelle la Lune doit plonger. C'est l'image de la fermentation blanche. Mais les deux mers doivent être assez sombres. La Lune glisse dans la mer.

a Le roi, vêtu de pourpre, avec une couronne d'or, a un lion blanc à côté de lui. Il tient un lys rouge à la main, alors que la reine en tient un blanc.

b La reine, coiffée d'une couronne d'argent, caresse un aigle blanc ou d'argent qui se tient à côté d'elle.

c Un phénix, sur la sphère, s'incinérant lui-même ; beaucoup d'oiseaux d'or et d'argent s'envolent des cendres. C'est le signe de la multiplication et de l'augmentation.

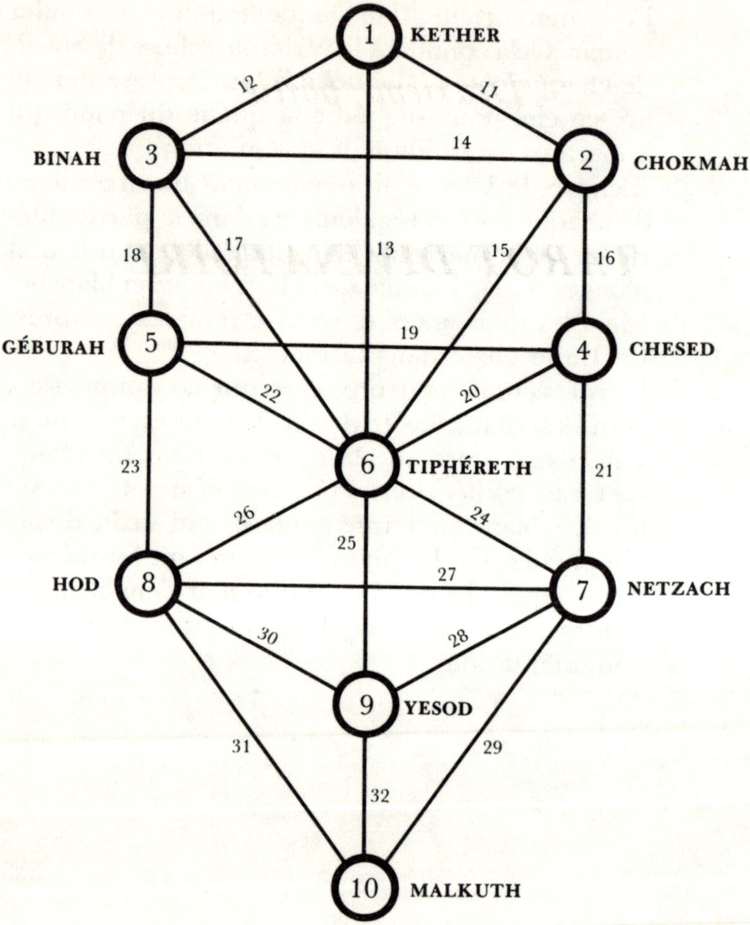

Arbre de Vie de la Kabbale ou Arbre des Séphiroth

Deuxième partie

TAROT DIVINATOIRE

I - LE BATELEUR

Sens général : Départ, potentialité, unité, habileté, jeunesse, gaieté. Connaissance immédiate, intelligence, ouverture d'esprit, spontanéité, vigueur. Le printemps. Esprit d'observation, période de centrage, de lancement. Liberté d'entreprise. Mercure (Gémeaux).

Sens social : L'enfant, l'adolescent, le fils, le jeune père, l'amant. Beau parleur, représentant, artiste, comédien, danseur, prestidigitateur, joueur, voleur, charlatan, conteur. Décorateur, afficheur, publicitaire, travailleur indépendant, apprenti, jardinier.

Santé : Tête, visage, peau et les maladies correspondantes : maux de tête, insolation./ Hyperlaxité ligamentaire./ Nervosité, dyslexie, acné, irritations cutanées.

Son pouvoir : Donne de l'aisance, de l'agilité, permet de commencer une action dans de bonnes conditions. Aide la création (d'un artiste ou d'une activité).

Le lieu : Les lieux publics : théâtre, opéra, grands magasins, centre ville.

ASPECTS POSITIFS — *Qualités* — *« L'Atout » dans mon jeu*	**ASPECTS NÉGATIFS** — *Défauts* — *Le point faible*
Il est favorable de se mettre à la case départ.	Il est défavorable de manipuler les éléments.
Gaieté, bonne humeur, entrain.	Inadaptation, turbulence.
Adresse, habileté, jeunesse.	Maladresse, dispersion, infantilisme.
Vivacité d'esprit.	Superficialité, personne influençable.
Bonne santé.	Vitalité faible.
Démarrage favorable.	Mauvais départ.
Aide d'un jeune homme.	Jeune personne arriviste ou incompétente.

II - LA PAPESSE

Sens général : Naissance. Connaissance profonde. Vérité cachée. Science. Savoir. L'occulte. Analyse. Voyance. Rêve prémonitoire. Confrontation avec soi, avec quelque chose, quelqu'un. Période d'étude et de préparation. Initiation.

Sens social : La mère. La grand-mère. La belle-mère. La nature. Sage-femme. Ecrivain. Chercheur. Bibliothécaire. Médium. Diéticienne. Analyste. Gardienne. Intermédiaire. Une entreprise. Un mouvement spirituel. Société secrète. Secte. Religion.

Santé : La bouche, la langue, la gorge. Le vagin, l'utérus. L'anus./ Allergies. Migraines. Troubles oculaires (glaucome, cataracte)./ Accouchement./ Signale des problèmes de santé dont le diagnostic n'a pas été établi (infections, tumeurs)./ Hérédité maternelle.

Son pouvoir : Aide la découverte des éléments cachés, l'introspection (analyse, dédoublement, visions), l'acquisition.
Protège contre les influences extérieures, ouvre les portes.

Le lieu : Cryptes. Librairie. Cabinet de consultation. Clinique d'accouchement.

ASPECTS POSITIFS — *Qualités* — *« L'Atout » dans mon jeu*	**ASPECTS NÉGATIFS** — *Défauts* — *Le point faible*
Il est favorable de rester caché.	Il est défavorable de s'enfermer.
Discrétion.	Intrigue.
Patience.	Indifférence.
Lucidité, discrimination.	Confusion.
Intuition, mémoire.	Illusion, oubli.
Attente et réflexion.	Paresse et rêverie.
Gestation, fécondité.	Stérilité.
Potentialité sur le point de se réaliser.	Inconscience, ignorance, lettre morte.
Aide d'une femme.	Une femme hypocrite.
Initiation, découverte.	Refoulement.
Sécurité, protection.	Obstacle caché, insaisissable.

III - L'IMPÉRATRICE

Sens général : Intelligence supérieure, compréhension, lucidité, intuition créatrice, inspiration.
Connaissance symbolique. Synthèse. Prise de conscience. L'âme. Période d'élaboration et de clarification. Dépassement d'un conflit. Mercure (Vierge).
Sens social : Une femme, épouse, maîtresse, sœur aînée. Directrice, femme du monde, éminence grise. Le protocole. L'épouse d'un homme de pouvoir, secrétaire de direction, maîtresse de maison, une femme sans profession. Psychologue.
Santé : La tête, les intestins./ Le corps symbolique et les méridiens d'acupuncture./ Souffrance psychique, angoisses, somatisation./ Signale la nécessité de se « purifier » par le repos ou les médecines douces.
Son pouvoir : Aide la conception (d'un projet, d'une idée...). Clarifie les pensées, permet une meilleure compréhension de soi, des autres, du monde.
Le lieu : Palais, château, maison bourgeoise, cercle privé, magasin luxueux, lieu à la mode.

ASPECTS POSITIFS — *Qualités* — *« L'Atout » dans mon jeu*	**ASPECTS NÉGATIFS** — *Défauts* — *Le point faible*
Il est favorable de faire des projets.	Il est défavorable de trop penser.
Bienséance, savoir-vivre.	Illusions et « poudre aux yeux ».
Intelligence, projet, idée créatrice.	Utopie.
Esprit de synthèse.	Erreur de jugement.
Femme très bénéfique.	Femme opposant son veto.
Eclaircissement de la situation.	Fausse route, faux problème.

IIII - L'EMPEREUR

Sens général : L'autorité, la base, les racines. Réalisme, stabilité, puissance, immobilisme. Age mûr, virilité, puissance de travail. Le Moi.
Période d'installation. Jupiter.

Sens social : Un homme, époux, père, chef, directeur, l'amant plus âgé. Le gouvernement, l'administration. Le protecteur. Homme d'affaires et de pouvoir. Despote. Sculpteur. Géomètre. Architecte.

Santé : Le foie et la vésicule biliaire./ Artérite, tendance à l'embonpoint et au cholestérol, problèmes vasculaires et cérébraux, angine de poitrine, infarctus du myocarde.

Son pouvoir : Permet la réalisation, l'établissement d'un projet, consolide un acquis, affermit la personnalité. L'Empereur est la concrétisation du potentiel de l'Impératrice.

Le lieu : Un pays, une capitale, une propriété, forteresse, mairie. Le patrimoine. Une montagne, un volcan.

ASPECTS POSITIFS — *Qualités* — *« L'Atout » dans mon jeu*	**ASPECTS NÉGATIFS** — *Défauts* — *Le point faible*
Il est favorable de s'imposer.	Il est défavorable de rester assis.
Stabilité, solidité.	Rigidité excessive.
Volonté, fermeté.	Intransigeance, tyrannie.
Responsabilité.	Sectarisme apathique.
Homme bon et puissant.	Homme opposant sa force d'inertie.
Etablissement, concrétisation.	Base déficiente, blocage matériel.

V - LE PAPE

Sens général : L'enseignement, la conciliation, le conseil, la générosité. Réunion, contrat, mariage. Spiritualité et philosophie. La persuasion. Le sacré en nous. L'expérience, extase, transe, don de guérison. Magnétisme. Période de préparation à un voyage.

Sens social : Père spirituel, guide, conseiller, initié, religieux, confesseur, guérisseur, enseignant, conférencier, réceptionniste, maître d'hôtel.

Santé : Les mains, la tête, les lèvres, le cœur./ Infections, maladies contagieuses./ La respiration, la circulation du sang et des énergies, les cinq sens./ Evanouissement, spasmophilie, épilepsie.

Son pouvoir : Réconcilie et unit. Aide à parler en public, favorise les expériences spirituelles. Indique l'orientation favorable (professionnelle ou autre).

Le lieu : Lieu de culte, salle de réunion, lieu bénéfique par ses ondes telluriques. Agence matrimoniale.

ASPECTS POSITIFS — *Qualités* — *« L'Atout » dans mon jeu*	**ASPECTS NÉGATIFS** — *Défauts* — *Le point faible*
Il est favorable d'unir. Contrat, union, accord. Bon conseil. Réputation fondée sur de vraies valeurs. Recherche spirituelle. Explication, résolution d'un problème.	Il est défavorable de s'accorder. Divorce, mésentente, colère. Mauvais conseil. Usurpateur, fausses valeurs, dogmatisme. Fanatisme, bigoterie. Ne pas entreprendre de démarche, ne rien dire.

VI - L'AMOUREUX

Sens général : Amour. La beauté, l'éphémère, la parure. Sens artistique. L'exaltation. La vérité intérieure. Le sacrifice par amour. Les affinités. L'amitié. Le don. L'acceptation, le libre consentement.
Période de rencontre, de choix : « à la croisée des chemins ». Vénus (Taureau).

Sens social : Jeune homme, fils de famille, un ami, toute personne amoureuse. Un charmeur. Mannequin, esthète, couturier, bijoutier. Un artisan. La prostitution. Une personne dévouée. Un mécène. Attaché de presse.

Santé : Vitalité moyenne./ Mauvais retour veineux dans les jambes. Tendance aux œdèmes. Hémorroïdes./ Problèmes de foie et de reins./ Angoisses existentielles.

Son pouvoir : Talisman pour la séduction. Aide à entrer en relation avec autrui. Révèle la beauté et le talent. Permet de rencontrer l'amour. Aide la conception d'un enfant.

Le lieu : Un carrefour, un pont, les fêtes et les lieux de rencontre.

ASPECTS POSITIFS — *Qualités* — *« L'Atout » dans mon jeu*	**ASPECTS NÉGATIFS** — *Défauts* — *Le point faible*
Il est favorable de rester entre deux routes.	Il est défavorable de choisir.
Sincérité.	Incertitude, hésitation.
Ouverture aux autres.	Capricieux et désagréable.
Choix.	Empêchement.
Rencontres amoureuses.	Pas de vie sentimentale.
Beauté, charme, art.	Rivalité, conflit.
Propositions multiples.	Promesses sans lendemain.

VII - LE CHARIOT

Sens général : Triomphe, réussite, maîtrise, adresse, action dirigée, dynamisme. Application matérielle des principes et idées spirituels: le voyage, la volonté, la foi. Prophétie, projection dans le temps. Le but. La conduite, le comportement. L'indépendance. La technicité. La voiture. Période de déplacements et de progrès. Mars.

Sens social : Jeune homme entreprenant, un amant marié. Don Juanisme. Les échanges amoureux. Conducteur, pilote, sportif (sports mécaniques). C'est l'initié dans le Monde. Personnalité populaire, navigateur, V.R.P., ambassadeur.

Santé : Tout ce qui concerne la motricité./ Calcifications./ Les maladies transmissibles par la sexualité./ Mal des transports./ Vaccins et maladies tropicales./ Bonne santé, bonne vitalité.

Son pouvoir : Renseigne sur les buts à atteindre. Protège dans les déplacements. Donne le sens de l'orientation. Aide la maîtrise de soi.

Le lieu : Routes, grandes avenues, autoroutes, pistes de compétitions, garage.

ASPECTS POSITIFS — *Qualités* — *« L'Atout » dans mon jeu*	**ASPECTS NÉGATIFS** — *Défauts* — *Le point faible*
Il est favorable de prendre une route.	Il est défavorable de « monter sur un char ».
Chance, succès, talent.	Impasse, incompétence.
Fierté, affirmation.	Orgueil, échec.
Espoir, bonheur, enthousiasme.	Aventure sans suite, déception.
Bon caractère.	Révolte et colère (emportement).
Confiance, voie juste.	Mauvaise direction, leurre.
Maîtrise d'un problème.	Enlisement.
Connaissance des technologies.	Incohérence et mauvaise coordination.
Aide d'un homme dynamique.	Un homme détourne l'action.

VIII - LA JUSTICE

Sens général : Equilibre, rigueur, froid, harmonie, logique, beauté formelle, lois, honnêteté, sanction, l'éducation, le sur-moi. La justice terrestre et cosmique (les lois karmiques). La providence, l'exactitude et la précision. Période de redressement d'une situation, de bilan, de démarches administratives, d'autocritique. L'automne.

Sens social : Une femme mûre, la belle-mère, une femme honnête. L'arbitre, le juge, l'avocat. Comptable, surveillant, informaticien, chirurgien, chercheur en sciences naturelles, orfèvre, employé d'administration, détective, funambule, vitrier.

Santé : Les reins./ Le cristallin, la pupille et la cornée de l'œil./ La cataracte, la goutte./ Les régimes alimentaires./ Santé équilibrée, vitalité stable.

Son pouvoir : Elle rétablit l'équilibre, éclaircit les problèmes, donne de la fermeté et de la diplomatie.

Le lieu : Tribunal, lieu administratif, hall d'exposition, chambre frigorifique, salle d'examen.

ASPECTS POSITIFS *— Qualités* *— « L'Atout » dans mon jeu*	**ASPECTS NÉGATIFS** *— Défauts* *— Le point faible*
Il est favorable de regarder les choses en face.	Il est défavorable de rester rigide.
Clarté, exactitude.	Méfiance, insatisfaction.
Sens de l'honneur.	Contradiction.
Lucidité, structure.	Froideur, sévérité.
Equité, intégrité.	Injustice, cruauté.
Notification favorable.	Ne pas entamer de procédure.
Vision juste.	Désordre, déséquilibre.
Action juste.	« Choc en retour ».
Conseil dicté par la logique.	Sophisme.

VIIII - L'HERMITE

Sens général : Le fondement des êtres et des choses. Le retard, l'intériorisation, la solitude, le silence. La lenteur, le travail, la recherche. La lumière intérieure. La prudence. Ascèse, prescience, états régressifs. La voie spirituelle. Sagesse, profondeur de pensée. Les difficultés. L'hiver.

Sens social : Le grand-père, le doyen. Un veuf, un retraité. Le sage, un saint homme. Un savant, un guide. Cultivateur, sourcier, radiesthésiste, philosophe. Gardien (de nuit, de phare, de prison). Le médecin, gynécologue, analyste. Travailleur indépendant, artisan, transporteur, toute activité laborieuse. La spéléologie.

Santé : Les os, les articulations, l'œil, l'oreille, la vessie./ Rhumatismes, sénilité, cécité, surdité./ Signale un vieillissement et une fatigue. Problèmes prostatiques, problèmes de peau./ Vie au ralenti, longévité, personne très structurée.

Son pouvoir : Aide la découverte des causes profondes. Favorise la méditation, l'introspection, la recherche. Permet la concentration mentale. Apporte du travail.

Le lieu : Régions isolées, laboratoire, hospice, monastère, prison, caserne, cavernes. Les lieux fermés.

ASPECTS POSITIFS — *Qualités* — *« L'Atout » dans mon jeu*	**ASPECTS NÉGATIFS** — *Défauts* — *Le point faible*
Il est préférable de s'isoler.	Il est défavorable de se replier sur soi-même.
Persévérance, courage.	Entêtement, rigidité.
Sobriété, patience.	Avarice, mutisme.
Abstinence voulue.	Frustration.
Travail à longue échéance.	Traversée du désert.
Recherche en profondeur.	Misanthropie, acariâtre.
Les conseils éclairés.	Obscurantisme.
Période de structuration.	Période de difficultés.
Le temps apporte les solutions.	Manque de temps, retard.

X - LA ROUE DE FORTUNE

Sens général : Les cycles, les saisons, la course de la vie, l'alternance, les mécanismes. Déterminisme. « Tourner en rond ». Abstraction systématique. Enchaînement des choses. Macrocosme et microcosme. Période de mobilité, de recherche et de découvertes (bonnes et mauvaises). Saturne.

Sens social : Toute personne prise dans une activité débordante. Action invisible d'un être ou d'une organisation sur le déroulement de la vie quotidienne. Homme ou femme supervisant le travail des autres. Astrologue, futurologue, astronome, horloger, mécanicien, « chasseur de têtes ». Travail saisonnier.

Santé : Les articulations (précisément les genoux). Veines, artères. Les humeurs./ Fluctuation de l'énergie du corps./ Nervosité, suractivité, névroses obsessionnelles, insomnies.

Son pouvoir : Donne le mouvement et la vie, débloque les situations, aide à accepter les revers de la destinée (après la pluie, le beau temps). Permet de prendre un recul sur la vie.

Le lieu : Les casinos, la Bourse, les stades, fêtes foraines. Agence de recrutement. Salle des machines, « plaque tournante ». Ecole. Lycée.

ASPECTS POSITIFS — *Qualités* — *« L'Atout » dans mon jeu*	**ASPECTS NÉGATIFS** — *Défauts* — *Le point faible*
Il est favorable de laisser tourner la roue.	Il est défavorable de vouloir changer les choses.
Volubilité, disponibilité.	Radotage, inconstance, ivresse.
Rapidité, évolution.	Marasme, situation sans issue.
Phase ascendante d'un cycle.	Phase descendante d'un cycle, blocage.
Vision d'ensemble.	Activité aveuglante.
Régénération.	Dispersion, fuite en avant.
Aide de la Destinée, chance.	Hasards contraires.

XI - LA FORCE

Sens général : Puissance dominatrice, plénitude, maîtrise. La volonté, le désir, le courage, le pouvoir né de la sexualité. Le dépassement, la force physique et morale, l'énergie spirituelle (Shakti, Kundalini). Période d'abondance, de réchauffement. L'été.

Sens social : Une maîtresse femme. Une femme plantureuse. Une femme dirigeant un groupe d'hommes. La réussite par soi-même. Les métiers confrontant au danger. Gestionnaire, organisateur, comité de direction, chef de chantier. Déménageur. Sportif, entraîneur, culturiste, dompteur, boucher.

Santé : Le cœur, les muscles et les ligaments./ Problèmes endocriniens, sexualité débordante./ Hypertension artérielle./ Excellente vitalité, bonne santé.

Son pouvoir : Permet d'affronter et de dominer les difficultés. Donne l'assurance et la force intérieure.

Le lieu : Arènes, cirques, déserts, forêts vierges, jungles. Une boucherie, un abattoir. Salle de sports.

ASPECTS POSITIFS

— *Qualités*
— *« L'Atout » dans mon jeu*

Il est favorable de ne pas lâcher prise.
Courage, vigueur.
Réussite confortable.

On domine la situation.
Encouragement à la lutte.
Aide d'une femme puissante.
Rencontre passionnelle.

ASPECTS NÉGATIFS

— *Défauts*
— *Le point faible*

Il est défavorable d'utiliser la force.
Orgueil, brutalité.
Manque de contrôle conduisant à l'échec.
Efforts inutiles, démission.
L'opposition est plus forte.
Une femme veut vous dominer.
Tyrannie affective, jalousie.

XII - LE PENDU

Sens général : Sacrifice, épreuve, blocage, passivité, dépendance, libération de l'âme du corps. Les habitudes, la communication et le langage. La télépathie, la médiumnité. Le corps physique. L'accoutumance. La tradition. La prière. Les contingences, l'abandon, le désintéressement. Le pessimisme. L'inversion. Période de repos, d'entracte et de réalisation spirituelle. Neptune.

Sens social : Le frère spirituel, un ami dévoué, un faible d'esprit. Yogi, mystique, adepte, idéaliste, médium. Prisonnier, mendiant, alcoolique, drogué, prostitué (e). Chômeur. Sophrologue, programmeur informaticien, herboriste. Association humanitaire.

Santé : Les pieds, le système lymphatique, les poumons./ Stérilité, toxicomanie./ Manque d'énergie. Somatisations, mauvais réflexes, les tics./ Tendances suicidaires, schizophrénie.

Son pouvoir : Libère les tensions, ouvre les perceptions psychiques. Permet l'acceptation des épreuves en les transposant sur les plans supérieurs. Favorise la communication avec les univers spirituels.

Le lieu : Lieux de repos près de la nature. Prison, hôpital. Un refuge, un bar-tabac. Une pharmacie.

ASPECTS POSITIFS — *Qualités* — *« L'Atout » dans mon jeu*	**ASPECTS NÉGATIFS** — *Défauts* — *Le point faible*
Il est favorable de tout abandonner.	Il est défavorable de rester dans le « flou ».
Dévouement et soumission.	Ennui, paresse.
Acceptation.	Aliénation.
Vie spirituelle.	Incrédulité, mysticisme stérile.
Période d'attente.	Situation bloquée.
Mûrissement d'une situation.	Dessèchement et refus.
Disponibilité passive.	Attachement, absence de liberté.
Epreuve salutaire.	Punition, impasse.

XIII - L'ARCANE SANS NOM

Sens général : Transformation, changement radical, coupure, mutation, renouvellement. Structuration, dépouillement, destruction. Le silence, l'erreur. L'humus. La marche du temps. Le froid. Protection des morts. Décision irrévocable. Analyse rigoureuse. Période de séparation, entrée dans un nouveau cycle. Décortication. Remise en question. Le diagnostic. Radiographie. Lune noire.

Sens social : Les ancêtres. Une personne veuve. Un critique, un examinateur. Les métiers en rapport avec la mort. Huissier. Rhumatologue, radiologue. Médium, spirite. Psychanalyste. Balayeur, éboueur. Les métiers qui exigent de rester « sur la brèche ». L'informatique.

Santé : Les squelettes, les articulations, décalcification, maladies osseuses. Très grande résistance physique, longévité héréditaire, maigreur. Insensibilité (physique et psychique), problèmes intestinaux (dysenterie). Hyperémotivité rentrée.

Son pouvoir : Permet le renouvellement (mourir pour renaître). Aide à prendre une décision. Ravive l'instinct de vie. Détruit les illusions.

Le lieu : Cimetière, décharge publique, pays froid, terre très riche. Salle d'ordinateur, les fichiers (état civil, police). Vestiaire.

ASPECTS POSITIFS — *Qualités* — *« L'Atout » dans mon jeu*	**ASPECTS NÉGATIFS** — *Défauts* — *Le point faible*
Il est favorable de trancher.	Il est défavorable de décider.
Détermination, discrimination.	Manque de finesse, intransigeance, méprise.
Incorruptibilité.	Sans scrupules.
Fidélité, droiture, discrétion.	Laideur, contact réfrigérant, effacement.
Rénovation, déblocage.	Gel et pétrification.
Aide d'esprits désincarnés.	Aucune aide. Aridité.

XIIII - TEMPÉRANCE

Sens général : Les échanges, les liens, l'harmonie et les fluides universels. Continuité, apaisement, amabilité, aisance, sociabilité. Les voies naturelles. Le « Ki », le « Prâna », l'énergie vitale. L'encouragement. Période de renouveau, de convalescence, d'ouverture aux autres.

Sens social : Un (e) ami (e). Un étranger, une relation. L'ange gardien, le parrain, la marraine. « Public relation », hôtesse, diplomate, interprète. Les métiers qui s'occupent de l'établissement et de l'entretien des voies d'échanges : plombier, électricien, électronicien, acupuncteur, magnétiseur, guérisseur. Musicien instrumentaliste.

Santé : Rein, vessie./ Artères, veines, lymphatiques. Pancréas. Hypophyse. Transfusion, perfusion./ Névrite, sclérose en plaques./ Emphysème. Circulation énergétique.

Son pouvoir : Fludifie, coordonne et établit des relations harmonieuses. Réconforte, allège et assouplit.

Le lieu : Climats tempérés, stations thermales, sources miraculeuses. Les échangeurs : aéroports, gares, standards, satellites.

ASPECTS POSITIFS — *Qualités* — *« L'Atout » dans mon jeu*	**ASPECTS NÉGATIFS** — *Défauts* — *Le point faible*
Il est favorable de se mettre dans le courant.	Il est défavorable de poursuivre un échange.
Sérénité, félicité.	Absence, autosatisfaction.
Equanimité.	Indifférence. Impatience.
Solidarité.	Opportunisme.
Les affinités, l'âme sœur.	Incommunicabilité.
Contacts hautement bénéfiques.	Mauvais échanges, contacts superficiels.
Période de détente, régénération.	Désengagement, entourage négatif.

XV - LE DIABLE

Sens général : Les puissances, les pouvoirs. La richesse, la sexualité. Les rapports de forces. Volonté de puissance. Les tentations. L'interdit. L'autre. L'adversaire. L'allié indispensable à toute réalisation. L'occulte, le sommeil, l'ombre. Hypnose, fascination. Le gardien du seuil. Le travail lucratif. « L'or noir ». Période de réalisation matérielle, confrontation à la réalité. Pluton.

Sens social : Un homme ou une femme influent. Personnalité ambiguë. Une personne riche. Une idole (ex : chanteur populaire). La politique. Les gains (héritage, jeux de hasard). L'élégance. Un financier, prêteur sur gages. Le « milieu ». Un magicien, un humoriste, un travesti, la mode. Les censeurs. Une organisation secrète d'entraide. Un contrat d'assurance. Les paris.

Santé : Organes génitaux, muqueuses, estomac, foie. Le stress. Terrain cancéreux. Hypertension artérielle. Tendance aux excès. Puberté. Mauvais sommeil, terreurs nocturnes. Hystérie. Le Hara.

Son pouvoir : Aide la réalisation des affaires. Peut favoriser la chance aux jeux d'argent. Aide l'épanouissement sexuel. Permet la compréhension des mondes invisibles.

Le lieu : Tavernes, boîtes de nuit à la mode. Un podium. Les studios de radio, télévision, cinéma. Cabinet occulte. Une banque. Champ de courses, salle de jeux.

ASPECTS POSITIFS — *Qualités* — *« L'Atout » dans mon jeu*	**ASPECTS NÉGATIFS** — *Défauts* — *Le point faible*
Il est favorable de s'attacher.	Il est défavorable de trôner.
Magnétisme.	Rayonnement négatif.
Autorité.	Belliqueux.
Ruse, astuce.	Manipulation machiavélique.
Accord sexuel.	Perversion, incompatibilité épidermique.
Une bonne affaire.	Affaire louche : danger.
Activité intense.	Obstacle, esclavage, impuissance.
Enrichissement.	Problèmes matériels.

XVI - LA MAISON-DIEU

Sens général : Changement brutal, écroulement, rupture, accident, échec, déception. Les constructions (physiques, mentales, psychologiques, spirituelles). L'expérimentation de la vie. La psychanalyse, les angoisses, le danger. Une « tour d'ivoire ». L'avertissement. Intervention d'un plan supérieur (la grâce). Période de revers de fortune, de « labourage », de prise de conscience. Déménagement. Événement catalyseur. Précipitation. Uranus.

Sens social : Un tuteur. Une personne divorcée. Un handicapé physique. Psychanalyste, chirurgien, maçon, maquettiste, architecte, révolutionnaire (terroriste). Cosmonaute. Artificier. Service des urgences. Les soldes, la faillite. Apiculteur. Technologie de pointe (aérospatiale, énergie atomique, électronique).

Santé : Tout le corps./ Les chevilles, les poignets./ Opération chirurgicale./ Circoncision, perte de la virginité./ Césarienne, avortement./ Etat d'urgence, réanimation./ Angoisse, dépression.

Son pouvoir : Détruit les obstacles, révèle de nouveaux horizons, incarne un principe nouveau et supérieur.

Le lieu : Site archéologique, ruines, chantiers, carrières, lieux de culte, hauts fourneaux, centrale atomique, bureau d'étude. Salle d'opération. Une ruche (sens propre et figuré). Lieux de concentration d'énergies (Chartres, Carnac, Egypte, île de Pâques...). Un Mandala.

ASPECTS POSITIFS — *Qualités* — *« L'Atout » dans mon jeu*	**ASPECTS NÉGATIFS** — *Défauts* — *Le point faible*
Il est favorable de laisser éclater les choses.	Il est défavorable de construire.
Innovation géniale.	Perturbation, destruction.
Constructif et ouvert.	Révolté, obtus.
La situation est « mûre ».	Provocation stérile.
Changement de structure.	Effondrement.
Événement bouleversant.	Mise à pied, licenciement.
Découverte soudaine.	Epée de Damoclès.

XVII - L'ÉTOILE

Sens général : Retour aux sources. Union avec le cosmos. Réceptivité intuitive. Confiance, épanouissement, sensualité, don de soi. La nature, l'intimité, la beauté, l'amour, l'essentiel, la pureté, la délicatesse, le merveilleux. L'espérance. L'aspiration, la soif, l'inspiration. Les énergies subtiles. Une bonne période astrale. Vénus (Balance).

Sens social : Une belle femme, une femme amoureuse. Une femme inaccessible. Une demoiselle. Un artiste, un modèle, un chanteur. Écologiste, oiseleur, jardinier, esthéticienne, voyant, chercheur de vérité.

Santé : La bouche, la voix./ Hypothyroïdie, tendance aux œdèmes, cellulite ; frigidité./ Rhino-pharyngites./ Hypersensibilité./ Santé fragile.

Son pouvoir : Protège, guide, illumine, accorde. Apporte la chance et l'inspiration.

Le lieu : Jardin botanique. Une réserve naturelle. Salon de beauté. Un temple d'amour.

ASPECTS POSITIFS — *Qualités* — *« L'Atout » dans mon jeu*	**ASPECTS NÉGATIFS** — *Défauts* — *Le point faible*
Il est favorable de suivre son étoile. Douceur, grâce. Sensibilité, réceptivité. Chance, harmonie. Symbiose. Bonne période. Protection d'une femme pure.	Il est défavorable de s'abandonner à la fatalité. Mollesse, apathie. Narcissisme, émotivité. Fatalisme, tristesse. Mirage, déception. Mauvaise période. Opposition passive d'une femme.

XVIII - LA LUNE

Sens général : L'imagination. L'image. Le rêve. La mémoire. Le miroir. L'ingérence, la curiosité. La féminité. L'excitation. La peur, le doute. La fuite. Les visions, fantasmes, pulsions. L'inconscient. Les conflits. La prolifération, la fécondité. L'instinct de conservation. L'eau. La nuit. La végétation et la nature. Les foules, les chimères, la rumeur. Période de fluctuation, d'incertitude, de gestation. La Lune.

Sens social : La mère de famille. La femme au foyer. Une reine. Un original. L'endoctrinement collectif. La vie en société. Le spectacle. Les commerçants, les assistants, les concierges. Une gouvernante. Les animaux domestiques. Un éleveur. Les médias, un animateur. La littérature et les auteurs. Un maître chanteur.

Santé : L'estomac, les seins, le cerveau./Les maladies « galopantes ». Boulimie. Cyclothymie. Rétention d'eau./Claustrophobie, schizophrénie, mégalomanie. Dédoublements de la personnalité.

Son pouvoir : Favorise la croissance et le développement. Stimule la création. Aide à trouver un domicile.

Le lieu : La maison familiale, l'appartement. Lieux de vie en communauté, lieux de rassemblement des foules (cinéma, boîte de nuit, stade, la rue). Les bords de mer, un endroit marécageux.

ASPECTS POSITIFS — *Qualités* — *« L'Atout » dans mon jeu*	**ASPECTS NÉGATIFS** — *Défauts* — *Le point faible*
Il est favorable de se laisser influencer.	Il est défavorable de rêver.
Exaltation, féminité.	Bavardages, inconscience, immaturité.
L'hospitalité.	Envahissement, usurpation.
Générosité, prolificité.	Dissipation, prolixité.
Adaptabilité, sens des rapports.	Mensonge, superstition, confusion.
Aide d'une femme « maternelle ».	Mauvaises influences, une femme inconstante.
Sécurité, environnement protecteur.	Cambriolage, vol.
Accueil favorable du public.	Impopularité, chimère.

XVIIII - LE SOLEIL

Sens général : La conscience. La créativité. Les créations. La lumière. L'idéal. Le bonheur. Le rayonnement. L'identité. Le soi. La fraternité. Chaleur, épanouissement, ouverture, illumination, reconnaissance. L'évidence, la connaissance spontanée, la vérité. La générosité. L'amour universel, le Divin.
Période de réalisation, d'accomplissement, de mise en valeur. Le Soleil. L'été.

Sens social : Le père. Un couple très uni. Les enfants (jumeaux). Un roi. Un maître spirituel. Une fraternité. Un créateur de grand talent. Un metteur en scène. Un personnage très influent. Une célébrité. Un responsable de collectivité. Un organisateur de festivités.

Santé : Le cœur, les yeux, les épaules, la poitrine et les poumons, la glande pinéale, le plexus solaire.
Les brûlures, les maladies cardiaques, insolations, coups de soleil, fièvre. Extraversion./Bonne santé générale.

Son pouvoir : Éveille les pouvoirs créateurs. Harmonise les rapports humains. Simplifie la vie. Contribue au bonheur des êtres.

Le lieu : Un pays chaud. Lieu de vacances. Une fête. Un festival. Une communauté. Une capitale. Proximité d'un lieu ou d'un personnage connu.

ASPECTS POSITIFS — *Qualités* — *« L'Atout » dans mon jeu*	**ASPECTS NÉGATIFS** — *Défauts* — *Le point faible*
Il est favorable de briller. Intégrité. Brillant et chaleureux. Sincérité, grandeur d'âme. Rassemblement, accord, union. Beauté physique, santé. Réussite, abondance. Grande protection.	Il est défavorable de se mettre dans la lumière. Arrogance, sécheresse. Egocentrisme, superficialité. Intolérance, bluff, médiocrité. Incompatibilité, association malheureuse. Insipide et méprisant. Stérilité, pauvreté. Limitation, aucune aide.

XX - LE JUGEMENT

Sens général : Résurrection. Révélation. Eveil. Appel. La prière. La transcendance, la renommée, l'information ; le message, la prophétie, le scandale. La naissance. La nouveauté, les nouvelles. L'invention, l'exploit, le jaillissement. La guérison, le miracle, la découverte d'une vocation. Période de transmutation profonde, de métamorphose. Le printemps.

Sens social : Le nouveau-né. Un être « éveillé ». Un miraculé, un néophyte. Un archéologue. Un inventeur. Le journalisme. Un thaumaturge. Un recordman. Personnalité élue. Un ingénieur du son. Soulèvement social, tremblement de terre.

Santé : Les oreilles, les bronches, les voies aériennes supérieures./Hallucinations, bouffées délirantes./Régénération, santé retrouvée.

Son pouvoir : Révèle, ravive, guérit, éveille, rafraîchit. Aide la respiration et atténue la claustrophobie.

Le lieu : Fouilles archéologiques. Lieux d'apparitions. Cimetières. Lieux initiatiques. Studios d'enregistrement, salles de concerts.

ASPECTS POSITIFS — *Qualités* — *« L'Atout » dans mon jeu*	**ASPECTS NÉGATIFS** — *Défauts* — *Le point faible*
Il est favorable d'attendre un appel.	Il est défavorable de claironner.
Modernité, ouverture.	Un exalté.
Sens de la communication.	Asynchrone, incompréhension.
Précurseur enthousiaste.	Girouette.
Coup de foudre.	Espoirs déçus.
Surprise heureuse.	Mauvaises nouvelles.
Aide d'une personne réputée pour ses bons conseils.	Mauvaises fréquentations.

XXI - LE MONDE

Sens général : Couronnement d'une œuvre. Apothéose. Réussite totale. Accord, harmonie et conscience cosmique. Les honneurs, les récompenses. Perfection achevée. Le sens de l'orientation. La liberté, le bonheur, l'aisance, la danse. Un microcosme dans le macrocosme. Un égrégore. Période de succès, de réalisation, d'ouverture sur un monde nouveau.

Sens social : Un individu, une cellule, un organisme social d'envergure internationale. Un étranger. Un académicien. Un lauréat. Un décorateur. Un paysagiste. Un être réalisé dans son domaine. Un chef-d'œuvre.

Santé : Les corps subtils (aura, éthérique), les enveloppes du corps et des organes, et les maladies correspondantes. Le nez. Les nocivités telluriques. Très bonne santé.

Son pouvoir : Protection totale. Conduit au succès. Permet la synthèse et l'achèvement d'une activité. Augmente le rayonnement personnel.

Le lieu : Le cosmos, la Terre, un pays, une région, un département. Un musée. Une grande école, une académie. Un club privé. Un salon.

ASPECTS POSITIFS — *Qualités* — *« L'Atout » dans mon jeu*	**ASPECTS NÉGATIFS** — *Défauts* — *Le point faible*
Il est favorable de se mettre au centre des choses. Compétence et maîtrise. Chance et facilité de contact. Ouverture et disponibilité. Aboutissement et succès. Epanouissement. Aide déterminante.	Il est défavorable de se croire en pays conquis. Insuffisance et étroitesse. Mondanité et déconcentration. Apparence flatteuse inconsistante. Obstacle majeur. Entourage hostile. Aucune aide, isolement social.

LE MAT

Sens général : L'inattendu, la soudaineté. La fin et le début d'un cycle. L'instant présent. L'incompréhensible, l'inaccessible, l'indicible. L'esprit. Le principe d'évolution. Dieu. Le Tao. L'ailleurs. Le hasard. Un bouleversement imprévisible. La libération. La cause de l'enchaînement des événements. La synchronicité. Le chemin de vie. Le Karma. Un « coup de pouce » de la destinée. La remise en question. Période d'aventure et de découverte. Les éléments de la nature (vent, pluie...).

Sens social : Toute personne apportant un élément nouveau dans une vie individuelle. Les prophètes. Un enseignement très difficile. Une création intemporelle. Un original, un émigrant. Le nomadisme. L'idiot du village. Un possédé. Un aventurier. Un provocateur. Travailleur intermittent, amuseur public, pigiste.

Santé : Le rythme cardiaque. L'impulsivité. Les accès maniaques. Hypernervosité. Problèmes moteurs, dyslexie.

Son pouvoir : Donne un sens à la vie. Permet la libération (de soi, des instincts, du génie personnel...). Donne accès à des plans supérieurs. Accélère un processus.

Le lieu : Chemins et lieux de pèlerinage. Tout lieu où peut intervenir un événement inattendu : partout.

ASPECTS POSITIFS — *Qualités* — *« L'Atout » dans mon jeu*	**ASPECTS NÉGATIFS** — *Défauts* — *Le point faible*
Il est favorable de faire son balluchon.	Il est défavorable de partir à l'aventure.
Génie.	Folie.
Etre d'exception, grande disponibilité.	Extravagance, irresponsabilité.
Energie et rapidité d'intervention.	Fuite et brusquerie.
Passion soudaine.	Errance et amoralité.
Passage initiatique.	Epreuve, accident.
Illumination et découverte.	Illusion, sottise.
Opportunité heureuse.	Impondérables (grèves, accident, panne...).

TAROT PRATIQUE

Le symbolisme des vingt-deux arcanes majeurs est d'une telle richesse qu'une vie de travail acharné ne suffirait pas à l'épuiser. Le Tarot a inspiré de nombreux chercheurs de vérité, certains ont publié leurs découvertes, d'autres perpétuent la tradition et transmettent oralement l'enseignement qu'ils ont reçu. Ces deux écoles, celle de la Lettre et celle de la Parole, se méprisent souvent cordialement, chacune prétendant détenir la source véritable du Tarot. La lecture des livres ou l'écoute des conférences offrent également de nombreuses contradictions.

Face à ces divagations, le néophyte sincère pourrait être tenté d'abandonner ses recherches dans ce domaine, et ce serait regrettable. Il commettrait une grossière erreur d'appréciation, car la vérité du Tarot est Une, universelle, et accessible à tous. Chaque étudiant, chaque chercheur découvre à travers lui des vérités cachées.

Le néophyte qui se borne à lire des livres ou à écouter des causeries est à la porte du Temple : il se laisse séduire par les tours de « passe-passe » du Bateleur, mais il ne connaît pas la Papesse. Le vrai travail commence dans la confrontation avec soi-même, lorsque toute théorie est abandonnée et que nous sommes seuls face au Tarot et à son mystère. Alors, dans le silence et la détente intérieur, les arcanes nous parlent. Une telle démarche équivaut à se lancer sur un fil comme un funambule sans filet de sécurité, et bien souvent la peur nous paralyse. Nous croyons que les prouesses d'interprétations sont réservées aux êtres surdoués et qui en ont fait leur métier, alors qu'il suffit de peu d'entraînement et de quelques conseils pratiques simples pour réaliser des prodiges étonnants.

Pendant les nombreuses années de recherche sur les arcanes, quelques règles nous sont apparues indispensables à la pratique du Tarot. Voici les principes de base nécessaires à toute utilisation des arcanes majeurs :

Le choix du format et des coloris du jeu.

Dans le foisonnement des jeux, le Tarot de Marseille (Grimaud) se distingue par son authenticité et la qualité universelle de ses symboles. Son origine se perd dans la nuit des temps, il n'appartient à aucune religion, secte ou confrérie. Nous l'avons choisi comme base de travail. Il est important que la dimension des cartes soit en harmonie avec la main. Le jeu classique (12,5 × 6,5 cm) ne convient pas à tous, un format plus petit peut faciliter la manipulation des arcanes. Chacun trouvera ce qui lui correspond.

L'imprégnation du jeu.

Le Tarot va devenir un instrument de connaissance, un outil dans votre main, un prolongement de vous-même. Il ne devra pas être manipulé par d'autres personnes. En sortant de chez le marchand, il n'est qu'un simple jeu de cartes, mais vous allez vivre avec lui, le mettre dans vos poches, dans un sac à main, dormir près de lui, le regarder, et peu à peu vos énergies subtiles et inconscientes se mettront en relation avec les forces invisibles des symboles [1].

---

1. Pour plus d'informations sur les techniques d'imprégnation d'un jeu de Tarot, voir *Le langage secret du Tarot*, Ed. Sand.

Vos vibrations, votre aura, votre parfum imprégneront les morceaux de carton : votre Tarot sera ainsi personnalisé.

L'enveloppe protectrice.

Un jeu de cartes « imprégné » n'est plus un objet ordinaire, il doit être protégé physiquement et spirituellement. Le choix d'une pièce de soie mauve (carrée ou rectangulaire) est idéal pour l'envelopper. Les qualités de la soie sont bien connues, et la couleur mauve (ou violet, mélange équilibré de rouge et de bleu) est la couleur du secret. Elle active les énergies féminines dans l'être (intuition, visions, méditation), favorise un certain apaisement et met admirablement en valeur les cartes du Tarot. Le tissu pourra servir de tapis pour la consultation des arcanes, il délimitera l'espace de travail et aidera à la concentration.

La consultation des arcanes.

La consultation du Tarot ne nécessite aucun rituel particulier, cependant, si nous voulons nous mettre dans les meilleures conditions pour « capter le message » des arcanes, les indications suivantes seront très utiles.

Petite toilette vibratoire.

Les mains sont les instruments de la connaissance. Elles sont une des parties les plus sensibles du corps. Véritables antennes, elles transmettent beaucoup d'informations au centre de la conscience. Elles doivent donc être lavées physiquement bien entendu, mais aussi « énergétiquement ». Pour cela, il suffit d'imaginer (ou visualiser) devant soi une fontaine dans laquelle nous frottons nos mains.

Cet exercice a l'avantage de stimuler et de purifier nos corps éthérique (visible par l'effet Kirlian) et fluidique.

L'excès d'énergie est dispersé par simple souffle sur les mains. Les magnétiseurs se « dégagent » de cette façon, et ce geste se retrouve chez le travailleur manuel qui souffle ou crache instinctivement dans ses mains avant de saisir le manche de la pioche.

Bijoux, montre et bracelets peuvent gêner la circulation des courants subtils, mais ceci est laissé à l'appréciation de chacun.

Toutes ces opérations doivent être accomplies sans précipitation, ainsi le calme intérieur s'établit naturellement. Si des informations « arrivent » pendant ces exercices (images, pensées, souvenirs, voix intérieures), observez-les sans chercher à les interpréter. Elles réapparaîtront le moment venu dans la consultation.

Concentrez-vous le plus simplement possible sur votre respiration en écoutant l'air entrer et sortir du corps.

Le cercle de protection magique.

Les sens sont aiguisés, vous êtes calme, votre Tarot est avec vous, il faut maintenant vous protéger des influences extérieures qui pourraient perturber votre travail.

La création d'un cercle imaginaire autour de vous remplira cette fonction. Si la visualisation vous semble difficile, dessinez-le avec vos mains. Quand vous tirez le Tarot pour quelqu'un, englobez le consultant dans votre sphère, vous bénéficierez ainsi de toutes les forces positives du Tarot. Ce procédé est très efficace et absolument inoffensif. A la fin de la consultation, n'oubliez pas d'effacer mentalement ce cercle car vous pourriez passer complètement inaperçu jusqu'à la fin de la journée !

Le brassage des cartes.

Toute opération visant l'émergence d'un contenu inconscient ou invisible passe par le « brassage » des énergies. Les cartes sont mélangées, battues, désorganisées afin d'écarter toute intervention de la logique mentale. Cela correspond symboliquement à un retour à l'unité primordiale, au chaos originel, là où tout est possible. A ce moment nous sommes Bateleur (celui qui bat).

Les arcanes vont servir de base, de support à la voyance et à la manifestation de l'inconscient. Nos énergies doivent entrer dans le jeu, être mélangées, soudées à ce support : pour cela le brassage s'exécute au niveau du plexus solaire. En effet, ce centre nerveux (situé en dessous du sternum) émet un jet lumineux qui peut atteindre l'intensité d'un phare de voiture (et parfois plus)[1].

Trouvez l'emplacement qui vous est confortable : certaines personnes préfèrent brasser les cartes au niveau du centre Hara (situé entre le nombril et le sexe). Les effets produits par ces deux centres sont sensiblement équivalents. Les épaules doivent rester décontractées. Le Tarot est posé à plat, faces cachées, dans les mains posées l'une sur l'autre, paumes tournées vers le ciel. Un important échange vibratoire se fait dans cette posture qui rappelle les statues du Bouddha en méditation.

Le brassage se réalise dans un mouvement horizontal (un tas venant sur l'autre) et non vertical comme pour les jeux de cartes ordinaires. C'est une pratique peu courante et difficile à maîtriser dans les premiers essais, mais elle développe une quantité d'effets secondaires du plus haut intérêt.

Ce geste doit être commandé par les clavicules. Celles-ci se soulèvent et entraînent les bras et les mains qui se séparent, chacune tenant une partie du jeu. Puis les cla-

1. Le rayonnement du plexus de même que l'*aura* ne sont perçus que par certains clairvoyants ou par des yogis ayant acquis des pouvoirs supranormaux (voir *Autobiographie d'un yogi*, Swami Yogananda, Adyar éd.).

vicules descendent et les mains se rejoignent. Les cartes ne forment plus qu'un seul tas. Le jeu complet est à nouveau divisé par le mouvement des clavicules qui sépare les mains, et ainsi de suite (voir croquis ci-dessous).

La pratique régulière de cet exercice permettra à la respiration d'accompagner les gestes. Veillez à ne pas froncer les sourcils ou plisser le front, souriez au contraire, les clavicules doivent être heureuses ! Ce brassage apporte une grande détente et contribue à l'ouverture des centres de réceptivité.

Si les cartes tombent, ce qui se produira souvent dans les débuts, n'abandonnez pas le mouvement, comme disent les cartomanciennes : « Tout ce qui tombe arrive ! »

Le passage à l'acte divinatoire.

Le mouvement de brassage peut durer plusieurs minutes et doit s'arrêter de lui-même. Le signal d'arrêt est ressenti différemment selon chacun : pour certains, c'est un déclic intérieur (on entend un « top » par exemple), pour d'autres la respiration change de rythme (un bâillement, une longue inspiration ou expiration), pour d'autres encore le mouvement se ralentit jusqu'à l'immobilité ou les cartes se heurtent dans un bruit caractéristique, etc.

Le signal d'arrêt s'accompagne toujours d'une certitude : « le Tarot est prêt », son rythme est en harmonie avec le vôtre, la consultation peut commencer. Si ce signal tarde à venir, il faut l'attendre patiemment en continuant à brasser les cartes. Il peut aussi ne pas se manifester. Alors il est conseillé de remettre à plus tard votre rendez-vous avec le Tarot.

Le brassage terminé, ne posez pas immédiatement la question, mais conservez le paquet de cartes serré entre vos mains un court instant. Maintenant le Tarot est avec vous, un pont est établi entre vous et lui, le courant passe, interrogez-le, il vous répondra très nettement.

La formulation de la question.

Les philosophes disent que « la réponse est déjà dans la question » et une interrogation précise amène toujours des solutions claires. La question doit donc être clairement formulée. De rapides progrès sont réalisés lorsqu'on s'astreint à consigner nos consultations personnelles avec le Tarot dans un carnet. Notez la date du tirage, la question, les arcanes qui « sortent » et votre interprétation. Lorsque l'événement attendu arrivera, vous pourrez confronter votre vécu à ce que vous aviez compris du message du Tarot. Les conclusions qui naissent de ce travail sont lumineuses.

Le brassage est donc terminé, le Tarot est toujours dans vos mains ; ne le lâchez pas et posez mentalement la question. Cet aspect de la consultation est essentiel : en formulant votre interrogation dans le silence intérieur, vous mettez en mouvement les énergies subtiles qui vont chercher les éléments de réponse ; l'information est transmise au relais central de votre être, et c'est par lui que vous recevrez le message.

Maintenant vous pouvez laisser de côté la question pour

vous consacrer à un nouveau et court brassage des cartes (comme indiqué précédemment). Le Tarot répondra à travers le tirage que vous aurez choisi (en croix, en pyramide, en sept...).

Il arrive parfois qu'un consultant ne désire pas formuler à haute voix sa question. Ne cherchez pas à en connaître la teneur, procédez exactement comme si vous connaissiez son interrogation et dites en toute liberté ce que le tirage signifie selon vous. Vous serez étonné de voir à quel point votre interprétation répond précisément à la question non formulée.

Dernière recommandation : la détente.

On ne dira jamais assez qu'une consultation, un tirage, une interprétation de qualité se font dans la joie et la bonne humeur. Soyez très vigilants quant aux petits gestes automatiques du visage : froncements de sourcils, léger rictus des lèvres, hochements de tête... Ces tics sont semblables aux parasites sur un écran de télévision, ils perturbent vos centres de réceptivité et le consultant les interprète souvent dans un sens catastrophique. Ce dernier peut croire que vous avez « vu » quelque événement grave dans les cartes et que vous ne voulez pas le lui annoncer. Votre analyse du Tarot perd ainsi toute son efficacité.

Pour conclure ce chapitre, et afin de parfaire votre préparation à la consultation, une dernière touche s'impose : ayez une petite pensée tournée vers les forces de lumière en allumant une bougie.

QUELQUES RÈGLES GÉNÉRALES

Les cartes inversées.

Les cartomanciens attribuent souvent des valeurs négatives aux arcanes inversés. Ce système d'interprétation a fait ses preuves depuis longtemps et il s'avère toujours très efficace. Cependant, l'expérimentation des énergies du Tarot a montré qu'une lame inversée provoque des effets nocifs sur la personne qui la manipule. Pour cette raison, nous déconseillons l'utilisation de ce procédé divinatoire : *une carte inversée doit être remise à l'endroit.*

L'étude du « contre » dans le tirage en croix permet de rencontrer l'inversion du sens d'un arcane tout en bénéficiant du rayonnement positif de la carte.

Le choix des cartes dans le tirage.

Lorsque vous utilisez votre Tarot « personnalisé », il est préférable que le consultant ne le touche pas. Ce dernier pose ses questions, et vous choisissez les cartes du tirage. Les échanges d'énergies entre le consultant et vous restent ainsi à un niveau supérieur, et le dialogue s'établit sur une base très subtile et claire.

Sachez que lorsque vous avez « imprégné » votre jeu, brassé les cartes, et concentré vos pensées dans le silence intérieur, « l'esprit » du Tarot vous parle directement. Vous êtes alors un médium, un intermédiaire entre cet esprit de lumière et la personne qui vient le consulter.

Tirer les cartes est déjà la moitié du plaisir de la consultation, et vous rencontrerez souvent la surprise, l'hostilité ou la frustration de vos consultants. Certaines personnes ne « croient pas les cartes » si elles ne les ont pas choisies. Prévoyez un autre jeu anonyme que vous réserverez pour ces occasions.

On ne doit jamais poser deux fois la même question.

La pratique du Tarot vous familiarisera avec ce qu'on peut appeler « L'esprit du Tarot ». Celui-ci se manifestera sous ses divers aspects, et vous fera sentir les nuances de son caractère. Sa disponibilité est infinie et il répond toujours aux questions, mais une énergie ou un être ne doit pas être sollicité sans raison. L'histoire du berger qui criait au loup illustre parfaitement cette idée : ce berger appelait à l'aide et dérangeait inutilement ses collègues jusqu'au jour où le loup entra dans sa bergerie. Il cria, mais alors personne ne le crut. Si la réponse est incompréhensible, c'est que la question a pu être mal posée et il faut redéfinir sa formulation ou bien vous n'êtes pas en harmonie avec le Tarot, et il faut accepter de ne pas comprendre son message. Comme son nom l'indique, l'acte divinatoire est sacré. Il équivaut à « se mettre au rang des dieux » (*Petit Robert*). On ne peut manquer de politesse à l'égard de tels hôtes et les harceler de questions, alors même qu'ils ont déjà répondu, serait très inconvenant ! « Le maître ne parle qu'une fois » dit le Yi King.

En considérant les choses sous un aspect plus prosaïque, poser plusieurs fois les mêmes questions ne peut que troubler notre esprit et l'entraîner dans un dédale d'informations incompréhensibles ou contradictoires.

A l'opposé, nous pouvons interroger le Tarot sans but

précis. Les cartes sont étalées selon le tirage choisi et interprétées dans la plus parfaite liberté : vous répondez à une question inconnue posée par un inconnu.

Cet exercice considéré comme un acte gratuit, une figure libre ou comme une offrande aux forces invisibles est très enrichissant. Il est un excellent entraînement pour l'interprétation des arcanes tout en favorisant l'ouverture dans le corps de centres de communication avec d'autres univers. Nous ne saurions trop insister sur le fait que le Tarot est un réceptacle d'énergie subtile. En le laissant agir librement à travers soi, nous permettons la mise en mouvement de forces dont nous ne pouvons avoir conscience mais qui jouent un rôle essentiel dans l'équilibre des choses. De plus, ces tirages procurent une détente très agréable.

Les « arcanes occultes » ou secrets.

Le sens d'un tirage pourra être considérablement enrichi par l'étude des arcanes occultes. Ceux-ci sont obtenus par l'addition théosophique des nombres des lames concernées réduite à 22. Exemple : la Roue de Fortune est l'arcane occulte de la Force liée à l'Etoile. 11 + 17 = 28 = 2 + 8 = 10. L'Hermite, le Chariot et l'Impératrice prennent un sens commun dans le Soleil qui est leur arcane secret : 9 + 7 + 3 = 19.

Ce procédé donne accès au monde intérieur du Tarot et sert de base à la compréhension de ses structures invisibles. Il est applicable dans tous les tirages et pour autant d'arcanes que vous désirez.

La signification d'un arcane occulte renseigne sur le sens caché du rapport entre plusieurs lames. Il constitue leur lien invisible, révèle leur raison d'être, montre l'énergie invisible à l'œuvre à travers eux, apporte les nuances nécessaires à leur interprétation.

TIRAGE EN CROIX

Le tirage en croix se distingue de tous les modes de consultation du Tarot par la simplicité, la précision et la profondeur de ses réponses. L'application de ce tirage n'a pas de limites, il répond à toutes les questions.

Les cartes sont posées face cachée dans l'ordre suivant :

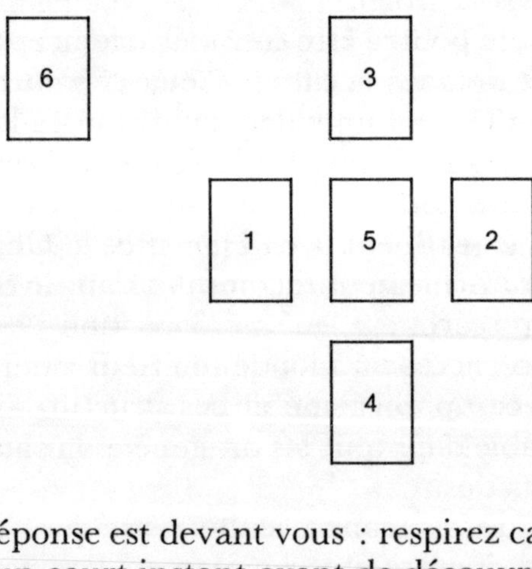

La réponse est devant vous : respirez calmement et attendez un court instant avant de découvrir le jeu, car toute précipitation pourrait gêner votre compréhension du Tarot. Retournez chaque carte dans l'ordre où elles ont été posées et interprétez-les l'une après l'autre. Chaque arcane prend un sens particulier en fonction de l'emplacement qu'il occupe :

1. LE POUR exprime l'aspect favorable, les qualités, le point de départ, le potentiel, l'acquis, l'avantage : la thèse.
2. LE CONTRE renseigne sur l'aspect défavorable, les défauts, le handicap, l'obstacle, le manque, les points faibles, la source des difficultés : l'antithèse.
3. L'INTERVENANT signale l'événement ou l'action qui va intervenir, l'influence, la prise de conscience déterminante, ce qui domine et « trône ».
4. LA RÉSULTANTE représente le résultat et les conséquences de l'action de l'Intervenant, la base et le support de la réponse.
5. LA SYNTHÈSE est le cœur de la réponse, le sens, l'élément décisif et essentiel qui colore et synthétise la signification des autres cartes.
6. LE DEVENIR révèle l'évolution future, le prolongement, les conséquences et la finalité des éléments de la réponse.

L'étude détaillée de chaque carte permet de structurer votre interprétation. Le sens global du tirage apparaît ainsi très naturellement lorsque toutes les cartes ont été retournées. Les définitions des places des arcanes sont très importantes : elles constituent la charpente de l'interprétation et doivent être fermement établies. Voici un système mnémotechnique qui facilitera leur mémorisation : la première carte posée correspond à l'arcane I, le Bateleur, la deuxième à la Papesse, la troisième à l'Impératrice, la quatrième à l'Empereur, la cinquième au Pape et la sixième à l'Amoureux.

— Le Bateleur montre les éléments disponibles : il est Pour.

— La Papesse cache quelque chose sous ses voiles : elle est Contre.

— L'Impératrice comprend la situation et conçoit un événement : l'Intervenant.

— L'Empereur apporte la stabilité, la base matérielle : la Résultante.
— Le Pape unit, synthétise, conseille et apporte la réponse : la Synthèse.
— L'Amoureux nous amène à la croisée des chemins, dans notre Avenir.

Cette personnification des emplacements facilitera l'interprétation du tirage en croix. Ne consultez le tableau des correspondances divinatoires qu'après avoir tenté de répondre par vous-même.

EXEMPLES DE TIRAGE EN CROIX

• **Question.**

Une consultante termine ses études, et demande si elle va réussir ses examens.

• **Réponse du Tarot.**

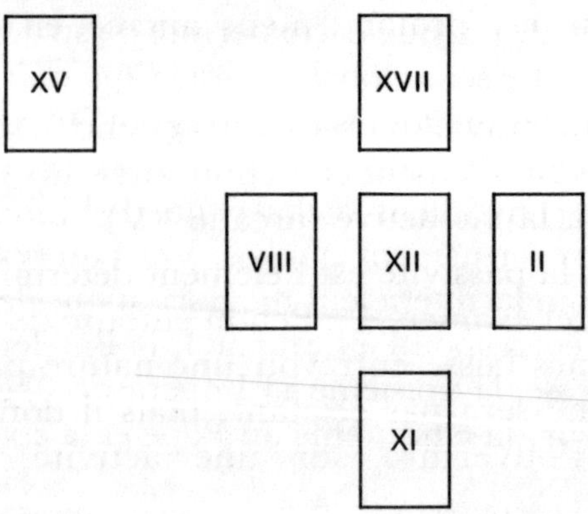

• **Interprétation.**

LE POUR. Il est favorable de faire face aux événements. Vous êtes lucide et structurée, la logique vous guidera (arcane VIII).

LE CONTRE. Il est défavorable de trop approfondir vos connaissances car vous risquez de tomber dans la confusion et de perdre du temps. Vous avez délaissé ou oublié l'étude d'une matière importante. Attention à la paresse (arcane II).

L'INTERVENANT : vous êtes dans une bonne période qui vous apportera confiance et inspiration (arcane XVII).

LA RÉSULTANTE : votre volonté de réussir ainsi que la maîtrise de votre émotivité vous soutiendront dans ce passage (arcane XI).

LA SYNTHÈSE : cet examen est intensément vécu comme une épreuve, votre avenir en dépend, et vous vous sentez faible ou pessimiste. Détendez-vous, et ne cherchez pas à cacher vos lacunes (II - XII), l'intuition (XVII) ; le sens de la communication (XII) et votre esprit logique (VIII) assureront votre succès, car la volonté de réussir est profondément ancrée en vous (XI).

LE DEVENIR : un travail lucratif vous attend à la sortie ! Vous allez très rapidement être confrontée aux réalités matérielles et à la vie active (arcane XV).

CONCLUSION : la passivité est l'élément déterminant pour la réussite à cet examen. Le Pendu entouré de quatre figures féminines laisse entrevoir une nature paresseuse. Le succès ne sera pas éclatant, mais il donnera immédiatement l'ouverture sur une activité bien rémunérée.

• **Question.**

Le Tarot conseille-t-il l'achat de la voiture d'occasion proposée par mon garagiste ?

• **Réponse du Tarot.**

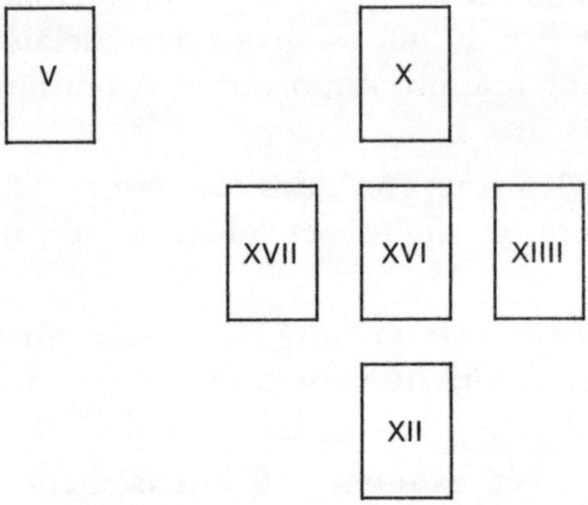

• **Interprétation.**

POUR : votre garagiste inspire confiance, la voiture est belle, elle vous plaît (arcane XVII).

CONTRE : le kilométrage est important, les circuits (eau, électricité ou essence) sont à revoir (arcane XIIII).

INTERVENANT : un changement de pièces doit être réalisé. Faites un essai de conduite (arcane X).

RÉSULTANTE : cette voiture a de réelles faiblesses.

SYNTHÈSE : ce véhicule a été accidenté, il représente un danger pour vous. Il est préférable d'abandonner votre projet, et de faire part de vos inquiétudes à votre garagiste ; celui-ci n'a peut-être pas analysé en profondeur l'état du véhicule (arcane XVI).

DEVENIR : votre entente avec le garagiste permettra de trouver un accord pour l'achat d'une autre voiture (arcane V).

CONCLUSION : l'intégrité du garagiste n'est pas mise en cause. Un essai de conduite révélera les défaillances techniques graves de ce véhicule. L'achat est vivement déconseillé, attendez une nouvelle proposition.

TIRAGE EN PYRAMIDE

Le tirage en pyramide est rapide, et très facile à interpréter. Il se révèle particulièrement efficace dans les consultations par téléphone. Les difficultés d'interprétation du Tarot naissent avec l'inversion du sens des arcanes (le *Contre* du tirage en croix). Cet écueil est évité ici car chaque arcane est un élément constitutif de la pyramide et conserve son sens général et positif.

Les cartes sont toujours posées puis retournées dans le même ordre :

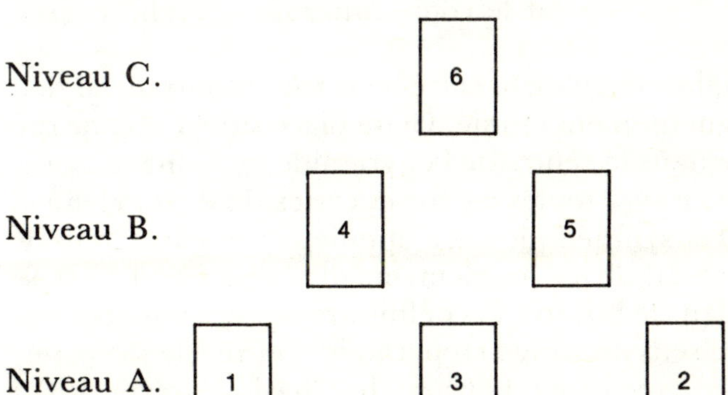

l'emplacement des cartes oriente le sens de chaque arcane.

Niveau A. (1. 3. 2.) - *la situation présente*, les fondations, les éléments de base, le point de départ : le sol.

Niveau B. (4. 5.) - *l'évolution* de la situation de base, les éléments qui vont intervenir, le lien entre la base (niveau A) et le sommet (niveau C) : l'aspect dynamique.

Niveau C. (6) - *l'aboutissement*, le but, le sens de la réponse, le couronnement : le sommet.

Les notions citées ci-dessus sont fondamentales et suffisantes pour obtenir d'excellents résultats. Mais, si vous désirez approfondir ce tirage, et lui apporter d'autres nuances, voici quelques indications complémentaires :

Les cartes 1 et 2 situées dans les angles inférieurs de la pyramide (voir croquis page suivante) sont les points de force, les fondations de la réponse. La carte 1 prend une coloration active, la carte 2, une coloration passive. Elles sont le point de départ de deux lignes ascendantes formant les arêtes de la pyramide :

la ligne 1 - 4 - 6 est le côté « ensoleillé », apparent et actif ;

la ligne 2 - 5 - 6 est le côté « ombragé », caché et passif.

L'emplacement de la carte 3 est très important, il doit être soigneusement étudié. Cette place situe l'arcane qui l'occupe dans le centre de la pyramide, et le met en relation directe avec toutes les autres cartes. Elle est l'élément essentiel et synthétique qui s'appuie sur les extrémités de la base (1.2), dirige les éléments dynamiques (4.5) et se réalise dans le but (6). La définition de cet emplacement éclaire le sens du tirage en pyramide, et révèle sa correspondance avec le symbolisme du Chariot (arcane VII) :

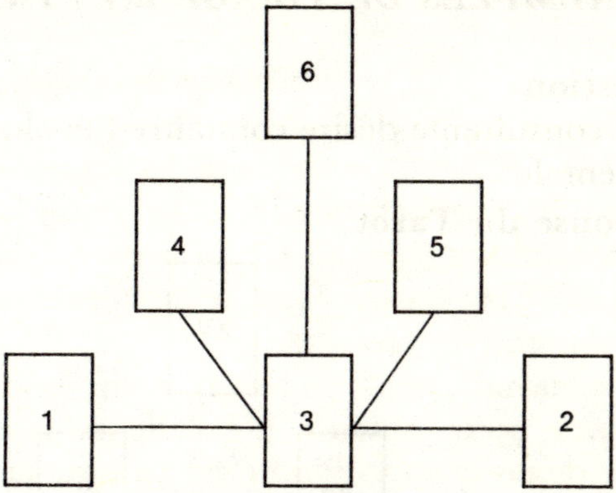

Les cartes 1 et 2 sont les roues du chariot ; la carte 3 est le corps du chariot et son conducteur ; les cartes 4 et 5 sont les énergies dynamiques, les chevaux ; la carte 6 est le but vers lequel convergent les regards des chevaux et du conducteur.

Une variante de ce tirage se retrouve dans la représentation de la Tétraktys (voir page 131). Chaque lame révèle sa signification selon la place qu'elle occupe sur ce schéma. L'étude et la compréhension de cette grande figure demandent, selon Pythagore lui-même, une vie entière. Ceux qui s'estimeront suffisamment avancés dans leur connaissance obtiendront de magnifiques résultats en l'utilisant pour la consultation du Tarot.

EXEMPLES DE TIRAGE EN PYRAMIDE

• **Question.**
Une consultante désire connaître l'évolution de sa vie sentimentale.

• **Réponse du Tarot.**

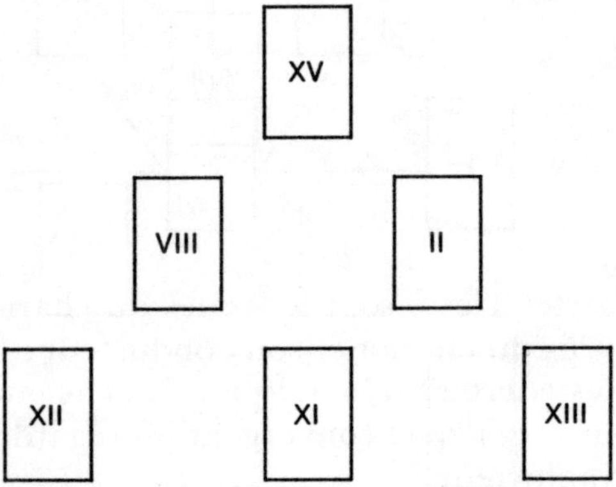

• **Interprétation.**

SITUATION PRÉSENTE : Vous vivez un attachement affectif dans un esprit de sacrifice (XII), vous êtes solitaire et coupée du Monde (XIII), mais vous maîtrisez bien cette situation (XI).

ÉVOLUTION : Votre situation actuelle ne va pas évoluer en apparence, cependant vous allez découvrir un équilibre intérieur en regardant les choses en face (VIII), et en comprenant vos mécanismes psychologiques (II).

ABOUTISSEMENT : Les problèmes nés de la sexualité seront résolus et ouvriront la porte à une vie sentimentale bien établie et très enrichissante (XV).

CONCLUSION : Vous êtes isolée par des blocages (XII) et des peurs (XIII). Vous avez une force de caractère mais vous êtes souvent dominatrice (XI). Vous allez résoudre par vous-même ces conflits psychologiques et vous serez bientôt prête pour une importante rencontre sentimentale.

• **Question.**

Un jeune homme désire connaître l'orientation future de son activité professionnelle.

• **Réponse du Tarot.**

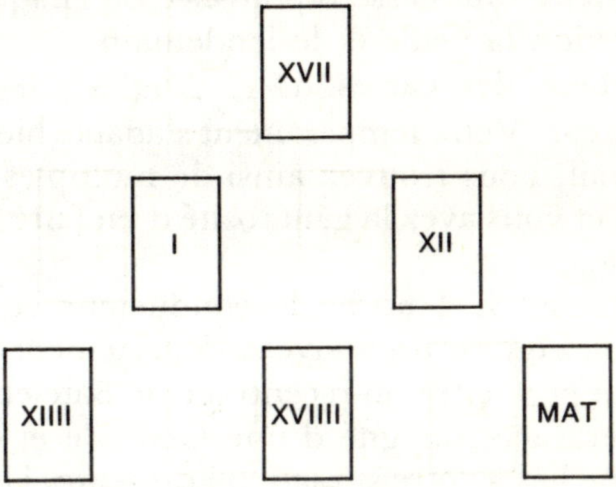

• **Interprétation.**

SITUATION PRÉSENTE : Vous êtes en harmonie avec votre travail, les contacts et les relations s'établissent naturellement (XIIII), vous jouissez d'une grande liberté et vos déplacements sont fréquents et imprévisibles (Le Mat). Cette activité vous met en valeur, vous réussissez (XVIIII).

ÉVOLUTION : L'intervention de nouveaux éléments (I) nécessitera un sacrifice et l'abandon de certaines prérogatives (XII).

ABOUTISSEMENT : Vous entrez dans une bonne période astrale. Soyez confiant dans votre avenir (XVII).

Approfondissements.

Carte n° 3 : le conducteur. Vous êtes en pleine possession de vos moyens, vous brillez et votre activité rencontre l'adhésion générale.

Cartes n° 1 et 2 : les roues. Les échanges, la sociabilité et votre générosité constituent les éléments actifs de votre travail (Tempérance). Votre situation professionnelle est en mouvement constant et demande une grande disponibilité (le Mat).

L'interprétation conjuguée de ces deux arcanes signale une activité sans cesse renouvelée où chaque jour remet en question la veille et le lendemain.

Synthèse des cartes n°s 1, 2 et 3 : les roues et le conducteur. Votre tempérament s'adapte bien à ce rythme de travail, vous trouvez ainsi de multiples occasions de briller, et vous avez la générosité d'en faire profiter votre entourage.

Cartes n°s 3, 4 et 5 : le conducteur et les chevaux. Vous allez ouvrir un nouveau département dans vos activités qui permettra un recentrage (le Bateleur). Le renouveau sera accompagné d'une lassitude et d'un blocage physique liés à votre suractivité présente. Une période de repos s'imposera (le Pendu) qui vous aidera à envisager votre avenir professionnel sous un autre angle, et avec plus de philosophie. Ce détail est confirmé par l'arcane occulte obtenu par l'addition du chiffre des arcanes de l'évolution, 1 + 12 = 13, l'arcane sans nom qui donne une clé : un changement se prépare. Votre vision claire et votre ouverture d'esprit (le Soleil) faciliteront l'adaptation à cette nouvelle orientation.

Cartes n°s 3 et 6 : l'axe et le but. Vous continuez de briller (XVIIII - XVII), mais votre éclat trouvera une expression plus nuancée, plus intérieure et plus reposante.

Cartes n°s 1 - 4 - 6 : le côté ensoleillé et actif; les relations existantes (Tempérance) permettront un nouveau départ (le Bateleur) car vous êtes mûr pour cela (l'Etoile).

Cartes n°s 2 - 5 - 6 : le côté ombragé et passif. Le mouvement et l'insécurité (le Mat) seront momentanément bloqués (le Pendu) pour permettre le repos nécessaire à l'éclosion d'une nouvelle étape de votre destinée (l'Etoile).

Conclusion : votre façon actuelle de travailler est basée sur un facteur chance. Vous êtes dans une course effrénée, et tout dépend de vous. La fatigue et la sensation de tomber dans la routine favoriseront un nouveau départ pour votre activité. Vous allez devenir une source d'activité harmonieuse et protégée, vous quitterez bientôt le climat d'insécurité que vous connaissez. Soyez prudent sur la santé, surveillez le cœur, et évitez les excitants ou médicaments.

TIRAGE D'ANNIVERSAIRE

Comme son nom l'indique, ce mode de consultation du Tarot se réalise en période d'anniversaire. Il présente un panorama complet des événements et tendances générales de l'année individuelle (d'un anniversaire à l'autre). Prévoyez du temps devant vous, car sa mise en place et son interprétation sont assez longues, et il est préférable de ne pas interrompre votre consultation. Ce tirage s'effectue avec le jeu complet des vingt-deux arcanes majeurs qui sont disposés en cercle. Deux possibilités se présentent.

— *Vous consultez le Tarot pour votre anniversaire ;*
le tirage se réalise au sol sur un tapis ou une moquette. Asseyez-vous confortablement sur un coussin ou à même le sol, préparez les cartes par le brassage et la respiration, puis étalez le jeu (face cachée) sur un grand cercle autour de vous (fig. p. 328). Cette répartition des cartes va exprimer toutes les potentialités de votre cycle annuel, et constitue le Mandala de votre vie personnelle : vous êtes en son centre. L'interprétation se fera à partir de ce point, et vous ne quitterez le cercle qu'après avoir rangé les cartes.

— *Vous consultez le Tarot pour l'anniversaire d'une tierce personne ;*
les cartes sont disposées en cercle autour de la photogra-

phie de la personne concernée. L'interprétation se déroule comme dans un tirage normal.

• Les cartes sont étalées face cachée, sans ordre particulier. Veillez simplement à former un cercle suffisamment large et harmonieux.

• Contemplez quelques instants l'image de ce tirage, et laissez-vous impressionner par son message inconscient. Le succès de votre interprétation dépend de ces « passages à vide » où le Tarot déverse en vous l'énergie de ses symboles.

• Le consultant choisit une carte. Retournez-la et placez-la légèrement à l'intérieur du cercle. Cet arcane constitue « la pierre d'angle », l'axe, l'événement essentiel et marquant, la coloration fondamentale, l'ambiance générale de l'année.

• Retournez une carte sur deux, et placez-les légèrement à l'intérieur du cercle (voir croquis, fig. p. 329).
Deux cercles concentriques doivent apparaître :

à l'extérieur : onze cartes face cachée ;

à l'intérieur : onze cartes face découverte ;

ces deux cercles s'interpénètrent, et leur analyse conjuguée déterminera avec une grande exactitude les événements à venir.

• Le cercle intérieur représente le potentiel personnel qui va s'extérioriser, le champ d'action de la volonté, le principe actif individuel, les désirs, les événements importants et intimes, le rayonnement de la personnalité : « ce qui dépend de nous ».

• Laissez votre regard se promener sur ce déploiement de cartes. Les premières informations générales apparaissent : dominance de couleur ou de personnages, un arcane attire votre attention, des images viennent frapper votre esprit, etc. Décrivez ces impressions à votre consultant, ou écrivez-les pour vous-même. A cette étape de la consul-

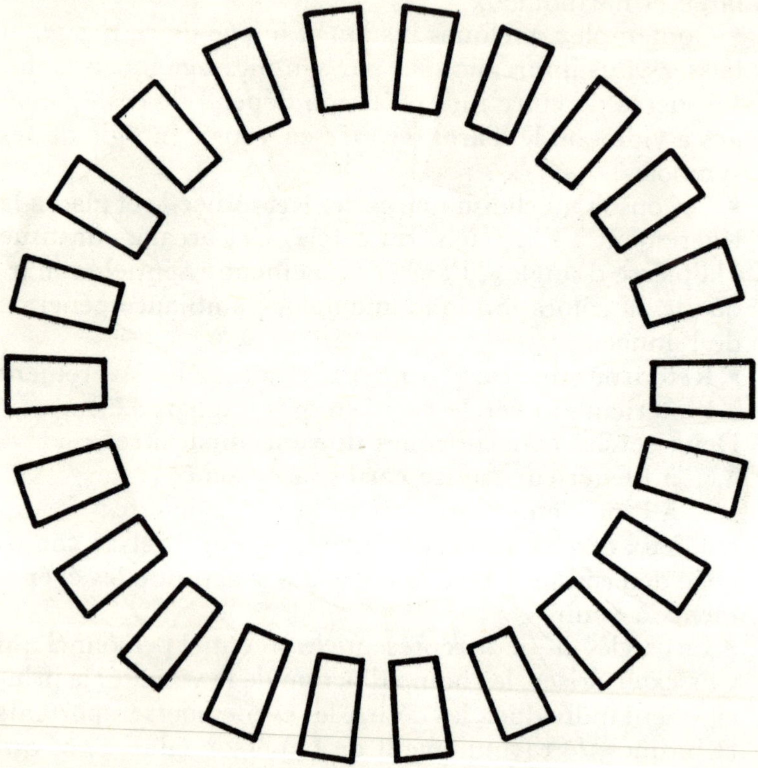

Tirage d'anniversaire
1re figure

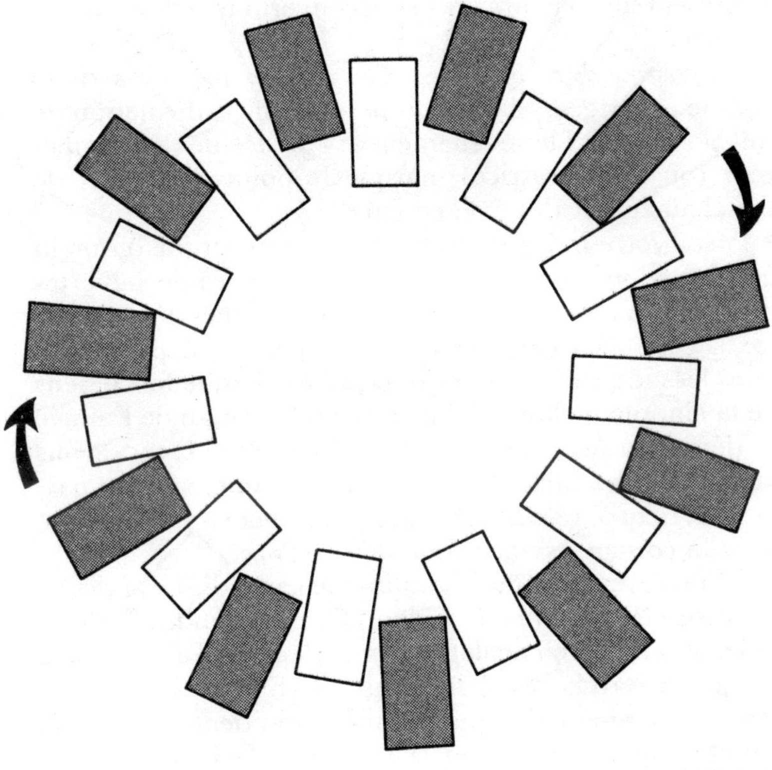

Tirage d'anniversaire
2e figure

tation, vous ne devez négliger aucune perception, et surtout ne pas vous critiquer lorsque des pensées ou sensations étranges vous traversent : « la première impression est toujours la bonne ».
• Cherchez la carte qui vous représente. Pour un homme : l'Empereur ; pour une femme : l'Impératrice. Deux cas se présentent : cet arcane est découvert ou encore caché.

La présence de cet arcane est d'un très bon augure : activité voulue et dirigée, réalisation personnelle, affirmation de soi, pouvoir sur les événements : « Je décide ». L'Empereur (ou l'Impératrice) marque le point de départ de l'enchaînement des événements.
• Posez votre index sur cet arcane (main droite ou main gauche selon les goûts), comptez les cartes découvertes de 5 en 5 en tournant dans le sens des aiguilles d'une montre, la cinquième carte est toujours le point de départ inclus dans les cinq suivantes, et interprétez chaque fois le sens de la cinquième lame. L'histoire ou le roman de l'année se déroule ainsi comme sur un fil continu. L'index mis au contact des cartes doit effleurer les lames sur son passage. Il tient le rôle d'antenne et vous met en prise directe avec le contenu symbolique des arcanes.

L'interprétation de la cinquième carte d'une série est un procédé divinatoire ancien et très répandu. La cinquième carte est en analogie avec le Pape du Tarot (arcane V) qui délivre la parole et conseille. Elle est la quintessence, la synthèse des quatre cartes précédentes. Son sens contient symboliquement le souffle de la vie.

Ces « tours d'horizon » vont révéler les différentes étapes et tendances de l'année. Observez la place occupée par le premier arcane découvert, la carte qui le précède ou lui succède dans l'ordre de 5 en 5, son apparition dans l'ordre des tours (1er tour = 1er trimestre, 2e tour = 2e trimestre), etc.

Lorsque vous revenez au point de départ, après quatre tours, toutes les cartes découvertes ont été interprétées.

• Un parcours identique est ensuite réalisé en partant du premier arcane découvert : développement et situation de l'événement marquant de l'année. Observez la place et le rôle spécifiques que vous allez tenir en qualité d'Empereur ou d'Impératrice, dans la création de cet événement.

L'absence d'arcane vous représentant n'est pas un mauvais signe : l'année est marquée par la passivité et l'acceptation. Les événements s'imposeront ou se réaliseront d'eux-mêmes : « j'accueille ».

La première carte retournée devient le point de départ du décompte de 5 en 5. Elle est à la fois l'événement majeur de l'année et l'élément catalyseur qui va créer l'enchaînement des situations. Le retour à cet arcane permet un survol des éléments essentiels et personnels de l'année.

• Retournez toutes les cartes du cercle extérieur. Les arcanes de ce cercle représentent les événements secondaires et extérieurs, les conditions générales de la vie : « ce qui ne dépend pas de nous ».

L'abondance des significations naissant de l'interpénétration des cercles extérieur et intérieur mérite une étude très attentive.

• Chaque arcane interne (cercle intérieur) est encadré par deux cartes externes (cercle extérieur). Ces dernières constituent la porte et la limite des réalisations personnelles (étudiées précédemment). Elles représentent également les conditions matérielles qui présideront à la concrétisation du potentiel de la carte interne.

Etudiez l'encadrement de tous les arcanes du cercle intérieur. Chaque arcane externe est encadré par deux cartes internes. Ces dernières représentent votre attitude face aux événements, votre réceptivité, et la façon de saisir les opportunités.

Etudiez l'encadrement de tous les arcanes du cercle extérieur. L'interaction de ces deux plans donnera une idée très précise des situations rencontrées pendant l'année.

• Analyse des domaines spécifiques de votre vie. Toutes les cartes ont pris un sens dans les différentes analyses que vous venez de faire, et chaque domaine a été abordé (sentimental, professionnel, santé...). Cependant, si vous désirez approfondir un aspect particulier de votre vie, choisissez l'arcane qui lui correspond (voir plan ci-dessous). Cet arcane sert de point de départ à l'interprétation des cartes de 5 en 5 sur les deux cercles confondus. Chaque arcane rencontré sur ce parcours est un développement du sujet choisi. Le « tour de la question » est effectué en deux rotations. Voici quelques suggestions pour les principaux points de départ : l'Empereur ou l'Impératrice pour la vie du conjoint.

Le Pape	pour les études
L'Amoureux	pour l'amour
L'Hermite	pour le travail
Le Pendu	pour la santé
Le Diable	pour l'argent
La Lune	pour la maison
Le Soleil	pour le couple
Le Monde	pour les voyages, etc.

Pour plus d'informations, se reporter au chapitre divination de chaque arcane : rubrique « son pouvoir ».

Observez les éléments qui dépendent de vous et ceux qui sont indépendants de votre volonté (cercles intérieurs et extérieurs), les recoupements entre le travail et l'amour par exemple, etc.

Les multiples applications de ce tirage ne sont pas épuisées ici et chacun pourra poursuivre ses recherches vers de nouveaux horizons.

• Lorsque la consultation est terminée, rangez les cartes en veillant à ce que toutes soient dans le même sens et gardez-les dans vos mains quelques instants. Prenez une profonde inspiration et expirez lentement : les énergies concentrées par votre travail sont remises à la terre. Bon anniversaire !

TIRAGE EN SEPT

Les systèmes de consultation du Tarot sont nombreux, chacun choisit celui qui lui convient et, dans ce domaine, l'imagination permet parfois de découvrir des tirages auxquels personne n'avait pensé et qui s'avèrent très efficaces. Une seule règle s'impose : lorsqu'un mode de tirage est adopté, mis au point, il ne doit jamais être modifié pendant la consultation.

La grande majorité des voyants et cartomanciens patentés utilisent le « tirage en 13 » qui se déroule ainsi : le consultant « coupe » le jeu, prend 13 cartes, les aligne face cachée, en choisit une au hasard qui sert de point de départ à l'interprétation des cartes de 5 en 5 [1]. Si le voyant a un doute sur le sens d'une lame, il la « recouvre » par d'autres cartes autant de fois qu'il faut pour éclairer sa signification.

Ce tirage est très utile, il offre un panorama complet et détaillé d'une période de vie d'une personne. Cependant, le nombre restreint d'arcanes majeurs du Tarot limite ses possibilités, les jeux de 32 ou 78 cartes lui correspondent mieux. Le « tirage en 7 » s'inspire directement du « tirage en 13 » auquel s'ajoutent quelques modifications.

---

1. Pour l'explication de ce décompte, voir le tirage anniversaire, p. 329.

Deux utilisations sont possibles : vous n'avez pas de question précise, vous désirez simplement connaître l'avenir ou vous voulez voir les développements futurs d'un domaine particulier.

1. Tirage en sept pour des questions d'ordre général.
La préparation à la consultation s'effectue toujours selon le mode habituel (voir chapitre : Règles générales). Lorsque le Tarot est prêt, alignez devant vous sept cartes, face cachée. Choisissez-en une au hasard ou faites-la choisir par votre consultant. Retournez-la : elle est le point de départ de l'interprétation des cartes de 5 en 5. Elle constitue le temps présent, ou immédiatement à venir.

Chaque arcane de ce tirage représente un événement futur. Laissez-vous porter par votre intuition. Des idées, des sensations, des associations de mots, d'images se feront dans votre esprit, dites-les à votre consultant (écrivez-les pour vous), même si elles paraissent illogiques ou insensées. Ne consultez les chapitres du sens divinatoire des arcanes qu'après avoir exprimé vos impressions personnelles.

Le plus important dans ce tirage est de ne pas se prendre au sérieux. C'est un jeu, vous avez droit à l'erreur. Les cartes « catastrophiques » recouvrent souvent des événements anodins. Le Tarot est le reflet de notre vécu : nous sommes bouleversés par une peccadille, mais nous restons calmes dans une situation grave, de même nos appréhensions disparaissent lorsque nous nous trouvons face à l'élément redouté. La bonne humeur vous aidera à ne pas « dramatiser » le sens des cartes. Le Tarot est toujours positif, sa consultation doit nous donner une énergie nouvelle et lumineuse.

2. Tirage en sept pour une question précise.

— Choisissez la carte qui correspond à la question et posez-la, face découverte devant vous. Exemple : l'Hermite pour le travail, le Diable pour l'argent, l'Amoureux pour les sentiments, etc. (se rapporter au paragraphe « son pouvoir » des chapitres sur la divination).

— Brassez les cartes selon le mode habituel en pensant à la question et en regardant l'arcane posé devant vous.

— Lorsque le Tarot est prêt, alignez 6 cartes, face cachée, en partant de la carte découverte :

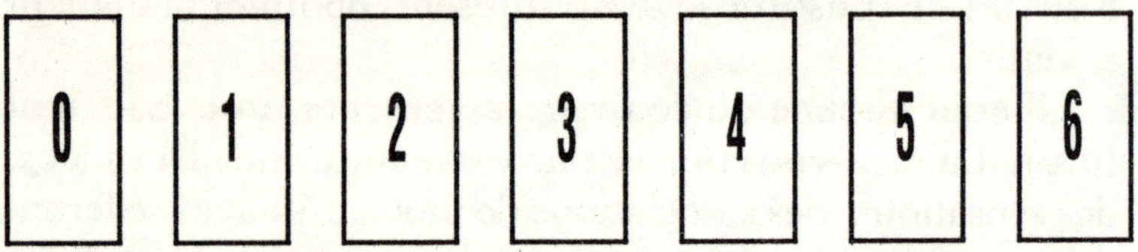

— L'arcane découvert (n° 0) sert de point de départ à l'interprétation de 5 en 5 qui permet l'étude des cartes dans l'ordre suivant : n° 4, 1, 5, 2, 6, 3. Chaque arcane rencontré sur ce parcours indique un événement ou un développement futur du domaine étudié. Vous êtes dans la pure fiction : détendez-vous, soyez aussi vide que possible et racontez l'histoire qui se déroule sous vos yeux.

Lorsque toutes les cartes ont été retournées, l'articulation et le sens général du tirage apparaissent dans une nouvelle manipulation des arcanes.

L'arcane n° 6 est posé sous l'arcane de départ, le n° 5 sous le n° 1, le n° 4 sous le n° 2 et le n° 3 au bout de la ligne horizontale de séparation des deux rangées (voir croquis ci-après).

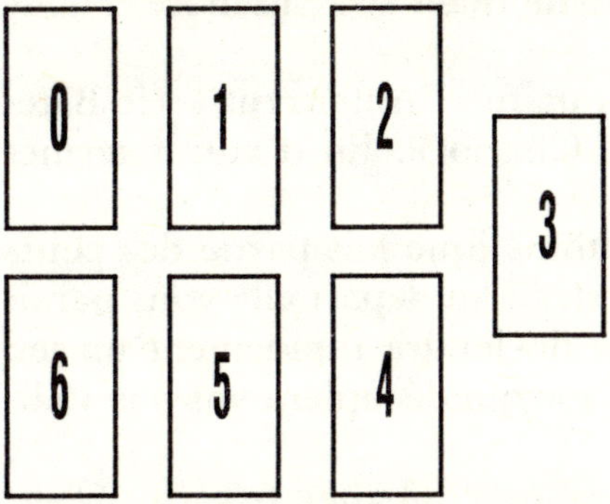

Les arcanes sont à nouveau étudiés par paire : 0-6, 1-5, 2-4. Les cartes de la rangée du bas expliquent et confirment le sens des arcanes de la rangée supérieure. Elle sont le point d'application, la matérialisation, l'élément ou l'événement permettant au potentiel des arcanes 0, 1, 2 de se réaliser.

La carte n° 6 marque l'événement le plus important concernant la question, elle montre sur quelle base les choses vont se réaliser.

La carte n° 3 donne la tonalité générale, la synthèse, le résumé, l'orientation finale du tirage, la conclusion.

Elle est comparable au fer de lance, à la proue d'un navire, à un point de convergence qui draine et centralise le sens de chaque arcane.

Grâce à ce quadrillage très serré des arcanes, ceux-ci ne doivent plus garder de secret pour vous. Cependant, si le sens d'un arcane demeure obscur, vous pouvez le recouvrir d'une ou deux autres cartes.

Il est déconseillé d'abuser de ce procédé qui conduit très vite à un obscurcissement complet du sens du tirage. L'étude des « arcanes occultes » apportera de nombreux éléments positifs pour votre compréhension : le sens caché d'une paire d'arcanes sera saisi par la somme théosophique de leur nombre qui donnera un autre nombre et donc un autre arcane.

Ex : l'explication de la paire « l'Amoureux »-« le Bateleur » se trouve dans « le Chariot ». En d'autres termes 6 + 1 = 7.

Cette gymnastique arithmétique fait partie des petits secrets des maîtres de l'art. Si au départ elle vous paraît abstraite ou confuse, elle deviendra rapidement un jeu semblable à un kaléidoscope qui décuplera vos possibilités d'interprétation.

LE JOURNAL

Le nom donné à ce mode de consultation fait ressortir toute l'ambiguïté du terme de tirage et du fonctionnement du Tarot. En effet, le tirage d'un journal ou d'un quotidien rend compte de faits survenus la veille de son édition et le tirage du Tarot présente le récit d'événements futurs.

Ceux qui ne craignent pas le vertige de la réflexion sur le Temps et l'Espace connaîtront des joies rares, car tout le problème de la prédiction se pose ici : si un événement est prévisible, s'il est « écrit » dans le Tarot comme sur un journal, cela signifie-t-il qu'il a déjà existé sur un autre plan avant de se réaliser ici-bas ? L'avenir est-il un passé, le Temps recule-t-il ? Autant de questions qui resteront sans réponse, et qui n'empêcheront pas le Tarot de continuer à nous donner de précieuses informations sur ce qu'il convient d'appeler notre avenir.

Une remarque cependant. Le problème du temps et de la prédiction sous toutes ses formes permet d'entrevoir une explication à l'universelle condamnation des pratiques divinatoires par les maîtres spirituels. Selon eux, une personne désireuse de s'engager sur le chemin spirituel doit abandonner tout recours aux devins.

En effet, pourquoi vouloir apprendre ce que nous connaissons déjà, pourquoi nous préoccuper de l'inéluctable nécessaire à notre évolution, qui d'autre que nous-mêmes peut mieux déchiffrer les arcanes de notre destinée ? « Tout est en nous », et il s'agit de puiser dans nos profondeurs intimes la substance nécessaire à notre épanouissement. Le Tarot, miroir de l'âme, trouve ici sa parfaite utilité.

Le journal, comme son nom l'indique, rend compte de faits, climats, ambiances, situations, objectifs et indépendants. Il présente le récit d'événements, le déroulement d'une situation, une simple chronologie. Le Tarot tient office de journaliste du futur, et si parfois il laisse deviner son sentiment ou son analyse, votre interprétation doit rester claire, simple et rapide.

Ce tirage est particulièrement utile lorsqu'il est effectué le matin pour observer le panorama complet de votre journée. Il constitue alors une véritable préparation à l'action, et un excellent entraînement pour l'interprétation des arcanes. Le journal ne répond à aucune question précise, utilisez pour cela les tirages en croix ou en pyramide, et l'emplacement des cartes n'a pas de signification particulière. Vous pouvez utiliser ce tirage (pour vous ou pour un consultant) lorsque vous désirez connaître le déroulement d'une action limitée dans le temps : une journée (personnelle, sociale, politique, mondiale), une soirée, un rendez-vous, une réunion, un voyage, un séjour, etc.

Posez mentalement votre question et brassez le Tarot : il est prêt à vous répondre.

— Gardez le jeu serré dans vos mains et séparez-le en deux tas (face cachée).

— Retournez les tas de cartes comme on ouvre un journal. Les deux arcanes qui apparaissent sont l'équivalent des gros titres d'un quotidien. Lisez-les et interprétez-les ensemble rapidement.

— Posez les paquets de cartes côte à côte devant vous, face découverte.
— Otez l'arcane supérieur de chaque tas, et placez-les ensemble (face découverte) devant leur paquet d'origine (voir croquis). La lecture de ce « journal » se fait en tournant les pages de cette façon.
— Interprétez la paire d'arcanes qui vient d'apparaître : elle correspond à la deuxième page de votre quotidien et peut être considérée comme le développement des « gros titres » (les premiers arcanes sortis) ou comme de nouvelles informations.
— Ces deux arcanes (la deuxième page) sont enlevés et posés au pied des premières cartes (les gros titres), dans le prolongement vertical de leur tas d'origine.
— La troisième page apparaît et apporte de nouveaux éléments : interprétez-les, puis continuez votre lecture en effeuillant ainsi chaque page de ce journal.
— Vous pouvez étaler quatre ou cinq rangées de cartes et plus si cela est nécessaire. Afin de faciliter la vue d'ensemble du tirage, les arcanes ne doivent pas se chevaucher.
— Lorsque vous estimez avoir recueilli suffisamment d'informations, passez rapidement en revue chaque arcane dans le contexte du tirage : une impression générale se dégagera et l'enchaînement des événements apparaîtra de lui-même. Vous saurez alors avec certitude comment se passera votre journée, votre voyage, votre réunion.

Il ne sera plus alors nécessaire d'allumer votre poste de radio ou de télévision, car vous connaîtrez l'essentiel des événements, vous saurez tout avant tout le monde !

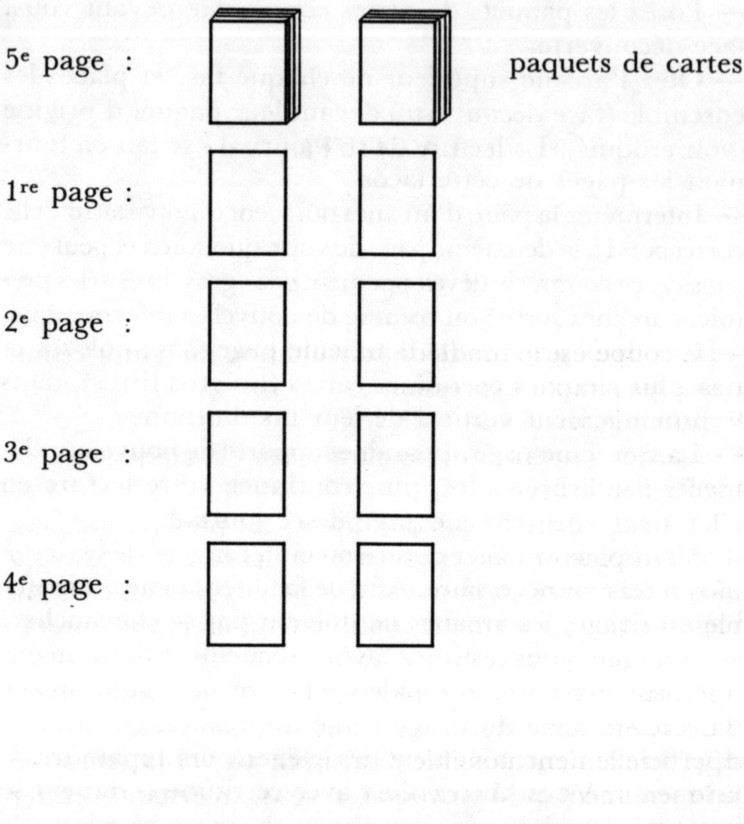
5e page :
paquets de cartes
1re page :
2e page :
3e page :
4e page :

LA COUPE

La coupe est le mode de consultation du Tarot réduit à sa plus simple expression :

- ouvrez le jeu comme un livre,
- regardez l'arcane qui apparaît dans la coupe,
- refermez le jeu.

Ce tirage simple, rapide, direct, est particulièrement utile dans une situation urgente ou délicate : juste avant un rendez-vous, au moment d'acheter un objet dans un magasin, pour une simple confirmation, un rapide conseil, etc. La coupe ne nécessite aucune préparation ou brassage, elle peut être effectuée en toutes circonstances.

L'arcane ainsi découvert doit être interprété le plus superficiellement possible : saisissez au vol la sensation ou le sentiment qu'il provoque en vous, en évitant d'entrer dans les nuances de son symbolisme. La réponse doit pouvoir se résumer en un mot : oui ou non. Une analyse plus élaborée détournerait l'énergie du Tarot en perturbant votre action.

Ce tirage s'avère particulièrement utile lorsqu'une personne vient consulter le Tarot et pose plusieurs questions. Vous effectuez divers tirages et un dialogue s'installe. Pendant la conversation des phénomènes de voyance peuvent se manifester en vous. Vous n'osez pas les exprimer de peur de vous tromper : la coupe vous apportera alors le point d'appui et la confiance indispensables à l'épanouissement de ces dons du ciel.

La réalité profonde de l'arcane remontera progressivement en vous et consolidera votre intuition. Le Tarot aura alors accompli sa fonction : devenir un « Allié » pour les grandes comme pour les petites circonstances de la vie.

Avant de prendre congé, qu'il nous soit permis de rappeler que le survol de l'univers symbolique et divinatoire du Tarot tel qu'il est proposé dans ces pages ne demeure en aucun cas le seul et unique point de vue. L'arbre ne devrait pas cacher la forêt ni la lettre tuer l'esprit.

Le Tarot est un livre d'images sans reliure. Ce détail en dit long sur sa réalité essentielle. Semblable aux sables mouvants, il engloutit les plus belles constructions mentales que nous tentons d'échafauder sur lui.

Bien qu'il révèle quantité de secrets éternels, le mystère qui l'habite ne se découvre que pour nous plonger dans une toujours plus éclatante obscurité. Nous voici donc, à l'instar de Sisyphe, condamnés à reconstruire notre vision du Tarot. Et paradoxalement, face à cette écrasante tâche, notre sentiment n'est pas celui du condamné mais s'apparenterait plutôt à la joie du nouveau-né. Notre curiosité est intacte, l'appétit de connaissance du futur aiguisé.

Dès lors nous pouvons nous interroger : le châtiment de Sisyphe considéré comme l'archétype de la condition humaine serait-il une grâce insoupçonnée ? Un amour, une vérité, un enfant naissent-ils avec la chute du rocher ? Sisyphe, célèbre pour son art de tromper les dieux, a-t-il su transformer l'Enfer en Paradis, l'épreuve en bénédiction ?

La légende l'a abandonné à son sort, mais tout porte à croire qu'il a pu en tirer le meilleur parti. Le Tarot nous invite à l'imiter. Alors ne tardons plus, refermons vite cet ouvrage et ouvrons notre Tarot qui a tant de choses à nous dire.

Les Éditions Albin Michel remercient la maison J.-P. Simon (B.-P. Grimaud) de les avoir autorisés à reproduire les arcanes majeures du Tarot de Marseille.

La composition
et l'impression de ce livre ont été effectuées
par Aubin Imprimeur à Ligugé
pour les Éditions Albin Michel

Achevé d'imprimer en février 1991
N° d'édition 11677. N° d'impression L 37184
Dépôt légal, février 1991

Imprimé en France